Panneaux de **gypse**

John D. Wagner

Panneaux de gypse

Pose • Finition • Réparation

Traduit de l'américain par Louise Sasseville

LES ÉDITIONS DE L'HOMME

Infographie : Marie-Josée Lalonde
Correction : Caroline Yang-Chung

Directeur artistique : David Geer
Directrice de la production : Kimberly H. Vivas
Rédacteur en chef : Fran J. Donegan
Graphiste : Kamal Mahtani
Recherche photo : Lauren Manoy et Robyn Poplasky
Réviseur technique : Hans Bakke
Illustrations : Clarke Barre, Vincent Alessi et Steve Karp

Catalogage avant publication de
Bibliothèque et Archives Canada

Wagner, John D.
    Panneaux de gypse
    (Guide complet du bricoleur)
    Traduction de : Drywall.

1. Plâtrerie, Travaux de - Guides, manuels,
2. Construction à mur sec - Guides, manuels, etc.
I. Titre.   II. Collection.

TH8131.W3414 2007   693'.6   C2007-940187-2

Pour en savoir davantage sur nos publications,
visitez notre site : www.edhomme.com
Autres sites à visiter : www.edjour.com
www.edtypo.com • www.edvlb.com
www.edhexagone.com • www.edutilis.com

02-07

L'ouvrage original a été publié
par Creative Homeowner,
succursale de Federal Marketing Corp.,
sous le titre *Drywall*

Dépôt légal : 2007
Bibliothèque et Archives nationales du Québec

ISBN 978-2-7619-2222-7

DISTRIBUTEURS EXCLUSIFS :

• Pour le Canada et les États-Unis :
  MESSAGERIES ADP*
  2315, rue de la Province
  Longueuil, Québec J4G 1G4
  Tél. : (450) 640-1237
  Télécopieur : (450) 674-6237
  * une division du Groupe Sogides inc.,
    filiale du Groupe Livre Quebecor Média inc.

• Pour la France et les autres pays :
  INTERFORUM editis
  Immeuble Paryseine, 3, Allée de la Seine
  94854 Ivry CEDEX
  Tél. : 33 (0) 4 49 59 11 56/91
  Télécopieur : 33 (0) 1 49 59 11 33
  Service commandes France Métropolitaine
  Tél. : 33 (0) 2 38 32 71 00
  Télécopieur : 33 (0) 2 38 32 71 28
  Internet : www.interforum.fr
  Service commandes Export – DOM-TOM
  Télécopieur : 33 (0) 2 38 32 78 86
  Internet : www.interforum.fr
  Courriel : cdes-export@interforum.fr

• Pour la Suisse :
  INTERFORUM editis SUISSE
  Case postale 69 – CH 1701 Fribourg – Suisse
  Tél. : 41 (0) 26 460 80 60
  Télécopieur : 41 (0) 26 460 80 68
  Internet : www.interforumsuisse.ch
  Courriel : office@interforumsuisse.ch
  Distributeur : OLF S.A.
  ZI. 3, Corminboeuf
  Case postale 1061 – CH 1701 Fribourg – Suisse
  Commandes :   Tél. : 41 (0) 26 467 53 33
                Télécopieur : 41 (0) 26 467 54 66
                Internet : www.olf.ch
                Courriel : information@olf.ch

• Pour la Belgique et le Luxembourg :
  INTERFORUM editis BENELUX S.A.
  Boulevard de l'Europe 117,
  B-1301 Wavre – Belgique
  Tél. : 32 (0) 10 42 03 20
  Télécopieur : 32 (0) 10 41 20 24
  Internet : www.interforum.be
  Courriel : info@interforum.be

Gouvernement du Québec – Programme de crédit d'impôt pour l'édition de livres – Gestion SODEC – www.sodec.gouv.qc.ca

L'Éditeur bénéficie du soutien de la Société de développement des entreprises culturelles du Québec pour son programme d'édition.

Le Conseil des Arts du Canada
The Canada Council for the Arts

Nous remercions le Conseil des Arts du Canada de l'aide accordée à notre programme de publication.

Nous reconnaissons l'aide financière du gouvernement du Canada par l'entremise du Programme d'aide au développement de l'industrie de l'édition (PADIÉ) pour nos activités d'édition.

La sécurité d'abord

Bien que les méthodes présentées dans ce manuel aient été passées en revue aux fins de sécurité, on ne soulignera jamais assez l'importance d'utiliser les méthodes les plus sûres possible. Ce qui suit est un rappel des choses à faire et des choses à éviter, en plus de faire preuve de jugement.

- *Toujours* faire preuve de prudence, de soin et de jugement lorsque vous suivez les méthodes présentées dans ce guide.

- *Toujours* vous assurer que votre installation électrique est sûre, que vos circuits ne sont pas surchargés et que tous les outils électriques et les prises de courant sont bien mis à la terre. N'utilisez pas d'outils électriques dans des endroits mouillés.

- *Toujours* lire les étiquettes sur les pots de peinture, de solvants et d'autres produits. Assurez une bonne ventilation et observez toutes les autres mises en garde.

- *Toujours* lire les instructions du fabricant lorsque vous utilisez un outil, particulièrement les mises en garde.

- *Utilisez* les mécanismes de retenue et les poussoirs toutes les fois où c'est possible, lorsque vous travaillez à l'aide d'un plateau de sciage. Évitez de travailler sur des pièces courtes, si vous le pouvez.

- *Toujours* enlever la clé à mandrin d'une perceuse (perceuse portative ou perceuse à colonne) avant de la mettre en marche.

- *Toujours* porter attention au fonctionnement d'un outil afin d'éviter les blessures.

- *Toujours* connaître les limites des outils. Ne les forcez pas à effectuer des travaux pour lesquels ils n'ont pas été conçus.

- *Toujours* s'assurer que les réglages sont verrouillés avant l'utilisation. Par exemple, vérifiez toujours le guide de refente d'un plateau de sciage ou le réglage de l'inclinaison d'une scie portative avant de commencer à travailler.

- *Toujours* fixer les petites pièces à un établi ou à une autre surface de travail lorsque vous utilisez un outil électrique.

- *Toujours* porter les gants de caoutchouc ou les gants de travail appropriés lorsque vous manipulez des produits chimiques, que vous déplacez ou empilez du bois d'œuvre, que vous travaillez le béton ou que vous faites de gros travaux de construction.

- *Toujours* porter un masque jetable lorsque vous créez de la poussière en sciant ou en ponçant. Utilisez un masque filtrant spécial lorsque vous travaillez à l'aide de substances toxiques ou de solvants.

- *Toujours* porter des lunettes de protection, particulièrement lorsque vous utilisez des outils électriques, que vous frappez du métal sur du métal ou sur du béton ; des fragments peuvent se détacher, par exemple, lorsque vous utilisez un ciseau sur du béton.

- *Ne jamais* porter de vêtements amples, de revers libres ou de bijoux pour travailler ; attachez vos cheveux, s'ils sont longs.

- *Toujours* être conscient que les réflexes sont rarement assez rapides pour nous épargner une blessure infligée par un outil électrique dans une situation dangereuse ; tout se produit très vite. Soyez vigilant(e) !

- *Toujours* garder les mains hors de portée des lames, des couteaux et des mèches.

- *Toujours* tenir une scie circulaire fermement, habituellement des deux mains.

- *Toujours* utiliser une perceuse munie d'une poignée auxiliaire pour maîtriser la torsion lorsque vous utilisez des mèches de grande taille.

- *Toujours* vérifier le Code du bâtiment local lorsque vous planifiez de nouvelles constructions. Les codes sont conçus pour assurer la sécurité publique et devraient être observés à la lettre.

- *Ne jamais* travailler avec des outils électriques lorsque vous êtes fatigué(e) ou que vous avez consommé de l'alcool ou des drogues.

- *Ne jamais* couper de petits morceaux de bois ou de tuyau à l'aide d'une scie électrique. Lorsqu'il vous faut de petits morceaux, sciez-les à partir d'une pièce plus longue, fixée de façon sécuritaire.

- *Ne jamais* changer de lame de scie, de mèche de perceuse ou de fraise de toupie si le cordon n'est pas débranché. Ne vous fiez pas au fait que l'outil est hors circuit. Vous pourriez le mettre en marche accidentellement.

- *Ne jamais* travailler sous un éclairage insuffisant.

- *Ne jamais* travailler à l'aide d'outils émoussés. Faites-les affûter, ou apprenez à les affûter vous-même.

- *Ne jamais* utiliser d'outils électriques sur une pièce qui n'est pas fermement soutenue.

- *Ne jamais* scier une pièce qui s'étend sur une grande longueur entre les chevalets sans bien soutenir les deux côtés de la zone de coupe ; la pièce peut courber et coincer la lame, ce qui causerait un effet de rebond.

- Lorsque vous sciez, *ne* soutenez *jamais* la pièce par-dessous avec votre jambe, ou une autre partie du corps.

- *Ne jamais* transporter d'outils coupants ou pointus, comme des couteaux tout usage, des alènes ou des ciseaux, dans ses poches. Si vous voulez transporter ces outils, utilisez un tablier de menuisier conçu à cet effet, comportant des poches et des compartiments.

Table des matières ──────────

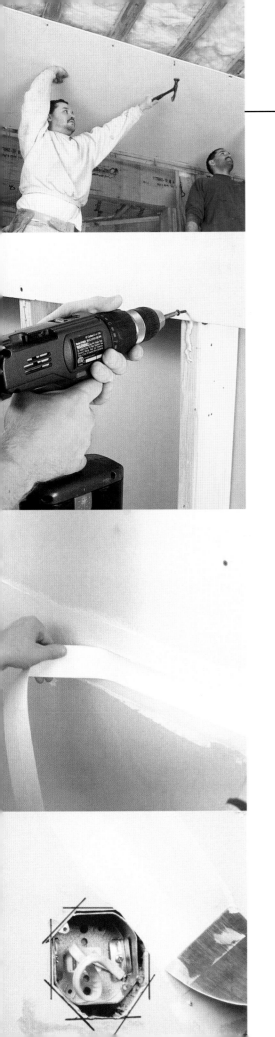

Introduction

Ce guide a été rédigé à l'intention du bricoleur dont les compétences en construction se situent entre celles de « débutant » et d'« intermédiaire », pour les travaux, petits et grands, de pose de cloisons sèches. Ce livre vise à guider le lecteur, étape par étape, dans les techniques de base de la pose de cloisons sèches de gypse, depuis l'estimation, la coupe, la pose et la finition, jusqu'aux réparations de base.

Parmi toutes les façons de finir l'intérieur de la maison, y compris le plâtre, le lambris et la brique, les panneaux de gypse constituent non seulement le matériau le moins coûteux, mais aussi le plus facile à installer. Toute personne qui possède un peu plus qu'une connaissance vague des outils simples, tels que la perceuse électrique, l'égoïne, le marteau et le ruban à mesurer, devrait, avec un peu de patience, être capable de poser des panneaux de gypse tout aussi habilement (bien que beaucoup moins rapidement) qu'une équipe de professionnels en la matière.

Après deux chapitres d'introduction qui vous présentent l'abc des matériaux et des outils habituellement utilisés dans les travaux résidentiels courants de pose de cloisons sèches, le chapitre 3, « Préparation des murs et des plafonds », aborde les questions importantes de l'estimation des matériaux, de l'agencement efficace et de la préparation de la charpente de la maison en vue de la pose impeccable de cloisons sèches. Le chapitre 4, « Marquage et coupe », analyse les différentes méthodes de coupe des panneaux de gypse, y compris les coupes circulaires, les arcades et autres lignes irrégulières. Le chapitre 5, « Pose de cloisons sèches », traite de la pose proprement dite des panneaux de gypse, depuis les éléments de base (murs plats et plafonds) jusqu'à une multitude de situations problématiques potentielles, comme les murs courbes, les plafonds cathédrale et la pose sur une charpente métallique. Le chapitre 6, « Pose de ruban et finition », aborde non seulement la base de l'application de la pâte à joints, de la pose de ruban et du ponçage des panneaux, mais aussi les finitions spéciales. Le dernier chapitre, « Réparation des cloisons sèches », offre de nombreuses suggestions en matière de réparations, simples ou complexes, de cloisons sèches endommagées, ainsi que des conseils relatifs aux problèmes qui peuvent surgir pendant la pose.

Dans ce livre, chaque projet étape par étape débute par une liste des outils et matériaux nécessaires pour exécuter le travail. Chaque tâche comporte en outre une évaluation du degré de difficulté du travail à effectuer. Le niveau de difficulté est indiqué par un, deux ou trois marteaux :

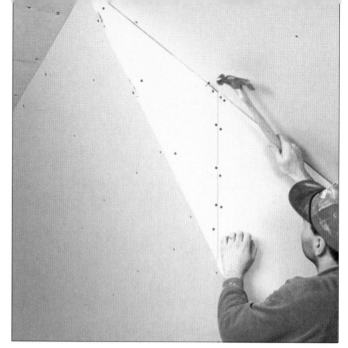

La plupart des tâches, dans la pose de cloisons sèches, font appel à des compétences courantes : clouage, coupe de panneaux et ponçage, par exemple.

Bien qu'il ne soit pas nécessaire d'utiliser des échasses, la pose de cloisons sèches peut être grandement facilitée par l'utilisation d'équipement spécial.

Débutant. Facile, même pour la plupart des débutants.

Intermédiaire. Pose quelques difficultés, mais peut être exécuté par un bricoleur possédant les outils de base et des aptitudes en menuiserie.

Expérimenté. Difficile, mais tout de même réalisable par les bricoleurs expérimentés qui maîtrisent les compétences de base en construction et disposent du temps et des outils nécessaires pour exécuter le travail. Envisagez de consulter un expert.

Chapitre 1

L'abc de la cloison sèche

La cloison sèche, aussi appelée « placoplâtre », plaque de plâtre ou panneau de gypse, constitue, de loin, le matériau le plus populaire et le plus pratique pour le revêtement des murs intérieurs. De nos jours, on trouve rarement un mur fini, dans une résidence ou une entreprise, qui n'a pas été revêtu d'une cloison sèche, sous une forme ou une autre. Les cloisons sèches sont durables, faciles à finir à l'aide de peinture ou de papier peint, et faciles à réparer. Et il n'est pas nécessaire d'être expert pour les poser. Les murs parfaitement plats et d'aplomb sont à la portée de tout propriétaire habile et patient, et prêt à y mettre le temps nécessaire.

A vant l'apparition des cloisons sèches, dans les années 1930, le plâtre constituait le revêtement mural le plus utilisé et la seule solution de rechange économique aux coûteux panneaux de bois.

Le plâtre peut être extrêmement durable (certains plâtres ont résisté pendant des centaines d'années), mais il tend à s'effriter s'il n'est pas appliqué sur un cadre vraiment rigide. Les maisons anciennes (généralement antérieures à la Seconde Guerre mondiale) étaient charpentées pour recevoir du plâtre. Elles étaient construites à l'aide d'un système appelé *charpente à claire-voie*, selon lequel des poteaux de 2 x 4 d'une seule pièce s'élevaient de la fondation à la ligne du toit.

Depuis, les entrepreneurs préfèrent ériger la charpente un étage à la fois, à l'aide de poteaux plus courts. Ce système de plateforme plus économique a donné lieu à des charpentes solides, mais à des murs moins rigides, ce qui a entraîné la nécessité d'appliquer des revêtements muraux plus robustes ; de là, notamment, est venue la mise au point de la cloison sèche.

En outre, il a fallu tenir compte du temps de pose. Autrefois, les constructeurs clouaient des lattes en bois aux poteaux et aux solives, puis appliquaient trois couches de plâtre sur les lattes. La première couche, appelée « couche éraflée », était appliquée dans les intervalles, et adhérait fortement aux lattes. On la recouvrait ensuite de la « couche brune », et l'on finissait par une mince couche blanche. Ce processus exigeait plusieurs heures-personnes. Et, pour couronner le tout, les lattes ne présentaient pas toujours une surface plane.

Au fil du temps, en raison des pressions économiques exercées par les coûts de la main-d'œuvre et des matériaux, le plâtre a été peu à

Les murs solides comme le roc reposent, cela va de soi, sur du roc, plus précisément, sur du gypse. Réduit en poudre, mélangé à de l'eau et versé entre des feuilles de papier, le gypse constitue l'âme solide d'une cloison sèche.

peu délaissé. Les constructeurs exigeaient des revêtements muraux qui se posaient facilement, ne nécessitaient pas de lattes et présentaient une surface plane sans laborieux travail de finition.

Au début des années 1930, United States Gypsum Company (USG) a inventé le « Rocklath », plaque de papier et de gypse fixée aux poteaux comme sous-couche. Le plâtre y adhérait directement, ce qui facilitait et accélérait un peu le plâtrage, mais cette tâche exigeait toutefois beaucoup de temps, même sans le clouage des lattes.

Qu'est-ce qu'une cloison sèche ?

Vers la fin des années 1930, USG a mis au point le système de cloisons sèches Sheetrock : des panneaux de gypse plus épais qui pouvaient être soigneusement joints ensemble et ne nécessitaient pas de couche de plâtre de finition. Même si cette technique n'a pas été utilisée à grande échelle avant le boom de la construction de l'après-guerre, le Sheetrock a évolué pour devenir le panneau de gypse revêtu de papier raffiné qui recouvre les murs et les plafonds de la plupart des résidences aujourd'hui.

La cloison sèche de gypse est faite de pierre transformée : du dihydrate de sulfate de calcium, ou sulfate de calcium bihydraté ($CaSO4 - 2H2O$), aussi connu sous le nom de gypse, minerai dont la couleur varie du presque noir au blanc. Comme sa formule chimique l'indique, le gypse contient naturellement de l'eau. En fait, l'eau constitue environ 21 % du poids du gypse, et environ 50 % de son volume

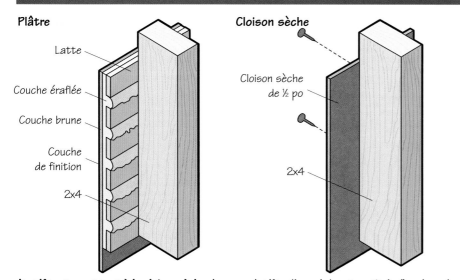

Le plâtre par rapport à la cloison sèche. Les murs de plâtre (à gauche) sont constitués d'une base de lattes et d'une couche éraflée, d'une couche brune et d'une couche de plâtre de finition.
La cloison sèche (à droite) a, dans une large mesure, remplacé le plâtre, en raison de sa facilité d'installation et de son faible coût.

en tant qu'eau de cristallisation. C'est ce qui donne aux cloisons sèches leur résistance au feu. L'eau de cristallisation contenue dans le gypse se transformera en vapeur si elle est exposée à une chaleur extrême, ce qui empêchera le feu de se propager et la température de monter, pendant une période limitée.

Le gypse, une fois extrait, est broyé, séché et réduit en poudre. On chauffe ensuite cette poudre afin d'éliminer la plus grande partie du dioxyde de carbone et de l'eau résiduels ; à ce point, le gypse a été déshydraté pour former du sulfate de calcium hémihydraté ($CaSO_4 \cdot \frac{1}{2}H_2O$), mieux connu sous le nom de plâtre de Paris. Ce plâtre cuit est ensuite mélangé avec de l'eau, ce qui le réhydrate en dihydrate de sulfate de calcium. La bouillie qui en résulte est versée entre deux feuilles de carton aux extrémités repliées et aplanies, et on la laisse prendre. Les panneaux sont ensuite coupés, séchés et, s'ils ne requièrent pas de fini spécial, conditionnés pour la vente.

Les avantages des cloisons sèches

Pourquoi utiliser des panneaux de gypse plutôt que du plâtre ? Outre le temps épargné pendant la pose, la cloison sèche offre de nombreux avantages : elle résiste au feu, elle assourdit le bruit, elle est durable et facile à réparer. Les cloisons sèches pour usages spéciaux (revêtues d'aluminium et comportant une âme en fibre de verre) ont un taux de résistance au feu de 4 heures ou plus, selon le degré d'épaisseur. Les cloisons sèches aident à l'insonorisation d'une maison, car le gypse résiste naturellement à la transmission du son. Il résiste à la fracture, supporte une bonne dose de mauvais traitements de la part des occupants et se répare facilement : on remplace les zones endommagées par des pièces de plaque de plâtre ou par une simple application de pâte à joints dans les creux et enfoncements.

En plus de présenter ces avantages, le revêtement de carton des cloisons sèches accepte plusieurs types de finition, notamment la peinture, la texturation et le papier peint. Certaines cloisons sèches (qui ne contiennent pas de gypse) peuvent servir de sous-couche pour la pose de carreaux. Ces panneaux résistants à l'eau et cimentaires (à base de ciment) se vendent sous les appellations de Blueboard (panneaux bleus) et de panneaux de ciment Durock.

On trouve des gisements de gypse *dans deux grandes régions aux États-Unis, ainsi qu'en Nouvelle-Écosse et au Mexique.*

Comment commander et entreposer des cloisons sèches

Ne faites livrer vos cloisons sèches que lorsque vous êtes prêt(e) à les utiliser, une fois que la charpente est terminée et que les fils électriques et la tuyauterie ont été passés. Les panneaux s'endommagent s'ils sont entreposés sur un chantier trop longtemps, particulièrement si des travailleurs y circulent en transportant de gros outils ou que des rallonges traînent par terre. Les réparations, même à des dommages mineurs, exigeront de multiples couches de pâte à joints.

Les cloisons sèches sont lourdes. Un panneau de gypse de 4 x 8 de ½ po pèse environ 54 lb. Les panneaux sont expédiés deux par deux, réunis par une bande de papier à chaque extrémité. Il faut couper cette bande à l'aide d'un couteau tout usage. Une personne forte peut soulever un panneau, mais il vaut mieux demander de l'aide s'il faut transporter plusieurs panneaux. N'essayez pas de soulever un paquet de deux panneaux sans aide.

Si vous commandez dix panneaux ou plus, les cloisons sèches sont habituellement livrées par un camion-grue muni d'une flèche articulée qui peut les soulever jusqu'au deuxième étage. La grue soutient les cloisons sèches à proximité de la fenêtre, d'où elles pourront facilement être entrées dans la maison. (Assurez-vous que les abords de la fenêtre sont dégagés des fils des services publics.) La livraison par une fenêtre réduit la main-d'œuvre et élimine le risque que constitue le transport de panneaux dans les escaliers, qui peut les endommager ou les courber, sans parler des blessures possibles que les travailleurs peuvent s'infliger au dos.

Si c'est possible, il vaut mieux que la livraison soit effectuée avant que les montants de fenêtre ne soient posés. Si les fenêtres sont déjà

L'utilisation d'un camion-grue est la façon la plus simple de transporter des cloisons sèches à l'étage. *Ci-dessus, le camion-grue d'un parc à bois soulève des panneaux pour les faire passer par une fenêtre du deuxième étage.*

en place et qu'elles sont assez grandes, enlevez les châssis pour éviter de les endommager. Cela prendra un peu de temps, mais c'est préférable au transport de panneaux depuis le rez-de-chaussée dans un escalier étroit, qui risquerait d'endommager les extrémités des panneaux, ce qui exigerait encore plus de travail.

Dans le cas d'une livraison au rez-de-chaussée, faites passer les panneaux par une porte, ou faites positionner la flèche du camion-grue à proximité d'une fenêtre ouverte, par laquelle vous pourrez faire entrer les panneaux. Si vous devez transporter les panneaux dans une zone habitable ou pourvue de moquette, étendez une pellicule de plastique ou du contreplaqué sur le sol.

ENTREPOSAGE

Lorsque vous entreposez des cloisons sèches, disséminez-les à travers la maison afin d'en répartir le poids : 50 panneaux peuvent peser plus d'une tonne. Évaluez le nombre et le type de panneaux nécessaires pour chaque pièce ; vous pourrez ainsi répartir les panneaux selon leur destination, ce qui vous évitera de les transporter deux fois. Dans la plupart des pièces, on commence par poser les panneaux au plafond ; il est donc préférable de décharger ces panneaux en dernier, afin qu'ils soient sur le dessus ou à l'avant de la pile.

Si vous avez des contraintes d'espace, entassez les panneaux à la verticale, dans le sens de la longueur, contre un mur que vous finirez en dernier, le *parement*, ou le côté exposé, vers vous. Choisissez un endroit où les panneaux peuvent être entreposés perpendiculairement aux solives de plancher afin de répartir le poids également. Si vous prévoyez entreposer vos matériaux à plat sur le sol, commencez par balayer soigneusement la zone pour en éliminer les débris qui pourraient s'incruster dans les panneaux, les érafler ou les endommager. Empilez toujours les panneaux en plaçant le côté arrière vers le sol.

Le bois d'œuvre doit être entreposé sur des blocs, mais pas les cloisons sèches. Les panneaux s'affaisseraient entre les blocs, et les courbes qui en résulteraient rendraient la pose difficile par la suite. Une fois que les cloisons sèches sont rendues sur le chantier, maintenez la température entre 55 et 70 ˚F. Comme pour tout matériau de construction, inspectez les panneaux à la livraison afin de vous assurer qu'ils sont en excellent état. Refusez les panneaux endommagés, et souvenez-vous de demander un crédit pour toute marchandise retournée.

Tailles et types de panneaux de gypse
LONGUEUR

Les cloisons sèches de gypse sont offertes en longueurs de 8, 9, 10, 12, 14 et 16 pi. Il vaut mieux utiliser des panneaux plus longs pour réduire le nombre de joints. Moins de joints signifie moins de ruban à poser et moins de risques que des joints irréguliers paraissent dans un mur fini.

ÉPAISSEUR

Les cloisons sèches de gypse sont offertes en épaisseurs de $\frac{1}{4}$, $\frac{3}{8}$, $\frac{1}{2}$ et $\frac{5}{8}$ po. Voici les applications courantes pour chacune de ces épaisseurs :

◣ **Cloison sèche de ¼ po :** Offert en panneaux de 8 pi et de 10 pi, ce matériau est utilisé pour les murs incurvés et, parfois, pour refaire le revêtement d'un mur par-dessus le plâtre ou d'autres revêtements solides. Manipulez ces panneaux avec soin ; en raison de leur minceur, ils peuvent facilement fléchir comme de la tôle dans le transport et se briser. Dans les murs incurvés, même pour une courte longueur de panneau de $\frac{1}{4}$ po d'épaisseur, l'espacement maximal des poteaux doit être de 16 po, de centre à centre ; le panneau courbera de façon évidente s'il est posé sur des poteaux espacés de 24 po, de centre à centre. Lorsque vous posez les cloisons sèches sur une surface solide, utilisez de l'adhésif pour tenir les panneaux en place. À 1,2 lb par pi^2, un panneau de gypse de 4 x 8 de $\frac{1}{4}$ po d'épaisseur pèse environ 38 lb.

Les cloisons sèches de gypse sont offertes en davantage de longueurs que celle de 8 pieds que la plupart des marchands tiennent en stock. Il existe des panneaux de 14 et de 16 pi qui permettent de finir des murs longs avec le minimum de joints.

◣ **Cloison sèche de ⅜ po :** Offert en panneaux de 8, 9, 10, 12 et 14 pi de longueur, ce matériau est idéal pour rénover des murs de séparation et pour réparer des zones où le vieux plâtre a été enlevé. Une épaisseur de $\frac{3}{8}$ po exige un espacement maximal des poteaux de 16 po, de centre à centre. À 1,4 lb par pi^2 un panneau de gypse de 4 x 8 pèse environ 45 lb.

◣ **Cloison sèche de ½ po :** Offerte pour les panneaux de 8, 9, 10, 12, 14 et 16 pi de longueur, cette épaisseur est la plus courante et convient tant aux murs qu'aux plafonds. L'espacement des poteaux peut être de 24 po de centre à centre, à moins que l'extrémité longue des panneaux ne soit parallèle aux solives du plafond. Dans ce cas, posez les panneaux à intervalles de 16 po de centre à centre, pour prévenir l'affaissement. À 1,7 lb par pi^2, un panneau de gypse de 4 x 8 pèse environ 54 livres.

◣ **Cloison sèche de ⅝ po :** Offert en panneaux de 8, 9, 10, 12 et 14 pi de longueur, ce matériau, parfois appelé « cloison sèche coupe-feu », peut être utilisé pour les murs et les plafonds. Comme le panneau de $\frac{5}{8}$ po d'épaisseur, il peut être posé à intervalles de 24 po, de centre à centre, à moins qu'il ne soit posé horizontalement. L'épaisseur supplémentaire améliore l'insonorisation et la résistance à l'affaissement. Dans de nombreuses régions, une épaisseur de $\frac{5}{8}$ po pour les cloisons sèches est exigée par le Code du bâtiment, en raison de sa résistance supérieure au feu. À 2,3 lb par pi^2, un panneau de gypse de 4 x 8 pèse environ 73 lb.

◣ **Double parement :** Pour accroître la résistance au feu et les qualités d'insonorisation d'un mur, on peut poser les panneaux de gypse en double. Ce double parement présente en outre une résistance supérieure à l'affaissement et à la fissuration (particulièrement lorsqu'on utilise des adhésifs). La couche de base est recouverte de la couche de parement et, habituellement, on applique de l'adhésif entre les couches pour renforcer encore davantage le mur.

LARGEUR

Les panneaux de gypse courants font 48 po de largeur. Deux panneaux placés à l'horizontale l'un au-dessus de l'autre ou un panneau placé à la verticale couvrent donc 96 po, ou 8 pi, ce qui est la hauteur courante des plafonds. Étant donné que la hauteur des plafonds atteint parfois aujourd'hui 8 $\frac{1}{2}$ ou 9 pi, les fabricants ont commencé à produire des panneaux de 54 po de largeur. Deux de ces panneaux couvriront donc un mur de 9 pi.

Sélection des cloisons sèches

Comme nous l'avons vu aux pages 12-13, les panneaux de gypse sont offerts en différentes tailles. La norme, pour la plupart des travaux résidentiels, est le panneau de ½ po d'épaisseur. Les panneaux plus épais, de ⅝ po d'épaisseur, ne sont habituellement pas utilisés dans les travaux résidentiels, en raison de leur poids et de leur coût supplémentaires. Cela peut ne pas sembler beaucoup, mais ce ⅛ po supplémentaire rend les panneaux beaucoup plus lourds et plus difficiles à manipuler, particulièrement lorsqu'on travaille seul. Les panneaux, plus légers, de ⅜ po, conviennent lorsqu'on refait le revêtement parce que le mur est tellement endommagé que reboucher les trous ne suffit plus. Les panneaux de ¼ po sont les plus économiques, mais la plupart des gens, y compris la plupart des experts, n'aiment pas les utiliser parce qu'ils ont peu de tenue et se cassent facilement lorsqu'on les manipule. Bien sûr, il ne faut pas oublier de vérifier le Code du bâtiment local lorsqu'on planifie d'importantes nouvelles constructions ou des rénovations.

Comme dans le cas du contreplaqué et d'autres revêtements en feuilles, les dimensions normales des panneaux de gypse sont de 4 x 8 pi, bien que d'autres dimensions soient offertes (voir *Tailles et types de panneaux de gypse* à la page 12). Les panneaux de dimensions normales conviennent bien lorsque les poteaux sont à intervalle de 16 po ou de 24 po, de centre à centre.

Les panneaux standard sont également offerts en deux variantes courantes qui en améliorent la performance dans deux secteurs clés : il s'agit des panneaux imprégnés de produits ignifuges et portant la mention « Firecode » (voir *Panneaux de gypse résistant au feu*, page 16), et des panneaux traités pour résister à l'humidité (voir *Composer avec l'humidité*, page 18).

En ce qui concerne la manipulation, il vaut mieux utiliser des panneaux plus petits, car ils sont plus faciles à transporter et à poser. Mais pour la pose du ruban et la finition des joints, les panneaux plus grands facilitent la tâche, car ils couvrent une plus grande surface. La meilleure approche consiste à utiliser les plus grands panneaux possible, assez grands pour éliminer quelques joints et raccourcir le temps de pose de ruban, mais assez petits pour éviter des problèmes de manutention majeurs.

Types de cloisons sèches : A — ¼ po ; *B* — ⅜ po ; *C* — ½ po ; *D* — ⅝ po, coupe-feu ; *E* — ½ po, hydrofuge.

Les panneaux spéciaux flexibles s'adaptent aux murs courbes et aux voûtes sans nécessiter de trait de scie ni de trempage dans l'eau.

Traitement des couches de papier et panneaux de gypse spéciaux

◼ **Panneaux de gypse flexibles :** Ce matériau de ¼ po d'épaisseur est conçu pour les murs courbes ou les voûtes et est souvent posé en double parement. Le panneau de gypse flexible comporte un papier de garniture et un papier de face plus épais que ceux du panneau de gypse standard de ¼ po, et il résiste mieux aux fissures.

◼ **Panneaux de gypse ultrarésistants :** En comparaison avec les panneaux de gypse standard, les panneaux ultrarésistants sont munis d'une couche de papier plus épaisse et leur noyau est renforcé. Ces panneaux résistent mieux aux chocs. Offerts en épaisseurs de ½ po et de ⅝ po, ces panneaux sont recommandés pour les murs des salles de jeux, des couloirs à circulation intense, des garages et des sous-sols, qui risquent de subir les chocs de bicyclettes ou d'outils.

Pour ce type d'utilisation, les fabricants ont récemment mis au point une garniture faite de gypse et de fibre de bois qui résiste mieux aux chocs et aux perforations que le papier et qui renforce le panneau. Les cloisons sèches dotées de cette garniture coûtent plus cher que les panneaux de gypse standard et doivent habituellement être commandées.

◼ **Panneaux de gypse résistant à l'humidité :** Aussi appelés « panneaux verts », panneaux « résistant à l'eau » ou « Blueboard » (panneaux bleus), ces panneaux de gypse (dont la face est vert pâle ou bleue) résistent à l'humidité, mais ne sont pas imperméables. Ils peuvent supporter le taux d'humidité élevé des cuisines, des salles de bains et des salles de lavage. Ces panneaux constituent une bonne base pour l'application de tous genres de carreaux à l'aide de mastic. Évitez de poser ce matériau sur un pare-vapeur ; cela emprisonnerait l'humidité et ferait se dégrader la cloison sèche, à la longue. On peut finir ou peindre ces

Conseil d'expert

Ne démolissez pas votre salle de bains à l'aide d'un pied-de-biche pour vous précipiter ensuite à la quincaillerie locale en tenant pour acquis qu'elle tient en stock des panneaux de ⅝ po de type X et des panneaux résistant à l'humidité. De nombreux fournisseurs ne conservent qu'une variété restreinte de panneaux en stock ; vous devrez donc attendre que les panneaux que vous commandez vous soient livrés (et vivre dans le désordre) ou acheter les produits en stock.

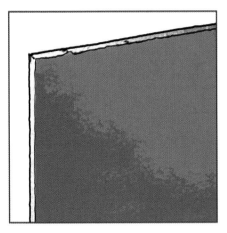

Panneau de gypse flexible

Le panneau de gypse flexible de ¼ po est un produit pratique pour les murs courbes et les installations à double couche, mais les murs ordinaires exigent des panneaux plus épais.

Panneau de gypse ultrarésistant

Destiné aux pièces à circulation intense ou qui risquent de subir des chocs, le panneau ultrarésistant peut supporter des coups modérés sans subir de dommages.

panneaux, ou y poser du papier peint, comme sur les panneaux standard. Ces panneaux devraient être installés sur des poteaux espacés de 16 po, de centre à centre.

◼ **Panneaux de ciment :** Aussi appelés « panneaux cimentaires », « Durock », « Hardibacker », « WonderBoard » ou « Dens-Shield », ces panneaux de ½ po ou de ⅝ po d'épaisseur sont offerts en longueurs de 5 pi ou de 8 pi, et en largeurs de 32, 36 et 48 po. Contrairement aux panneaux de gypse, ce matériau est constitué d'un noyau de ciment Portland placé dans un treillis de fibre de verre enduit de polymère. Il présente une excellente résistance au feu et à l'eau et constitue une base idéale pour les carreaux, particulièrement dans les zones où le taux d'humidité est élevé, comme les murs et les planchers des salles de bains et des cuisines. C'est aussi une sous-couche de qualité supérieure pour les carreaux d'ardoise et de grès. Chaque panneau de ciment comporte un côté rugueux et un côté lisse. Posez le côté rugueux vers vous lorsque vous fixez des carreaux à l'aide de mortier (comme le QuickSet), ou le côté lisse vers vous, si vous utilisez de l'adhésif ou du mastic. Certains produits à base de ciment portent le label UL aux fins d'utilisation comme protection des murs et des planchers dans les pièces exposées à des appareils de chauffage ou des poêles à bois. L'espacement maximal entre les poteaux doit être de 16 po, de centre à centre.

◼ **Panneaux de gypse résistant au feu :** Offert en épaisseurs de ½ po et de ⅝ po, ce matériau, appelé aussi « Firecode », « Fire-Shield », « Fireguard » ou « Fi-Rock », résiste au feu. Cela signifie qu'il répond à la norme C36 de l'ASTM pour les panneaux de gypse résistant au feu de type X, qui stipule que de la fibre de verre doit être incorporée à leur noyau afin de leur permettre de résister au feu plus longtemps que les panneaux de gypse traditionnels. Habituellement, un panneau de ½ po d'épaisseur doit résister au feu pendant 45 minutes, et un panneau de ⅝ po, pendant 60 minutes. Les codes du bâtiment exigent souvent ce type de panneaux dans le cas de murs mitoyens (entre des appartements), de plafonds contigus à d'autres unités d'habitation et des pièces qui présentent des risques d'incendie, comme les chaufferies, les garages attenants et les cuisines.

Panneau de gypse résistant à l'humidité

Bien qu'il ne soit pas imperméable, ce panneau constitue un choix judicieux pour les zones où l'humidité est élevée, comme les cuisines et les salles de bains ; on l'utilise comme support pour des carreaux de céramique derrière un évier, par exemple.

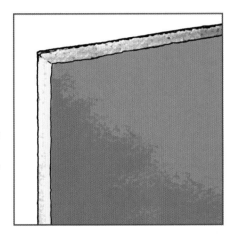

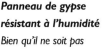

Panneau de ciment

Ce type de panneau est destiné aux zones qui nécessitent une forte résistance au feu ou à l'eau. Il constitue aussi une excellente base pour les carreaux dans les zones très humides, comme les murs de la salle de bains et de la cuisine, et une sous-couche idéale pour les carreaux d'ardoise et de grès.

Panneau de gypse résistant au feu

Ce type de panneau peut résister au feu pendant un certain temps. Les Codes du bâtiment exigent souvent la pose de panneaux résistant au feu dans les murs mitoyens des appartements ou dans les murs des garages attenants à une résidence.

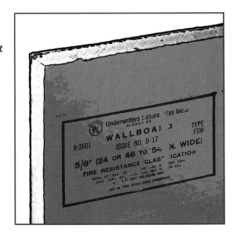

◼ Panneaux à endos d'aluminium : Dans les cas où un pare-vapeur est nécessaire, les panneaux à endos d'aluminium peuvent être utiles. Ce matériau est fabriqué en pressant une feuille d'aluminium (doublée de papier kraft) sur la surface d'un panneau de gypse. Le parement métallique accroît les propriétés isolantes du panneau et aide à créer un pare-vapeur si le côté métallique est placé contre les poteaux, sur le côté intérieur des murs extérieurs. Comme tout pare-vapeur, ce panneau empêche l'humidité présente dans l'aire habitable de s'infiltrer dans l'ossature murale. Évitez d'utiliser des panneaux à endos d'aluminium comme base pour la pose de carreaux ou dans toute zone où un autre revêtement mural pourrait emprisonner l'humidité dans le noyau du panneau. En outre, évitez d'utiliser ce matériau dans des structures climatisées qui subissent fréquemment des températures extérieures et des taux d'humidité élevés.

◼ Panneaux d'isolation phonique : L'isolation phonique, dans la pose de panneaux de gypse, a davantage à voir avec la conception des murs qu'avec l'utilisation d'un type de panneaux de gypse en particulier. Des matériaux d'isolation phonique sont offerts sur le marché, mais ils sont habituellement vendus comme isolants, tel le Thermafiber d'USG. Les techniques d'isolation phonique allient habituellement l'utilisation de deux couches de panneaux de gypse et d'une couche d'isolant, d'un mastic acoustique et d'une structure murale faite de poteaux et de profilés métalliques qui crée des cloisons à l'intérieur des murs.

◼ Panneaux pour plafond : Un certain nombre de fabricants produisent des panneaux spéciaux destinés aux plafonds, particulièrement lorsque la portée des fermes est plus grande que la normale (24 po, de centre à centre). Plus légers et plus solides que les panneaux standard, ces panneaux résistent à la déformation, s'installent plus facilement et, dans certains cas, coûtent moins cher que la cloison sèche de gypse courante.

◼ Panneaux à parement de vinyle : Offerts dans une grande variété de couleurs et de motifs, les panneaux de gypse à parement de vinyle sont retenus par des adhésifs et des fixations spéciales

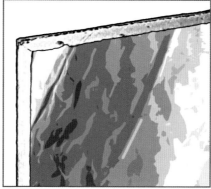

Panneau à endos d'aluminium : De nombreux produits résistant au feu comportent une couche d'aluminium doublée de papier kraft. En plus d'empêcher la propagation des flammes, l'aluminium constitue un excellent pare-vapeur.

Panneau à parement de vinyle : Ces panneaux décoratifs, que l'on trouve habituellement en milieu commercial, comportent un parement de vinyle qui ne nécessite pas de peinture. Ces panneaux sont habituellement réunis par des moulures de plastique, plutôt que par du ruban et de la pâte à joints.

(semblables aux clous de finition) et ne nécessitent aucun traitement des bords ou des joints, car la finition est assurée par des moulures spéciales en vinyle. Comme les joints d'extrémité sont difficiles à dissimuler, évitez d'utiliser ce type de panneaux dans des pièces ou sur des plafonds où les joints d'extrémité seront visibles. Ces panneaux sont habituellement offerts en épaisseur de $\frac{1}{2}$ po, et en longueurs de 4, 8, 9 et 10 pi.

◼ Plaques de plâtre à enduire : Elles servent de base à l'application de plâtre de revêtement. Vendues sous les noms de « Rocklath », « Kal-Kore » et de « Cameo », les plaques de plâtre à enduire constituent une sous-couche résistant au feu pour l'application de plâtre à la truelle, en remplacement des lattes de bois. Elles sont offertes en épaisseurs de $\frac{1}{2}$ po et de $\frac{3}{8}$ po, et les dimensions des panneaux varient de 16 x 48 po à 25 x 96 po. Bien qu'elles ne soient pas identiques aux cloisons sèches de gypse, les plaques de plâtre peuvent avoir un noyau de gypse et comportent souvent un parement de papier absorbant. Le papier absorbe l'eau du plâtre fraîchement appliqué pour l'empêcher de s'affaisser, tandis que plusieurs autres couches de papier traité empêchent cette humidité de s'infiltrer dans le noyau du panneau.

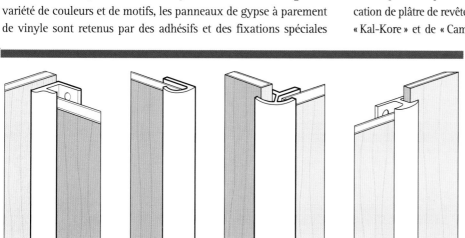

Des moulures spéciales sont appliquées aux extrémités et sur les joints des panneaux prédécorés. Ces panneaux sont habituellement posés à la verticale.

1 L'abc de la cloison sèche

Composer avec l'humidité

L'humidité endommage la surface des cloisons sèches. Toute personne qui a déjà été aux prises avec un toit ou un tuyau qui fuit sait que la réparation à la source de la fuite est souvent suivie d'une réparation au mur ou au plafond endommagé. Même les petites fuites peuvent, à la longue, faire décoller la peinture et la couche externe de papier des panneaux de gypse standard. Une humidité excessive peut même causer l'effritement du panneau.

Pendant des années, les fabricants de panneaux de gypse ont offert des produits conçus pour la pose dans des zones très humides, comme les salles de bains et les cuisines. (Voir *Traitement des couches de papier et panneaux de gypse spéciaux*, pages 15-17.) Mais les pratiques de construction plus « hermétiques » des dernières années ont amplifié les problèmes d'humidité. Dans certaines résidences, en raison des niveaux d'humidité accrus causés par la cuisson, le séchage des vêtements et les douches, les murs peuvent être mouillés, et il peut même se former de la moisissure. Une fuite non décelée peut aussi causer la formation de moisissure. Les spores de moisissure se développent sur toute surface humide, y compris le dos du papier peint et les surfaces des panneaux de gypse, dans les cavités des murs.

Bien qu'elles soient peu esthétiques, la plupart des moisissures sont sans danger pour la plupart des gens. Cependant, de nombreuses personnes sont sensibles aux spores de moisissure. Les réactions peuvent aller des symptômes du rhume des foins à des crises d'asthme, chez les personnes asthmatiques qui sont allergiques à la moisissure.

Pour aider à prévenir la formation de moisissure, assurez-vous que votre résidence est adéquatement ventilée. L'air des sécheuses, des cuisinières et des salles de bains devrait être évacué vers l'extérieur. Il existe en outre des produits conçus pour accroître la résistance à l'eau.

L'abc de la ventilation

Vous pouvez éviter les problèmes d'humidité dans les constructions neuves et rénovées grâce à une ventilation adéquate. Les cuisines et les salles de bains devraient être dotées d'un système de ventilation qui évacue l'humidité et l'air vicié directement à l'extérieur. Les ventilateurs sont évalués en fonction de la quantité d'air qu'ils déplacent en pi^3 par minute (pi^3/min).

Cuisines

Cuisinières et tables de cuisson placées contre un mur
Cuisson occasionnelle : 40 pi^3/min
Cuisson régulière à intense : de 100 à 150 pi^3/min
Cuisinières et tables de cuisson placées dans des îlots ou des comptoirs en L
Cuisson occasionnelle : 50 pi^3/min
Cuisson régulière à intense : de 150 à 300 pi^3/min

Salles de bains

pi^3/min = largeur de la pièce (en pi) × longueur de la pièce (en pi) × 1,1

Applications hydrofuges. *Un carrelage adéquat appliqué sur un panneau d'appui à base de ciment est le secret pour éviter les problèmes autour des douches.*

Panneaux sans papier. Certains fabricants offrent des panneaux de gypse dépourvus de la garniture habituelle de papier. Sans papier organique, les spores ne peuvent pas s'alimenter, et le papier ne risque pas de décoller du noyau de gypse. L'humidité n'endommagera pas ces panneaux comme elle le fait dans le cas des panneaux de gypse traditionnels. Certains fabricants remplacent le papier par un mat de fibre de verre ; d'autres utilisent une préparation de gypse qui assure une surface lisse. La nouvelle génération de panneaux sans papier est offerte en dimensions standard. Les options de pose et de finition sont les mêmes pour les panneaux sans papier que pour les panneaux de gypse traditionnels.

Traitement des bords

Le traitement des bords des panneaux de gypse peut se faire de quatre façons : les bords amincis, les bords droits, les bords à rainure et baguette et les bords biseautés.

Le plus courant d'entre eux, qui est standard sur les panneaux de gypse traditionnels, est le bord **aminci**. Sur la face du panneau (le côté qui fait face à la pièce), les bords longs sont légèrement amincis pour former un creux d'environ 1/20 po de profondeur. Cela permet au ruban et à la pâte à joints d'affleurer avec la face du panneau. Cependant, les bords courts des panneaux standard sont droits.

Les bords des panneaux de gypse à **bords droits** sont de la même épaisseur que le corps du panneau. Avec ce matériau, tous les joints sont semblables à ceux que l'on crée lorsqu'on place des panneaux standard bout à bout. Avec de l'entraînement, vous pouvez finir parfaitement des bords droits aboutés, à l'aide de ruban et de pâte à joints. Cependant, il vaut mieux utiliser les panneaux à bords droits lorsque aucune finition n'est nécessaire, comme dans le cas de la couche de fond d'une application à double couche.

Les panneaux de gypse à **rainure et languette** présentent des bords à emboîtement en V. La finition de ces bords exige une grande habileté, et les panneaux à rainure et languette sont rarement utilisés pour les travaux qui nécessitent une finition. L'emboîtement de la rainure et de la languette procure de la résistance contre le vent et l'eau, ce qui explique pourquoi les panneaux à rainure et languette sont recommandés pour les parements extérieurs, la maçonnerie plaquée, le stuc et les bardeaux.

La baguette d'angle et d'autres accessoires assurent la finition nécessaire lors de la pose de panneaux de gypse.

Les **bords biseautés**, qui ne sont pas très courants, sont conçus pour être laissés non finis, afin de donner à la pièce un aspect lambrissé. Malheureusement, dans les pièces où l'on ne peut poser des panneaux entiers, il est difficile de positionner les panneaux de façon que chaque joint comporte deux bords parfaitement biseautés.

ACCESSOIRES DE MÉTAL ET DE PLASTIQUE

Les bords des panneaux de gypse ne s'alignent pas toujours parfaitement pour former des joints serrés qui peuvent être finis à l'aide de ruban et de pâte à joints. Il faut parfois fixer des accessoires de métal ou de plastique aux panneaux (ou sur la charpente, derrière les panneaux), par exemple, pour renforcer un angle externe ou pour protéger un joint entre un panneau de gypse et une autre surface.

La baguette d'angle est une pièce d'acier galvanisé en L dont la bride a été percée de trous. Cet accessoire renforce l'angle externe de deux panneaux de gypse perpendiculaires. Une fois que la baguette d'angle a été fixée à l'aide de rivets, de clous ou de vis pour retenir le panneau à la charpente, on la finit en utilisant de la pâte joints, mais pas de ruban. Lorsqu'elles sont bien posées et finies, ces baguettes renforcent l'angle et forment une belle ligne droite. Le nez, ou partie saillante de la baguette, sert en outre de guide à votre couteau lorsque vous appliquez de la pâte à joints.

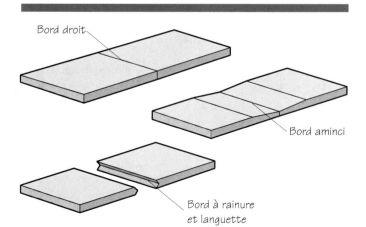

Traitement des bords. Les trois bords les plus courants : les bords droits (qui créent des joints d'about), les bords amincis (idéaux pour les panneaux de gypse qui seront finis à l'aide de ruban et de pâte à joints), et les bords à rainure et languette (courants dans les panneaux de gypse utilisés comme pare-vapeur).

Bord droit

Bord aminci

Bord à rainure et languette

La baguette en J (aussi appelée couvre-joint en J) vient s'emboîter sur le bord du panneau de gypse pour le protéger contre les chocs ou l'effritement. On l'utilise aux endroits où un panneau de gypse est adjacent à un mur de brique, un montant de fenêtre, une cabine de douche ou une autre structure. La baguette en J se fixe à l'aide de vis ou de clous, enfoncés dans la bride arrière de la baguette et la face du panneau.

Il existe deux types de baguettes en J. La baguette *à finir* comporte une bride avant qui doit être recouverte de pâte à joints. La bride en saillie sert de guide au couteau à joints. La baguette *apparente*, quant à elle, n'est pas destinée à recevoir de la pâte à joints.

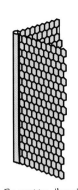

Baguette d'angle métalllique

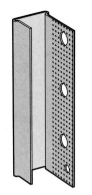

Baguette d'angle n° 800

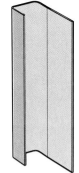

Baguette d'angle métallique en J (à finir)

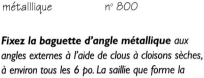

Baguette d'angle métallique en J (apparente)

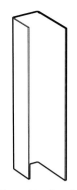

Baguette d'angle de plastique en J (apparente)

Fixez la baguette d'angle métallique aux angles externes à l'aide de clous à cloisons sèches, à environ tous les 6 po. La saillie que forme la baguette sert de guide au couteau pour l'obtention d'un fini lisse de la pâte à joints.

La baguette en J est utilisée lorsque des panneaux de gypse sont adjacents à un autre type de surface. Un type de baguette en J (à finir) doit être recouvert de pâte à joints. L'autre type de baguette (apparente) est conçu pour rester tel quel, la bride finie vers l'extérieur.

Comme cette baguette est bien ajustée sur le bord du panneau, son épaisseur doit correspondre à celle du panneau. Il faut donc utiliser une baguette de ¼ po sur un panneau de ¼ po, une baguette de ³⁄₈ po sur un panneau de ³⁄₈ po, etc.

La baguette en L, moins courante que la baguette en J, permet également d'abouter un panneau à une fenêtre ou un encadrement de porte. Cependant, on l'utilise avec des encadrements qui ne sont pas destinés à couvrir le bord du panneau de gypse. La baguette en L crée un enfoncement entre l'encadrement et le panneau.

La baguette d'angle à nez arrondi et la **baguette d'angle flexible** sont faites de vinyle. La baguette à nez arrondi crée un angle arrondi de 90º, ce qui adoucit l'angle. La baguette flexible s'utilise pour tout joint comportant un angle externe courbe, comme

dans le cas d'une arcade ou d'une fenêtre cintrée. Cette baguette en L comporte une bride crantée et une bride pleine. Lorsque vous appliquez la baguette sur l'angle, l'encoche s'ajuste à la courbe, et vous vissez ensuite la bride pour maintenir la baguette en place.

En outre, un produit appelé **baguette d'arc** est offert pour la finition des bords courbes. Tant la baguette de vinyle que les côtés de métal en V sont flexibles, et on peut leur donner une forme courbe ou autre sans avoir à les couper. Les baguettes d'arc sont offertes dans de nombreux centres de rénovation.

Les **agrafes pour cloisons sèches** sont des pièces de métal ou de plastique dont chaque ailette mesure environ 2 po de largeur. On les utilise le plus souvent pour fixer des cloisons à la charpente du plancher et du plafond. Ces agrafes servent d'appui aux vis sur le

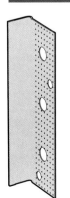
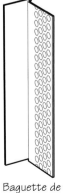

Baguette métallique en L   Baguette de plastique en L

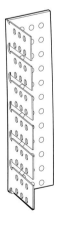

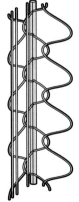

Le panneau de gypse adjacent recouvre ces agrafes.

Clouez cette section au poteau ou à la lisse.

La baguette en L est utilisée pour finir les bords lorsque le panneau est adjacent à un autre type de surface. La bride sur la face du panneau doit être recouverte de pâte à joints.

La baguette d'angle à nez arrondi est un accessoire de vinyle qui permet d'obtenir un angle courbe de 90°. La finition est la même que pour la baguette d'angle métallique.

La baguette d'angle flexible en vinyle est utilisée pour couvrir les joints au-dessus des portes cintrées, ou lorsque des bords courbes nécessitent une finition.

La baguette d'arc comporte un bord courbe dont la finition peut être faite à l'aide de pâte à joints. Elle est utilisée le plus souvent au sommet d'une arcade.

Les agrafes pour cloisons sèches assurent un appui aux bords des panneaux qui ne sont pas soutenus par des pièces de charpente. Elles sont fixées à un poteau ou à une lisse adjacents.

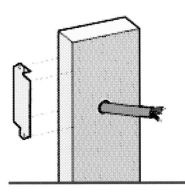

Des gaines passe-fil devraient être posées sur la face des poteaux, s'il existe un risque qu'une vis ou un clou n'endommage des tuyaux ou des fils qui passent dans le poteau.

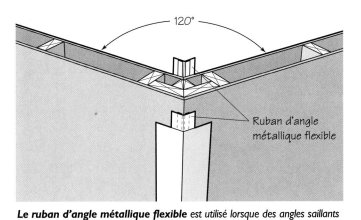

120°

Ruban d'angle métallique flexible

Le ruban d'angle métallique flexible est utilisé lorsque des angles saillants ou rentrants ont plus de 90°. Ce ruban comporte des bandes de métal de part et d'autre d'une rainure centrale.

bord d'un panneau de gypse qui n'est pas placé contre un poteau ou une solive.

Le **ruban d'angle métallique flexible** mesure habituellement 2 po de largeur et comporte 2 bandes de ½ po de largeur en métal galvanisé, de chaque côté d'une rainure centrale. Il est destiné aux angles saillants et rentrants de plus de 90°, et remplace la baguette d'angle. Posez le côté métallique à l'intérieur, et appliquez de la pâte à joints, comme vous le feriez pour du ruban de papier traditionnel.

Les **gaines passe-fil**, sont de petites plaques de métal de 1 ½ po (la largeur des poteaux) sur 2 po, comportant 4 petites pointes que l'on cloue dans le poteau. Posez des gaines passe-fil toutes les fois où une pièce de fixation risque d'endommager un fil ou un tuyau qui passe dans un poteau.

Pièces de fixation

Les panneaux de gypse sont fixés aux poteaux et aux solives à l'aide de clous ou de vis. Les vis sont devenues les pièces de fixation les plus populaires parce qu'elles sont faciles à poser, qu'elles offrent plus de résistance à l'arrachement que les clous et qu'elles ne déplacent pas la charpente ou les lisses lorsqu'on les pose. Le martèlement de clous dans les panneaux de gypse peut donner du jeu aux lisses, faire ressortir les clous déjà en place et même désaligner les montants. De plus, les vis peuvent s'enlever (au cas où vous devriez retirer et recouper un panneau), et la profondeur des têtes de vis est plus facile à contrôler, particulièrement lorsqu'on règle une visseuse pour qu'elle s'arrête une fois que la profondeur désirée est atteinte. (La

profondeur des têtes de clou doit être évaluée visuellement pour chaque clou.)

LES CLOUS

Il existe trois types de clous pour fixer des panneaux de gypse aux poteaux et aux solives de plafond : les clous annelés, les clous enduits de ciment et les pointes, dont chacun comporte une tête d'au moins ¼ po de diamètre. La longueur des clous varie en fonction de l'épaisseur du panneau de gypse. Pour les panneaux de ⅜ po, utilisez des clous de 1 ⅛ po ; pour les panneaux de ½ po, utilisez des clous de 1 ¼ po ; pour les panneaux de ⅝ po, utilisez des clous de 1 ⅜ po. Enfoncez les clous à l'aide d'un marteau pour cloisons sèches à panne bombée. La tête large, ronde et rayée du marteau crée une dépression autour de la tête de clou, ce qui facilite l'application de pâte à joints. Tous les clous sont conçus pour retenir le panneau de gypse à des montants de bois, et non d'acier. Si vous fixez les panneaux de gypse à des montants ou des fourrures de métal, vous devez utiliser des vis.

Le **clou annelé** comporte un filetage qui résiste à l'arrachement. Les **clous enduits de ciment** ont une tige lisse, mais ils sont recouverts de ciment, ce qui en accroît la résistance. Les pointes ressemblent aux clous annelés, sans le filetage. Leur tête et leur tige sont conçues spécialement pour la fixation des panneaux de gypse.

Assurez-vous d'arrêter de clouer, une fois qu'il s'est créé une légère dépression dans la face du panneau de gypse. Enfoncer un clou trop profondément déchirera le papier de la face du panneau, ce qui rendra la finition difficile et réduira la résistance à l'arrachement du clou. Il en va de même pour les clous plantés en angle.

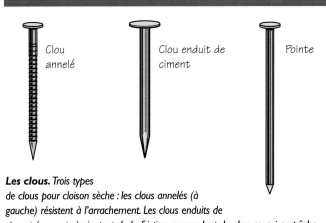

Clou annelé   Clou enduit de ciment   Pointe

Les clous. Trois types de clous pour cloison sèche : les clous annelés (à gauche) résistent à l'arrachement. Les clous enduits de ciment (au centre) ajoutent de la friction au mordant du clou, ce qui empêche l'arrachement. Les pointes (à droite) ont une tige lisse et sont utilisées dans la pose de panneaux de gypse lorsque le risque d'arrachement est faible.

LES VIS

Trois types de vis cruciformes (Phillips) sont utilisés pour fixer des panneaux de gypse à des montants et des solives : le type W (bois), le type G (gypse) et le type S (acier). Lorsque vous fixez des panneaux de gypse à des poteaux ou des solives de bois, utilisez les **vis de type W**. Utilisez les **vis de type G** pour fixer une cloison sèche à une autre, en cas d'application en double couche. Pour fixer des panneaux à des poteaux ou des fourrures de métal, utilisez les **vis de type S**, de préférence autotaraudeuses, et dont l'extrémité comporte des ailettes qui s'enfoncent rapidement dans l'acier.

Comme dans le cas des clous, enfoncez les vis assez profondément pour créer une légère dépression, mais ne déchirez pas le papier. (Vous pouvez munir une perceuse d'un embrayage qui libérera la vis, une fois enfoncée à une certaine profondeur.)

LES ADHÉSIFS

L'emploi d'adhésif, en plus des vis et des clous, est souvent souhaitable. Les adhésifs peuvent être utilisés pour fixer une cloison sèche à une autre, ou à du bois, de la maçonnerie ou du métal. Bien qu'ils ne soient généralement pas essentiels, les adhésifs peuvent doubler la résistance à la traction d'un mur, en accroître la solidité de 50 % et atténuer la transmission du bruit. Si vous appliquez des panneaux sur des murs déjà existants, comme des lambris ou du

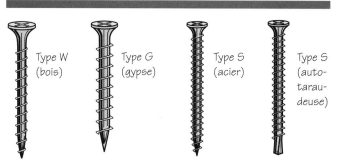

Les vis : Trois types de vis : les vis de type W sont conçues pour fixer des panneaux de gypse à des poteaux de bois. Les vise de type G conviennent pour appliquer des cloisons sèches en double couche. Les vis de type S, ordinaires et autotaraudeuses, sont destinées à fixer des panneaux de gypse à des poteaux d'acier.

Type de fixation de la fixation	Épaisseur de la cloison sèche	Longueur minimale
Vis de type W (gros filetage)	3/8 po	1 po
	1/2 po	1 1/8 po
	3/8 po	1 1/4 po
Vis de type S (autotaraudeuses)	3/8 po	1 po
	1/2 po	1 1/4 po
	5/8 po	1 3/8 po
Clous annelés (pour poteau de bois uniquement)	3/8 po	1 1/8 po
	1/2 po	1 1/4 po
	5/8 po	1 3/8 po

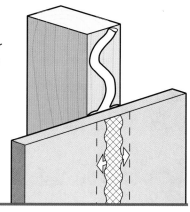

Les adhésifs. Les adhésifs pour cloisons sèches peuvent contribuer à diminuer le nombre de fixations nécessaires pour retenir les panneaux. Il faut appliquer ce genre d'adhésif par petites « billes », et lorsque le panneau est mis en place, l'adhésif s'étale sur la face du poteau, sans déborder.

vieux plâtre, les adhésifs peuvent réduire le nombre de fixations requises de 75 %, ce qui diminue aussi le travail de finition à effectuer.

Application. Avant de commencer, coupez le tube d'adhésif à un diamètre qui permettra d'obtenir la taille de « bille » appropriée. (Lorsque vous fixez un panneau à un poteau, l'adhésif devrait couvrir la face entière du poteau, mais non déborder.) Coupez en V la buse du tube d'adhésif afin d'obtenir une bille vraiment ronde. Appliquez l'adhésif sur la face du poteau à l'aide d'un pistolet à calfeutrer. Appliquez des billes d'adhésif jusqu'à 6 po des extrémités de chaque membre de la charpente. Appuyez immédiatement la cloison sèche sur l'adhésif, avant qu'il n'ait le temps de durcir (environ 15 minutes). Prévoyez utiliser environ quatre gallons d'adhésif par tranche de 1000 pi² de cloisons sèches.

Types. Vous pouvez choisir parmi trois types d'adhésif. Utilisez un *adhésif pour poteaux* (adhésif de construction) en conjugaison avec des clous ou des vis pour fixer le panneau de gypse à des poteaux de bois ou de métal, ou directement sur du béton ou de la maçonnerie. Servez-vous d'un pistolet à calfeutrer. La bille idéale mesure de 1/4 à 3/8 po de largeur. Utilisez un *adhésif de lamellation* entre les couches de cloisons sèches à double parement, et pour fixer un panneau de gypse à du béton ou à un panneau d'isolant-mousse (polystyrène ou uréthane). Appliquez une bille d'adhésif sur chaque membre de la charpente lorsque vous fixez la couche de face d'un double parement. Utilisez un *adhésif de contact* pour fixer des panneaux recouverts de vinyle à des panneaux de gypse. Il peut être appliqué au rouleau, mais il faut suivre les instructions du fabricant.

Matériaux de finition

Pour finir les joints et couvrir les têtes de clou et de vis, vous devez sceller les bords adjacents des panneaux à l'aide de ruban à joints et appliquer plusieurs couches de pâte à joints. Si vous commettez des erreurs, c'est dans cette partie des travaux qu'elles seront le plus visibles. Il faut un bon œil et une certaine habileté pour tirer des joints qui apparaissent parfaitement lisses.

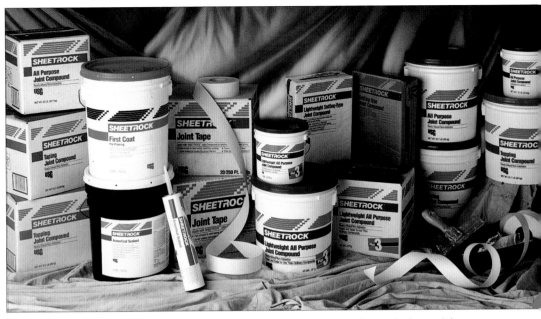

Les matériaux de finition. *Pour terminer la pose de cloisons sèches, vous devez appliquer du ruban à joints et de la pâte à joints. Vous pouvez aussi finir toute la pièce à l'aide d'un fini texturé.*

TYPES DE RUBAN

Le ruban à joints, en papier ou en fibre de verre, sert de base à l'application multicouche de pâte à joints. Pendant des années, le ruban de papier a été l'unique produit sur le marché. Aujourd'hui, de nombreux tireurs de joints professionnels (ceux qui ont beaucoup d'entraînement), utilisent le ruban en fibre de verre autocollant (aussi appelé ruban de filament) pour diverses utilisations.

Le ruban de papier mesure 2 po de largeur et est offert en longueurs pouvant atteindre 500 pi. Il comporte un sillon au centre, ce qui facilite le pliage lors de l'application dans les angles. Si vous en êtes à vos premières armes dans le tirage de joints, vous aurez moins de difficulté en utilisant du ruban de papier. Il résiste mieux au plissement que le ruban de fibre de verre et il se coupe plus facilement

à la bonne longueur (vous n'avez qu'à utiliser l'extrémité de votre couteau à joints pour le couper). Cependant, le ruban de papier prend un peu plus de temps à poser que le ruban de fibre de verre parce que vous devez appliquer une couche de base de pâte à joints avant de poser le ruban sur le joint.

Certains fabricants pratiquent des trous d'évacuation dans le ruban de papier pour permettre à la pâte à joints de bien le saturer. Les rubans perforés coûtent légèrement plus cher que les rubans ordinaires, mais ils facilitent un peu la pose du ruban et le recouvrement des joints.

Le ruban de fibre de verre est un ruban maillé offert en largeurs de 1 ½ po à 2 po et pouvant atteindre 300 pi de longueur. Il suffit de poser ce ruban autocollant sur un joint sec, puis d'appliquer de multiples couches de pâte à joints. Le ruban de fibre de verre non autocollant peut être agrafé en place sur un joint sec.

PÂTE À JOINTS ET TEXTURES

La pâte à joints, ou composé à joints, est offerte en deux formules, chacune offerte en différentes sortes destinées à des utilisations précises. Les deux formules générales sont le composé de séchage à base de vinyle, qui durcit à mesure que l'eau sèche, et le composé à prise chimique, qui durcit en raison d'une réaction chimique provoquée par l'eau.

Les types de ruban. *Le ruban à joints en fibre de verre (à gauche) est enduit d'un adhésif léger. On colle le ruban sur les joints des panneaux, puis on applique trois couches de pâte à joints. Le ruban d'angle métallique flexible (au centre) s'utilise sur les angles saillants et rentrants de plus ou moins 90°. Le ruban à joints en papier (à droite) se pose sur une couche de base de pâte à joints, puis est recouvert de deux autres couches de pâte à joints.*

Le composé de séchage se vend en poudre ou prémélangé. Ce dernier, offert en seaux de 1, 2 ½ et 5 gallons, s'utilise le plus souvent aujourd'hui. Des trois types de base de cette formule, le *composé pour pose de ruban* est appliqué en premier afin de faire adhérer le ruban au joint du panneau. Le *composé de finition* s'utilise tant pour la couche intermédiaire (souvent appelée couche de remplissage) que pour la couche de finition. Et le troisième, le *composé tout usage*, s'utilise pour les trois couches et est de loin le plus populaire.

Quelle que soit la sorte de composé de séchage prémélangé que vous utilisiez, commencez toujours avec des produits frais, et fermez hermétiquement le contenant entre les applications. (Une fois que vous avez terminé un seau de pâte à joints, lavez-le et gardez-le à portée de la main. Ces seaux font d'excellents tabourets et escabeaux.)

Le composé à prise chimique n'est offert qu'en poudre. Comme ce produit durcit rapidement et plus solidement que les composés de séchage et qu'il résiste mieux aux fissurations, il est généralement privilégié par les professionnels qui désirent travailler rapidement. Avec ce genre de composé, il est possible d'appliquer plusieurs couches consécutives de pâte à joints sur les panneaux, le même jour. Le temps de prise varie d'une demi-heure à 6 heures. En outre, ce type de produit résiste mieux au ponçage que les composés de séchage ; il est donc possible d'obtenir un beau fini, ou *lustre*, pendant l'application, plutôt qu'à la suite de nombreux ponçages.

Il existe aussi des pâtes à joints spéciales résistant au feu (vendues sous les noms de Fire Shield et Fire-Halt). Ces composés offrent une certaine résistance au feu et aident à prévenir la propagation des flammes par les joints des murs et des plafonds.

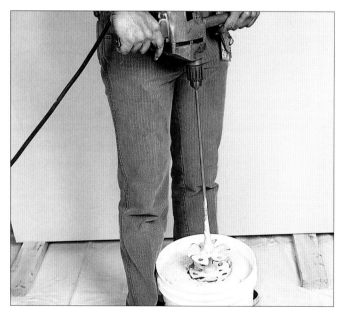

La préparation du composé. *Une lame de mélange à composé a été insérée dans une perceuse à haut rendement pour agiter la pâte à joints.*

Estimation des quantités de matériaux

Une bonne pose de cloisons sèches exige une estimation exacte des quantités de matériaux. Rien ne coupe plus son élan que d'avoir à se précipiter au magasin pour acheter des matériaux supplémentaires, une fois les travaux amorcés. Voici quelques conseils sur la façon d'estimer les quantités de matériaux.

Pâte à joints : Vous aurez besoin de plus ou moins un gallon par tranche de 100 pi² de panneau de gypse.

Ruban à joints : Pour couvrir une surface de 500 pi² de panneaux de gypse, prévoyez 400 pi de ruban.

Clous/vis : Les quantités peuvent varier en fonction de l'espacement des poteaux (les murs dont les poteaux sont espacés de 16 po, de centre à centre, nécessitent davantage de fixations que ceux dont l'espacement est de 24 po) et de la méthode de fixation utilisée (les panneaux retenus à l'aide d'adhésif exigent moins de fixations). Prévoyez une fixation par pi² de cloison sèche. Par exemple, un plafond de 18 × 18 pi (324 pi²) nécessitera environ 320 vis ou clous. Étant donné qu'une livre de vis à cloisons sèches de 1 po contient environ 320 vis, vous aurez besoin d'une livre de vis par tranche de 320 pi² de cloisons sèches.

Panneaux de gypse : L'estimation des quantités de cloisons sèches nécessaires pour couvrir les parois d'une pièce dépend de la superficie en pi². Calculez la surface des murs de la pièce et divisez ce chiffre par la superficie des panneaux de gypse que vous prévoyez utiliser. Par exemple, un panneau de 4 × 8 mesure 32 pi². Si votre pièce fait 1000 pi², vous aurez besoin d'un peu plus de 31 panneaux. Comme ils sont vendus par paires, vous commanderez 32 panneaux.

Lorsque vous calculez la superficie en pi², ne soustrayez pas la superficie des fenêtres ou des portes (à l'exception des fenêtres en baie ou des portes anormalement grandes), car vous aurez besoin d'un peu plus de matériaux pour corriger les erreurs.

PRÉPARATION DU COMPOSÉ

Toutes les pâtes à joints, même prémélangées, doivent être agitées avant l'utilisation. Un composé bien mélangé s'étend plus facilement et présente moins de bulles. Le fait de remuer le composé assure en outre l'uniformité de la teneur en eau, tout au long de l'application du mélange.

Le meilleur outil pour mélanger de la pâte à joints est une perceuse à haut rendement munie d'une lame de mélange. Si vous préférez remuer le composé à la main (ce qui vaut mieux pour les composés prémélangés), utilisez un batteur à main de style pilon à pommes de terre pourvu d'un manche de 2 pi. Si le composé est trop épais, ajoutez de petites quantités d'eau et remuez le mélange jusqu'à ce qu'il soit assez lisse pour être appliqué sur le mur.

La finition des panneaux muraux

Les panneaux de gypse ne sont jamais laissés à nu, dans les espaces habitables, mais ils ne nécessitent pas tous le même genre de finition : la finition d'un panneau de gypse qui recevra un mur de carreaux diffère de la finition requise pour une peinture ultrabrillante, par exemple. Qu'est-ce qui convient le mieux à votre projet ? Les professionnels débattent depuis déjà un certain temps du degré de finition approprié. Pour en arriver à faire l'unanimité, quatre associations professionnelles, la Gypsum Association, la Painting and Decorating Contractors of America, l'Association of the Walls and Ceiling Industries International et la Ceiling Interiors Systems Construction Association, ont élaboré un document de consensus intitulé Recommended Levels of Gypsum Board Finish (Niveaux recommandés pour la finition des panneaux de gypse). Ce document décrit les exigences en matière de pose de ruban et d'application de pâte à joints en fonction de la décoration prévue pour les panneaux. (Voir *Niveaux recommandés pour la finition des panneaux de gypse*, pages 146-147.)

Le plâtrage simplifié. *Les nouvelles méthodes de plâtrage, plus simples, permettent d'obtenir l'aspect et la durabilité du plâtrage traditionnel.*

1 L'abc de la cloison sèche

Options en matière de fixation

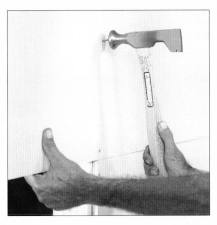

Voici la méthode ancienne, *mais toujours utilisable, d'assemblage des panneaux : on les cloue à l'aide d'un marteau à cloisons sèches. (À utiliser avec prudence, en raison de l'extrémité en forme de hache.)*

Voici la méthode moderne *utilisée par la plupart des professionnels : la pose de vis à l'aide d'un tournevis électrique (ou d'une perceuse munie d'une mèche de tournevis), qui laisse un petit creux.*

Utilisez une agrafe d'angle pour cloisons sèches *afin de soutenir le bout du panneau lorsque les poteaux corniers ne soutiennent que le panneau adjacent.*

Un côté de l'agrafe *tient le panneau, et l'autre comporte une ailette que l'on cloue au poteau adjacent.*

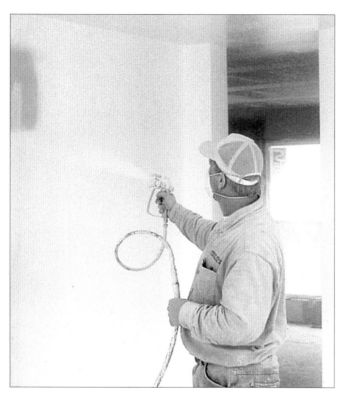

Les apprêts à pulvériser. *Les nouveaux apprêts permettent d'obtenir un crépi prêt à recevoir de la peinture.*

FINITIONS TYPES

Dans la majorité des travaux de pose de cloisons sèches, on revêt les panneaux installés d'un apprêt/scellant de qualité. Cela fournit une base pour la peinture, et empêche les panneaux poreux d'absorber les couches de peinture de finition. Dans le cas d'un fini ultrabrillant ou qui recevra une lumière intense, de nombreux professionnels revêtent les panneaux d'un enduit de pâte à joints avant d'appliquer l'apprêt et la peinture.

Les finis spéciaux. Vu la popularité des techniques de peinture décorative et l'utilisation de peintures plus lustrées sur les murs et les plafonds, les fabricants ont lancé toute une gamme de produits de finition. Par exemple, les nouveaux apprêts mis au point de concert avec les fabricants de cloisons sèches présentent les mêmes possibilités de finition que les murs enduits. Ces produits sont conçus pour les zones très éclairées, dans des finis lustrés.

Un certain nombre de produits de type « plâtre » présentent la douceur et la durabilité des murs de plâtre traditionnels. Ils sont offerts en versions d'une couche ou de deux couches, ce qui accroît le potentiel de décoration d'un système de cloisons sèches typique. Assurez-vous de vérifier auprès du fabricant que le produit est compatible avec les panneaux de gypse que vous prévoyez installer.

Systèmes de suspension des panneaux de gypse

Les systèmes prêts à assembler simplifient plus que jamais l'installation de plafonds suspendus. Ils constituent un bon choix lorsque vous désirez installer de nouveaux panneaux de gypse par-dessus un vieux plafond inégal.

Reposant sur la technologie des plafonds suspendus, certains systèmes vont au-delà des plafonds plats, et permettent la construction de dômes, de voûtes et de soffites décoratifs, ce qui ouvre la voie à tout un éventail de décors auparavant réservés aux résidences construites sur mesure et aux édifices commerciaux. Les systèmes de plafonds suspendus permettent d'épargner temps et argent. Les composantes à emboîtement parviennent sur le chantier prêtes à être assemblées. La transformation sur le chantier des profilés de métal est réduite au minimum. À l'exception des plafonds suspendus plats, il vaut mieux confier à des professionnels la pose des nouveaux plafonds suspendus. Nombre d'entre eux sont faits sur mesure, d'après des plans d'architecte. (Pour plus de renseignements, voir *Plafonds suspendus*, aux pages 58 à 62.)

Dômes, arches, soffites profonds. *Les nouveaux plafonds suspendus permettent un éventail de possibilités en décoration.*

Chapitre 2

Outils et équipement

Les travaux de pose de cloisons sèches, grands ou petits, exigent quatre types d'outils et d'équipement :
l'équipement de sécurité, pour protéger les yeux et les poumons ; le matériel de marquage et de coupe,
qui permet de couper des longueurs précises, des angles et des ouvertures ; le matériel de pose, grâce
auquel on positionne et on fixe les panneaux ; et les outils de finition, avec lesquels on applique la pâte à
joints et on ponce les joints.

omme dans les autres domaines de la construction résidentielle, les outils et l'équipement destinés à la pose de cloisons sèches se sont améliorés au fil des ans. Le lève-panneau facilite la pose des panneaux au plafond, en éliminant la nécessité de les placer en équilibre sur sa tête. Grâce aux échasses à sangle, on peut éviter un millier de déplacements d'échelle ou d'échafaudage. L'outil à cintrer le ruban et la truelle d'angle peuvent faire économiser des heures de ponçage de joints dans les angles, et les écrans antipoussière modernes aident à confiner les poussières causées par les travaux. Vous n'aurez peut-être pas besoin de tous les outils et accessoires décrits dans ce chapitre pour chacun de vos travaux, mais il peut être utile de connaître les différentes options qui s'offrent à vous avant de mettre votre projet à exécution.

Équipement de protection individuelle

Les panneaux de gypse et les produits utilisés pour les poser et en assurer la finition ne contiennent généralement pas de substances toxiques. Cependant, le principal sous-produit émanant de ces travaux, appelé par la National Institute for Occupational Safety and Health et l'Occupational Safety and Health Administration des États-Unis *poussières nuisibles,* irrite les yeux et les poumons. Pour vous éviter des ennuis inutiles, portez de l'équipement de protection, particulièrement lorsque vous sciez et poncez.

Comme la poussière de gypse constitue seulement une nuisance et non un danger, un **masque antipoussière** jetable vous suffira peut-être, surtout si vous n'êtes pas allergique à la poussière ou que vous n'y êtes pas particulièrement sensible. Vous pouvez aussi porter l'un des **masques respiratoires** approuvés par la NIOSH ou l'OSHA. Les meilleurs d'entre eux comportent un contour moulé et une soupape expiratoire.

Les **lunettes de protection** sont utiles lors de la pose et de la finition de panneaux de gypse. Pendant la pose, lorsque vous coupez des panneaux à l'aide d'un couteau tout usage et que vous serrez des vis à l'aide d'une visseuse ou d'une perceuse, vos yeux doivent être protégés. Lorsque vous posez des panneaux de gypse au plafond, vous risquez de recevoir de la poussière dans les yeux, et de la pâte à joints pendant les travaux de finition. Recherchez des lunettes de protection en plastique clair munies de protecteurs latéraux approuvées par la NIOSH et l'OSHA, et évitez les lunettes-masques, qui risquent de s'embuer.

Soulever et positionner des panneaux peut causer une hyperextension du bas du dos ; il est donc avisé de porter une **ceinture lombaire**, même si vous n'éprouvez pas de maux de dos. Le meilleur type de soutien est une ceinture lombaire en nylon qui respire, renforcée de baleines, et qui se porte autour de la région lombaire, du haut des fesses et de l'abdomen. Elle devrait comporter deux bandes élastiques extérieures qui permettent un ajustement serré.

Lorsque vous positionnez des panneaux au plafond, vous avez besoin de vos deux mains pour positionner et serrer des vis avec votre perceuse. Cela peut sembler étrange, mais les poseurs de cloisons sèches utilisent couramment leur tête pour tenir les panneaux en place. Si vous conservez dans votre sous-sol un casque de construction ou un autre **casque de protection** léger, portez-le pendant cette partie des travaux. Fixez-y une éponge à l'aide de ruban adhésif, tant pour protéger le panneau que pour atténuer la pression sur votre tête.

Bien que le transport des panneaux nécessite normalement deux individus, une personne seule peut porter un panneau de 8 pi à l'aide d'un **diable à panneaux**. Cet appareil s'insère sous le bord du panneau, ce qui fournit une poignée pour tenir le bas du panneau sans se blesser les doigts et permet de tenir l'autre bord du panneau à la hauteur des épaules.

Le masque antipoussière.
Important lorsqu'il s'agit de couper des panneaux de gypse et de poncer des joints, le masque antipoussière protège les poumons contre les poussières irritantes créées par la poudre de gypse et la pâte à joints.

Le masque respiratoire. Vous pouvez acheter un masque respiratoire et des filtres jetables si vous êtes particulièrement sensible à la poussière.

Les lunettes de protection.
Il est recommandé de porter des lunettes de protection pour poser des panneaux de gypse, particulièrement au plafond. Des particules et des poussières de gypse peuvent vous tomber dans les yeux et causer de graves irritations, voire des dommages permanents.

La ceinture lombaire. Ce genre de harnais est recommandé pour soulever et transporter des panneaux de gypse, qui peuvent peser de 45 à 70 lb chacun.

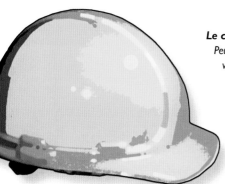

Le casque de protection. Peut être utile pour protéger votre tête lorsque vous tenez des panneaux au plafond, à condition de placer une éponge sur le dessus afin de protéger le panneau.

Le diable à panneaux. Une personne peut facilement transporter des panneaux de gypse de 8 pi en plaçant un diable sous un bord du panneau. Pour prévenir les blessures au dos, évitez les mouvements brusques lorsque vous vous relevez.

Maintien de la propreté de la zone de travail

La pose de cloisons sèches crée de la poussière. Même si vous utilisez une méthode de ponçage sans poussière (comme une éponge abrasive humide), la coupe et la pose de panneaux soulèvent de la poussière. Le contrôle des poussières constitue une importante source de préoccupations, particulièrement si vous rénovez une partie d'une maison déjà aménagée. La poussière s'infiltre imperceptiblement par les portes, ou même sous les portes fermées, et vous en retrouverez sur toutes les surfaces de la maison. Cette situation exige un écran antipoussière sur chaque porte ou mur qui s'ouvre sur une pièce occupée, ainsi qu'une matière protectrice au sol dans toute zone aménagée que vous êtes appelé(e) à traverser. Vous devriez également passer l'aspirateur à la fin de chaque journée de travail.

De plus, vous trouverez sur le marché de l'équipement de dépoussiérage assez perfectionné, notamment le mur rideau et les systèmes de portes et de murs antipoussière. Ces produits sont composés d'un cadre qui, érigé dans l'entrée de porte ou dans une zone ouverte, permet de maintenir le plastique contre les murs sans l'utilisation de ruban adhésif ni de clous. Ils sont pourvus d'une entrée en plastique, que l'on peut ouvrir ou fermer à l'aide d'une fermeture éclair.

Malheureusement, il faut débourser pour acquérir ces systèmes. Vous pouvez vous fabriquer un système antipoussière tout à fait adéquat à l'aide de fourrures, de ruban adhésif et de plastique polyéthylène de 6 mil (vendu comme toile de peintre). Tendez une feuille de plastique sur des fourrures contre un mur ou une porte non finis, puis vissez les fourrures dans le mur. Si vous avez besoin d'une entrée, pratiquez une fente au centre du plastique, et ajoutez un grand rideau de plastique par-dessus la fente. Pour accroître la protection contre la poussière, créez un « sas », en installant deux de ces écrans de plastique, distants de 3 pi l'un de l'autre. Pour protéger les moquettes et les parquets, étendez du plastique de 6 mil et collez-le au sol à l'aide de ruban adhésif.

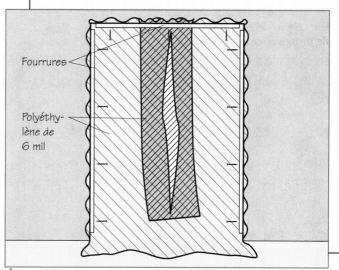

Fourrures

Polyéthylène de 6 mil

***Écran antipoussière.** Bien que vous puissiez acheter des écrans munis de fermetures éclair dans le commerce, vous pouvez aussi vous en fabriquer à l'aide de fourrures et de polyéthylène de 6 mil. Agrafez un morceau de plastique dans une entrée de porte, et pratiquez une fente en son centre. Ajoutez un autre morceau de plastique par-dessus, qui vous servira de porte.*

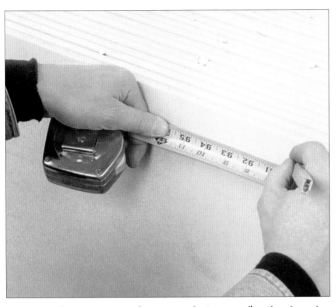

La pose de panneaux de gypse *n'exige pas d'outils très spécialisés ; avant d'entreprendre vos travaux, assurez-vous d'avoir sous la main les outils de base.*

Outils de mesure et de marquage

Un travail de qualité débute par la prise de mesures exactes. Une bonne installation nécessite le marquage précis de vos panneaux. L'outil qui vous sera le plus utile est le **ruban à mesurer**. Recherchez un ruban à mesurer muni d'un mécanisme de blocage, en acier, d'une longueur de 25 pi et d'une largeur de 1 po. (Un ruban large demeure rigide jusqu'à une longueur d'environ 7 pi, ce qui est utile lorsqu'une personne seule mesure quelque chose hors de sa portée.)

Vous aurez aussi besoin d'un **cordeau traceur** pour marquer la ligne de coupe sur les panneaux. Cet outil n'est rien d'autre qu'une longue cordelette d'épais coton, enduite de craie en poudre (habituellement bleue), qui se déroule et se rétracte, dans un boîtier. L'extrémité du cordeau comporte un crochet que l'on place sur le bord du panneau. Lorsqu'on tire sur le cordeau, il se tend et claque contre le panneau, en laissant une ligne parfaitement droite, qui ne paraît habituellement pas une fois recouverte de peinture, contrairement à une ligne au crayon.

Une **équerre de charpentier** standard est essentielle pour tracer des lignes droites, des coins bien nets et des angles de 45°

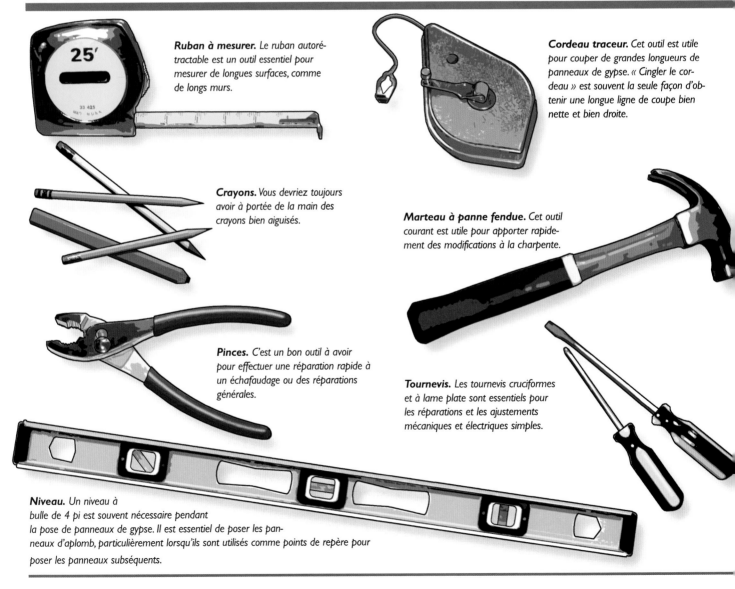

Ruban à mesurer. *Le ruban autorétractable est un outil essentiel pour mesurer de longues surfaces, comme de longs murs.*

Cordeau traceur. *Cet outil est utile pour couper de grandes longueurs de panneaux de gypse. « Cingler le cordeau » est souvent la seule façon d'obtenir une longue ligne de coupe bien nette et bien droite.*

Crayons. *Vous devriez toujours avoir à portée de la main des crayons bien aiguisés.*

Marteau à panne fendue. *Cet outil courant est utile pour apporter rapidement des modifications à la charpente.*

Pinces. *C'est un bon outil à avoir pour effectuer une réparation rapide à un échafaudage ou des réparations générales.*

Tournevis. *Les tournevis cruciformes et à lame plate sont essentiels pour les réparations et les ajustements mécaniques et électriques simples.*

Niveau. *Un niveau à bulle de 4 pi est souvent nécessaire pendant la pose de panneaux de gypse. Il est essentiel de poser les panneaux d'aplomb, particulièrement lorsqu'ils sont utilisés comme points de repère pour poser les panneaux subséquents.*

précis. Vous découvrirez qu'une **équerre en T** en aluminium de 4 pi est indispensable dans toute pose de panneaux de gypse. Cet outil permet de tracer des lignes parfaitement droites sur toute la largeur d'un panneau standard, et la graduation sur les deux branches de l'équerre assure le positionnement exact pour la prise de petites mesures. Gardez aussi à portée de la main une équerre combinée, pour tracer de courtes lignes dans un angle droit parfait. Le **niveau à bulle**, de préférence de 4 pi de longueur, est utile pour positionner les panneaux et les fourrures, et il constitue une bonne règle pour tracer des lignes plus longues.

Si vos murs ne sont pas d'aplomb ou que des murs de maçonnerie aboutent les cloisons sèches, vous aurez besoin d'un **compas**, ou d'une pointe à tracer. Cet outil de marquage courant est utilisé pour ajuster le bord d'un panneau à tout bord ou surface adjacents irréguliers. Passez une branche du compas sur un mur qui n'est pas d'aplomb, pendant que l'autre (retenant un crayon) transpose une ligne sur le panneau, vous permettant ainsi d'effectuer un ajustement parfait.

Outre les outils susmentionnés, gardez à portée de la main certains outils à main standard, notamment un **marteau**, plusieurs **tournevis**, une paire de **pinces** et un **ciseau**. Vous vous en servirez pour ajuster des outils et de l'équipement, pour ouvrir des seaux de pâte à joints et pour réparer vos échafaudages.

L'équerre en T, en vente dans toutes les quincailleries, aide à faire rapidement et avec précision des coupes rectilignes sur les panneaux de gypse.

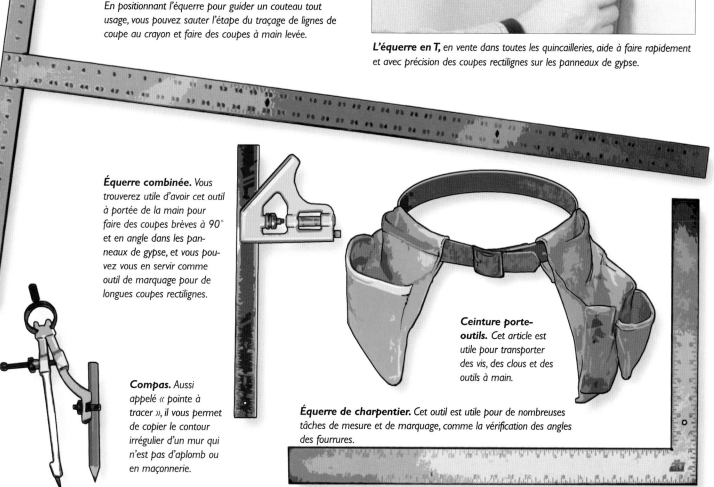

Équerre en T de 4 pi. Cet outil est utile pour effectuer des coupes rectilignes précises sur les panneaux de gypse. En positionnant l'équerre pour guider un couteau tout usage, vous pouvez sauter l'étape du traçage de lignes de coupe au crayon et faire des coupes à main levée.

Équerre combinée. Vous trouverez utile d'avoir cet outil à portée de la main pour faire des coupes brèves à 90° et en angle dans les panneaux de gypse, et vous pouvez vous en servir comme outil de marquage pour de longues coupes rectilignes.

Compas. Aussi appelé « pointe à tracer », il vous permet de copier le contour irrégulier d'un mur qui n'est pas d'aplomb ou en maçonnerie.

Ceinture porte-outils. Cet article est utile pour transporter des vis, des clous et des outils à main.

Équerre de charpentier. Cet outil est utile pour de nombreuses tâches de mesure et de marquage, comme la vérification des angles des fourrures.

2 Outils et équipement

Outils de pose et de coupe

Le **marteau pour cloison sèche**, à tête bombée, est l'outil idéal pour la pose de panneaux de gypse, même si vous utilisez des vis comme moyen de fixation. La tête striée et convexe du marteau crée un creux qui se remplit parfaitement avec de la pâte à joints. Avec cet outil, vous risquez moins de déchirer le papier du panneau, et sa lame effilée peut servir à caler ou à dégager des panneaux.

Pour serrer des vis, une **perceuse sans fil** à pile pourvue d'une mèche à entraînement magnétique est ce qu'il y a de plus pratique. Vous pouvez également acheter une **visseuse pour cloison sèche**, qui est une perceuse conçue spécialement pour cette tâche. Elle comporte une mèche magnétique qui maintient la vis et un embrayage ajustable qui assure l'uniformité de la profondeur de vissage. Cette visseuse peut être munie d'un accessoire qui alimente la mèche à l'aide d'une série de vis groupées sur une bande de plastique ; vous n'avez donc pas à fouiller dans vos poches chaque fois que vous avez besoin d'une vis. Si vous avez beaucoup de panneaux de gypse à poser, cet outil se paiera en très peu de temps.

La **scie à cloison sèche** comporte une très grosse denture et une lame courte, ce qui en fait l'outil idéal pour couper les excédents des panneaux autour des cadres de porte et de fenêtre. La **scie poly-valente**, dont la lame est pointue comme celle d'un couteau et dont les dents sont plus fines que celles d'une **scie à cloison sèche**, est très utile pour découper les ouvertures destinées à recevoir les boîtes électriques, les tuyaux et les conduites. Pour amorcer la coupe, vous enfoncez la pointe de la lame dans le panneau de gypse. Et n'oubliez pas le **couteau tout usage**. Achetez de préférence le couteau de type rétractable, et faites ample provision de lames de rechange afin de toujours effectuer des coupes bien nettes.

La **râpe de façonnage** est un outil utilisé pour raboter les bords. Vue du dessus, elle ressemble à un rabot, mais elle comporte une lame rugueuse qui lime rapidement les panneaux de gypse. On l'utilise pour enlever $\frac{1}{8}$ po ou moins de matériau (par exemple, pour ajuster un panneau contre une pièce de charpente en saillie), ou pour corriger un bord irrégulier produit par un couteau tout usage émoussé.

Le **té de découpe** s'avère utile pour couper de fines lamelles de gypse à insérer dans les étroits interstices autour des cadres de fenêtres et de portes, ou simplement pour supprimer quelques pouces d'un panneau. Il comporte deux lames qui peuvent être positionnées à la largeur exacte. En plaçant le té contre le bord du panneau et en le passant le long de la face du panneau, vous pratiquez deux

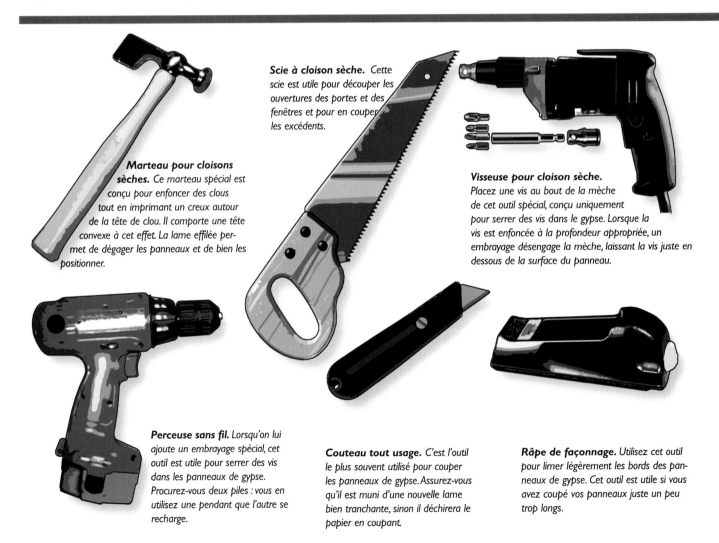

Scie à cloison sèche. Cette scie est utile pour découper les ouvertures des portes et des fenêtres et pour en couper les excédents.

Marteau pour cloisons sèches. Ce marteau spécial est conçu pour enfoncer des clous tout en imprimant un creux autour de la tête de clou. Il comporte une tête convexe à cet effet. La lame effilée permet de dégager les panneaux et de bien les positionner.

Visseuse pour cloison sèche. Placez une vis au bout de la mèche de cet outil spécial, conçu uniquement pour serrer des vis dans le gypse. Lorsque la vis est enfoncée à la profondeur appropriée, un embrayage désengage la mèche, laissant la vis juste en dessous de la surface du panneau.

Perceuse sans fil. Lorsqu'on lui ajoute un embrayage spécial, cet outil est utile pour serrer des vis dans les panneaux de gypse. Procurez-vous deux piles : vous en utilisez une pendant que l'autre se recharge.

Couteau tout usage. C'est l'outil le plus souvent utilisé pour couper les panneaux de gypse. Assurez-vous qu'il est muni d'une nouvelle lame bien tranchante, sinon il déchirera le papier en coupant.

Râpe de façonnage. Utilisez cet outil pour limer légèrement les bords des panneaux de gypse. Cet outil est utile si vous avez coupé vos panneaux juste un peu trop longs.

coupes parallèles qui vous permettent de récupérer une bande de gypse bien nette.

Le **té de découpe** s'avère utile pour couper de fines lamelles de gypse à insérer dans les étroits interstices autour des cadres de fenêtres et de portes, ou simplement pour supprimer quelques pouces d'un panneau. Il comporte deux lames qui peuvent être positionnées à la largeur exacte. En plaçant le té contre le bord du panneau et en le passant le long de la face du panneau, vous pratiquez deux coupes parallèles qui vous permettent de récupérer une bande de gypse bien nette.

Munis de la mèche ou de la lame appropriées, les toupies, les scies sauteuses et les autres **outils de coupe électriques** (comme les outils de coupe Porter-Cable et le RotoZip de Hyde) permettent une coupe rapide et précise des panneaux de gypse. Cependant, il vaut mieux éviter ces outils si vous ne disposez pas d'équipement de captage des poussières efficace.

Le **coupe-cercle** permet de mesurer et de couper des cercles par où passeront les tuyaux, les fils électriques et les boîtes électriques. Il est muni d'une pointe centrale qui glisse le long d'un bras en L, et qui s'ajuste au rayon de votre cercle. L'extrémité du bras comporte une lame qui tourne autour de l'axe de la tige centrale et coupe le panneau de gypse.

Le **pistolet à calfeutrer** est nécessaire si vous prévoyez fixer vos panneaux à l'aide d'adhésif. Vous n'avez qu'à charger le pistolet d'un tube d'adhésif, et un piston pousse l'adhésif à l'extérieur par la buse du tube, que vous coupez aux dimensions appropriées à la forme et à la grosseur de bille que vous désirez. Remarque : si vous posez un double parement de panneaux de gypse afin d'atténuer le bruit, l'adhésif est essentiel.

Le **levier se manœuvrant au pied** ressemble à une balançoire à bascule miniature. En glissant la languette de l'avant de l'outil sous un panneau de gypse et en posant le pied sur la partie arrière, vous pouvez soulever de 2 ou 3 po un panneau. Vous pouvez acheter un levier ou vous en fabriquer un, à partir de planches de pin de 3 po de largeur. Amincissez-en une extrémité pour qu'elle puisse se glisser sous un panneau, tout en le supportant. À la rigueur, vous pouvez utiliser un levier et un bloc de bois à cette fin.

2 Outils et équipement

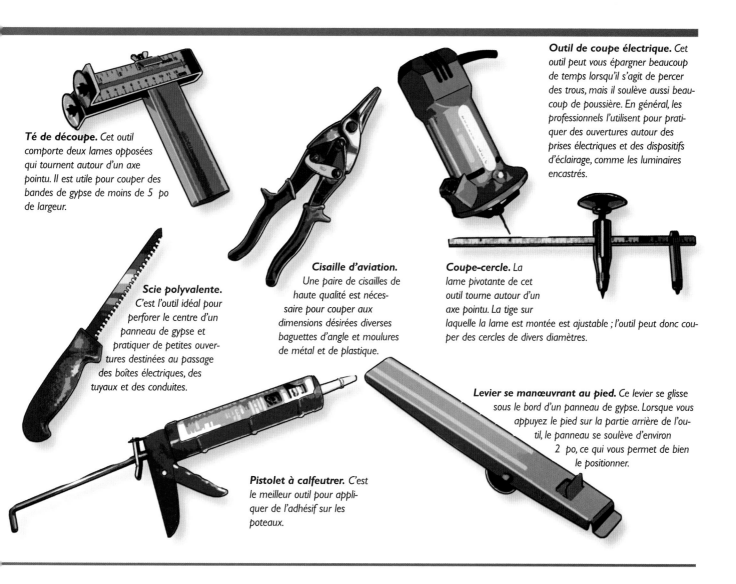

Té de découpe. *Cet outil comporte deux lames opposées qui tournent autour d'un axe pointu. Il est utile pour couper des bandes de gypse de moins de 5 po de largeur.*

Scie polyvalente. *C'est l'outil idéal pour perforer le centre d'un panneau de gypse et pratiquer de petites ouvertures destinées au passage des boîtes électriques, des tuyaux et des conduites.*

Cisaille d'aviation. *Une paire de cisailles de haute qualité est nécessaire pour couper aux dimensions désirées diverses baguettes d'angle et moulures de métal et de plastique.*

Outil de coupe électrique. *Cet outil peut vous épargner beaucoup de temps lorsqu'il s'agit de percer des trous, mais il soulève aussi beaucoup de poussière. En général, les professionnels l'utilisent pour pratiquer des ouvertures autour des prises électriques et des dispositifs d'éclairage, comme les luminaires encastrés.*

Coupe-cercle. *La lame pivotante de cet outil tourne autour d'un axe pointu. La tige sur laquelle la lame est montée est ajustable ; l'outil peut donc couper des cercles de divers diamètres.*

Pistolet à calfeutrer. *C'est le meilleur outil pour appliquer de l'adhésif sur les poteaux.*

Levier se manœuvrant au pied. *Ce levier se glisse sous le bord d'un panneau de gypse. Lorsque vous appuyez le pied sur la partie arrière de l'outil, le panneau se soulève d'environ 2 po, ce qui vous permet de bien le positionner.*

Outils de finition

COUTEAUX À JOINTS

Pour poser le ruban et appliquer la pâte à joints, vous aurez besoin de couteaux à joints (ou couteaux de finition). Ils sont offerts en quatre ou cinq styles différents, chacun destiné à un usage précis. Bien des nouveaux couteaux sont recouverts d'un enduit anticorrosion, que vous devrez retirer avant de les utiliser. Après chaque utilisation, prenez soin de bien nettoyer vos couteaux à l'eau tiède et de les assécher afin de prévenir la rouille : un couteau rouillé peut gâcher vos travaux de finition. Vous pouvez aussi trouver des couteaux de plastique jetables.

Utilisez un **couteau de 2 ou 3 po** pour appliquer de la pâte à joints dans les espaces restreints, par exemple aux endroits où les montants de porte rejoignent presque un coin. Ce couteau n'a pas beaucoup d'autres usages, mais il vaut mieux l'avoir à portée de la main, en cas de besoin. Le **couteau de 5 ou 6 po**, polyvalent, sera votre outil le plus utile. Employez-le pour presser le ruban contre la première couche de pâte à joints, pour enduire le ruban de la deuxième couche de pâte à joints et pour couvrir les vides laissés par les têtes de fixation.

Lorsque vous appliquez de larges couches de pâte à joints, vous avez besoin du couteau le plus large que vous puissiez manipuler. La **truelle de finition de 12 à 16 po,** qui ressemble à une truelle de maçon, est l'outil qui convient le mieux à cette fin. Cet outil devrait présenter une légère courbe afin que la couche de pâte à joints soit légèrement plus bombée en son centre.

Le **couteau à manche droit de 12 po**, version plus large de l'outil polyvalent de 6 po, comporte un manche fixé à la base de la lame. Cela lui ajoute de la rigidité, ce qui en fait l'outil idéal pour étaler de la pâte à joints sur de larges joints.

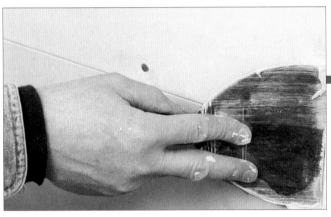

Le couteau à joints de 6 po est l'outil que vous aurez le plus souvent en main ; dépensez donc un peu plus pour en acheter un de la plus haute qualité.

Couteau de 2 à 3 po. Ce petit couteau sert à appliquer de la pâte à joints dans les espaces restreints, comme entre un montant de porte et un mur, zone que les couteaux plus larges ne peuvent atteindre.

Truelle d'angle. Cet outil peut contribuer à l'exécution d'un travail professionnel dans les angles, même s'il faut un peu d'entraînement avant de le maîtriser.

Couteau de 5 ou 6 po. C'est l'outil le plus utilisé dans la pose de panneaux de gypse. Excellent pour appliquer de la pâte à joints et pour en puiser dans un seau.

Couteau à manche droit de 12 po. Ce couteau est indispensable pour appliquer de larges couches de pâte à joints. Il est absolument nécessaire d'en avoir un sur le chantier.

Truelle à finir de 12 à 16 po. Utilisez cette truelle pour lisser les couches de pâte à joints. Sa longue lame vous permet de donner un fini uniforme, en restreignant le nombre de marques de lame.

La truelle d'angle permet de finir les joints dans les angles rentrants. Elle comporte deux faces, chacune d'environ 3 po², qui se rejoignent en un angle légèrement aigu, ainsi qu'une poignée, comme tout couteau à joints ordinaire.

AUTRES OUTILS DE FINITION

Une **taloche** consiste en une plaque d'aluminium de 8 à 14 po (mais habituellement de 12 po), munie d'une courte poignée au dos. Elle procure une façon pratique de tenir la pâte à joints pendant que vous tirez les joints dans une pièce, afin que vous n'ayez pas à retourner puiser constamment dans le seau. Elle peut comporter des rainures qui empêchent la pâte à joints de glisser.

Le **bac à composé**, qui ressemble beaucoup à un bac à papier peint, peut aussi être utilisé pour transporter facilement de la pâte à joints d'un lieu à un autre. Si vous ne voulez pas acheter de taloche, ces bacs de plastique sont tout aussi pratiques, car leur légèreté permet de les tenir d'une main.

Le papier de verre (n° 120 ou plus fin) s'utilise pour aplanir les bavures, les bombements et les renflements entre les couches de pâte à joints et à l'application des dernières couches. Pour simplifier cette tâche, vous pouvez utiliser une **ponceuse à main** ou une **ponceuse à rallonge**. Ces outils comportent un plateau qui peut recevoir une demi-feuille de papier de verre. La rallonge comporte un joint universel qui se fixe au plateau. Après avoir appliqué la couche de finition, repassez sur les joints avec une ponceuse pour les lisser. Certains papiers de verre sont vendus en demi-longueurs convenant à ces outils.

L'utilisation de **blocs à poncer** constitue une excellente façon de lisser la pâte à joints en ne créant pratiquement pas de poussière. Ces éponges sont offertes en divers calibres, mais tenez-vous-en au n° 120 ou plus fin pour la finition des cloisons sèches. Humectez l'éponge avant de l'utiliser, et assurez-vous d'éliminer tout excès d'eau entre les passes.

Le **dévidoir à ruban**, porté à la ceinture, vous libère les mains pour la pose du ruban, tout en vous alimentant en ruban. Le rouleau s'insère sur un cylindre qui tourne sur une agrafe de ceinture. Un mécanisme d'alimentation peut automatiquement plier le ruban, si vous le désirez.

Les **échasses** s'attachent aux chaussures et aux mollets, faisant gagner de 18 à 24 po en hauteur, ce qui élimine le recours à un

Bac à composé. Ce genre de bac, qui peut être tenu d'une main, vous permet de transporter de petites quantités de pâte à joints, lorsque vous finissez une pièce.

Dévidoir de ruban. Accroché à votre ceinture, cet accessoire est très pratique pour dérouler du ruban pendant que vous travaillez.

Taloche. La taloche vous permet de transporter de la pâte à joints humide lorsque vous enduisez les joints et que vous recouvrez les têtes de fixation.

Bloc à poncer. Éponge de polyuréthane à petites cellules, cet accessoire constitue une solution de rechange au ponçage, car il ne soulève pas de poussière. Idéal pour les endroits qui ne peuvent tolérer de poussière, comme les bureaux ou les zones aménagées, où il n'y a qu'un seul mur ou partie de mur à finir.

Ponceuse à main. Façon pratique et facile de poncer murs et plafonds. Insérez-y du papier de verre n° 120.

Ponceuse à rallonge. Ponceuse placée au bout d'un long manche pourvu d'un joint universel. Façon pratique et facile de poncer murs et plafonds. Insérez-y du papier de verre n° 120.

2 Outils et équipement

échafaudage ou à une échelle. Elles permettent d'économiser beaucoup de temps et d'efforts, mais elles peuvent être difficiles à utiliser et ne sont pas autorisées par tous les codes du bâtiment.

Le **lève-panneau** peut vous épargner beaucoup d'efforts pendant la pose de cloisons sèches au plafond, particulièrement si vous travaillez seul(e). Le cadre métallique ajustable qui reçoit le panneau peut être soulevé ou abaissé à l'aide d'une manivelle. L'appareil est monté sur roulettes et se manœuvre facilement. Soulevez le panneau en position, et le lève-panneau le maintient étroitement jusqu'à ce que vous l'ayez fixé. Cet appareil est aussi tout indiqué pour apposer des panneaux sur des murs élevés.

Le **support temporaire**, aussi appelé support en T, est un accessoire utile que vous pouvez fabriquer à partir de fourrures ou de matériaux de rebut. Prévoyez environ 3 pi de longueur pour le membre supérieur du T et, pour le poteau, environ 1 po de plus que la distance du plancher au plafond. (Autrement dit, faites-le d'une longueur d'environ 8 pi 1 po, pour un plafond de 8 pi.) Calez le support sous un panneau de plafond afin de maintenir ce dernier en place pendant que vous le vissez ou le clouez. La partie supérieure du support devrait être recouverte d'un morceau de mousse ou de vieux tapis pour protéger le plafond.

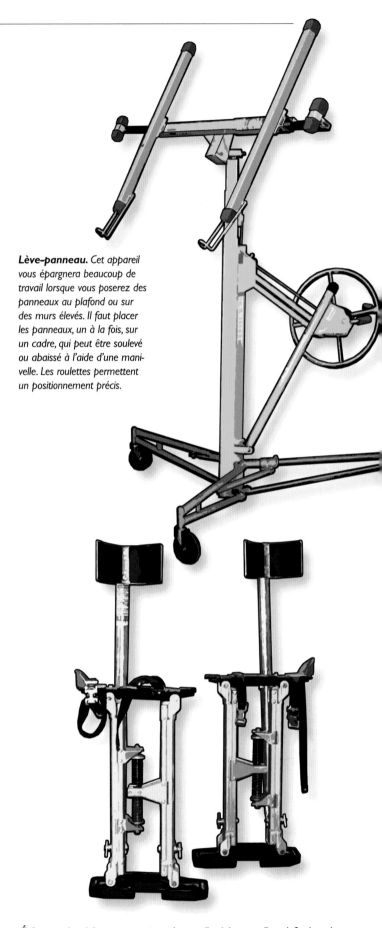

Lève-panneau. *Cet appareil vous épargnera beaucoup de travail lorsque vous poserez des panneaux au plafond ou sur des murs élevés. Il faut placer les panneaux, un à la fois, sur un cadre, qui peut être soulevé ou abaissé à l'aide d'une manivelle. Les roulettes permettent un positionnement précis.*

Gain de hauteur

Dans la plupart des travaux de pose de cloisons sèches, vous devrez mettre les panneaux en place en vous servant d'un escabeau, d'un tréteau ou d'un échafaudage — quelque chose qui vous donnera, à vous et à votre aide, un peu plus de hauteur pour atteindre la zone de travail. Les escabeaux sont parfaits pour les petits travaux, mais si vous avez une pièce entière à finir, le fait de poser un panneau puis de déplacer les deux escabeaux afin que vous et votre aide puissiez mettre en place le panneau suivant vous ralentira. Pour les travaux d'envergure, songez à utiliser un échafaudage roulant. L'échafaudage vous permet à vous et à votre aide de travailler à une hauteur confortable, et il est facile à déplacer. Il est aussi plus sûr de travailler sur un échafaudage que d'essayer de conserver son équilibre sur un escabeau tout en manipulant des panneaux de gypse. (Pour plus d'information sur les échafaudages roulants, voir *Utilisation d'un échafaudage*, page 79.)

Les professionnels possèdent leurs propres échafaudages, mais vous pouvez en louer d'un centre de location d'outils. Assurez-vous de demander les instructions d'assemblage avant de quitter le magasin.

Échasses. *Les échasses permettent de travailler à la pose d'un plafond ou de murs élevés sans avoir à déplacer d'escabeau ou d'échafaudage. Elles exigent toutefois un peu d'entraînement et doivent être utilisées avec beaucoup de prudence.*

FABRICATION D'UN SUPPORT TEMPORAIRE

Un support temporaire est une cale qui vous permet de poser des panneaux au plafond lorsque vous travaillez seul(e). Cet accessoire, fabriqué sur le chantier, est fait de pièces de 2 x 4 placées de façon à former un T renforcé. La hauteur globale du support devrait être suffisante pour vous permettre de le caler sous le panneau de plafond. Cependant, si l'ajustement est trop serré, vous risquez d'endommager le panneau. Vous pouvez aussi fabriquer un support qui soit d'environ 2 po plus court que la hauteur du plafond. À cette hauteur, le panneau reposera juste en dessous des solives lorsque vous le soulèverez pour le positionner, ce qui vous permettra de le pousser en place contre la solive, d'une main, pendant que vous le fixez de l'autre main.

Fabriquez un membre transversal d'environ 3 pi de longueur afin d'assurer un soutien adéquat sur toute la largeur des panneaux. Pour protéger les cloisons sèches, fixez un morceau de vieux tapis ou de mousse au sommet du membre transversal. Renforcez le tout en clouant des décharges d'angle, tel qu'illustré ci-dessous. En outre, il serait bon de fixer un bout de tuyau de caoutchouc au bas du support vertical afin de l'empêcher de glisser sur le sol.

Pour utiliser le support, fixez un fond de clouage temporaire qui soutiendra une extrémité du panneau. Soulevez le panneau en position et appliquez-y de la pression à l'aide du support temporaire. Assurez-vous de maintenir le membre transversal sous une solive de plafond. N'appliquez pas de pression à une section de panneau qui n'est pas soutenue.

1. *Fabriquez un T de base à l'aide de pièces de 2 x 4. La hauteur totale devrait être inférieure d'environ 2 po à la hauteur du plafond.*

2. *Empêchez le poteau central de se déplacer en y fixant des décharges d'angle faites de pièces de 2 x 4 d'un bois plus léger.*

3. *Fixez un fond de clouage temporaire qui supportera une extrémité du panneau pendant que vous soulevez l'autre à l'aide du support.*

4. *Utilisez le support temporaire comme soutien, mais continuez à appliquer de la pression pour empêcher le panneau de glisser à l'extérieur du fond de clouage.*

OUTILS DE FINITION MÉCANIQUES

Les outils mécaniques peuvent accélérer le processus de tirage de joints et de finition. La plupart des coffres à outils contiennent un applicateur de base pourvu de têtes interchangeables pour mener à bien les différentes phases du processus de tirage de joints.

L'outil de jointoyage de base applique le ruban et une mince couche de composé en une passe. La plupart de ces outils sont conçus pour remplir complètement le joint entre les panneaux de gypse. D'autres outils appliquent des couches plus larges de composé, de la façon dont vous le feriez à la main. Il existe aussi des outils pour poser le ruban et appliquer le composé dans des angles saillants et rentrants, et des outils pour remplir les creux des têtes de fixation à l'aide de composé.

Dans certains modèles d'outils, le composé est inséré dans l'outil, que l'on presse pour l'en extraire. D'autres outils sont à commande pneumatique, et utilisent de l'air pour pomper le composé hors d'un réservoir. Les meilleurs outils permettent d'ajuster le débit, de sorte que vous puissiez appliquer le composé selon vos besoins.

Les outils mécaniques comportent plusieurs avantages par rapport au tirage de joints à la main. Une fois que vous avez maîtrisé les outils, vous découvrirez que vous obtenez des résultats uniformes. Le travail se fera plus rapidement et il y aura moins de ponçage de finition à effectuer qu'il n'est habituellement nécessaire d'en faire lorsqu'on tire les joints à la main.

L'inconvénient des outils mécaniques est qu'ils sont coûteux. À moins que vous ne prévoyiez poser des cloisons sèches dans toute

Têtes angulaires. *Les outils mécaniques de jointoyage, munis d'une tête angulaire, permettent de tirer les joints verticaux facilement.*

une maison, il vaut probablement mieux vous en tenir aux outils à main. De plus, vous pourriez avoir besoin d'un certain temps pour apprendre à utiliser les outils mécaniques. Certains professionnels envoient leurs équipes suivre des cours chez les fabricants d'outils. Pour garder les outils en bon état de marche, vous devrez suivre les instructions de nettoyage à la lettre. Et, même si vous utilisez des outils mécaniques pour tirer les joints, la plupart des travaux exigeront une certaine finition à la main.

Finition des angles. *Cet outil est muni de petites languettes qui permettent de convertir une enduiseuse en un outil pour finir les baguettes d'angle.*

Bords amincis. *En changeant la tête de l'outil, vous pouvez appliquer de larges couches de composé pour finir les bords amincis des panneaux.*

Chapitre 3

Préparation des murs et des plafonds

On n'insistera jamais assez sur l'importance de préparer soigneusement un mur ou un plafond avant la pose de panneaux de gypse. Comme les panneaux n'ont qu'environ ½ po d'épaisseur, ils épousent plus ou moins la forme des pièces de charpente ou des autres surfaces auxquelles ils sont fixés. Toute irrégularité, comme un faux-aplomb ou un poteau ou une solive en saillie, paraîtra lorsque le panneau sera en place. Pour prévenir les surprises désagréables, vous devez savoir comment repérer et corriger ces irrégularités avant qu'elles ne compromettent vos travaux de pose de cloisons sèches.

A vant de préparer les murs et les plafonds, vous devriez créer un schéma d'agencement reposant sur le plus de panneaux complets possible (de 4 x 8 ou plus longs). En gardant au minimum le nombre de joints, vous diminuez les dégâts, le gaspillage et les travaux de pose de ruban (l'étape nécessitant le plus d'heures-personnes dans les travaux de pose de cloisons sèches). Ce chapitre présente quelques stratégies visant à réduire le nombre de panneaux utilisés ainsi que certaines pratiques courantes en matière de charpenterie qui vous aideront à tirer le meilleur parti de vos matériaux.

Agencement des panneaux de gypse

La pose de cloisons sèches pourrait bien se classer au premier rang des métiers de la construction pour ce qui est du gaspillage, en partie parce que les matériaux sont relativement peu coûteux. Couper un panneau de 4 x 8 pi pour l'adapter à un espace de 3 x 6 pi peut vous laisser des retailles de formes inhabituelles qui risquent de ne pouvoir être placées ailleurs. Idéalement, vous poseriez un seul panneau de gypse fait sur mesure pour couvrir un mur entier. Comme c'est impossible dans la plupart des cas, vous devez utiliser les panneaux les plus grands que vous puissiez manipuler. Cela signifie invariablement qu'il faut couper de grands panneaux pour les ramener aux dimensions désirées (vous ne voulez pas raccorder ensemble de petits morceaux de panneau pour constituer un mur). Si vous subissez un peu de pertes au cours des travaux (et cela se produira), c'est le prix à payer pour exécuter un travail propre et professionnel.

Gardez en tête les trois objectifs suivants lorsque vous faites l'agencement de panneaux de gypse :

◼ Conservez le nombre de joints au minimum, en utilisant le plus petit nombre des panneaux les plus grands qui peuvent être posés dans votre pièce.
◼ Évitez les joints d'extrémité plats, qui nécessitent habituellement le tirage de joints entre deux panneaux aux bords non amincis (les joints les plus difficiles à finir).
◼ Créez votre agencement de façon à faciliter l'installation, en éliminant les déplacements multiples de piles de panneaux, d'escabeau, d'échafaudage, etc.

TIREZ LE MEILLEUR PARTI DE VOS MATÉRIAUX

Les schémas qui suivent illustrent des dispositions horizontales types, pour des murs de 10, 16 et 20 pi de longueur. Remarquez que, dans chaque cas, un peu de planification peut réduire le nombre de panneaux nécessaires ainsi que le nombre d'occurrences de joints d'extrémité. Notez aussi l'incidence des différentes dispositions sur la longueur en pi linéaires des joints nécessaires.

LE MUR DE 10 PI

Le schéma d'agencement nᵒ 1 illustre l'utilisation plutôt inefficace de 3 panneaux de 4 x 8 pi. L'installation qui en résulte vous laisse une retaille de 2 x 8 pi et un long joint d'extrémité plat. Vous vous retrouvez ainsi avec 16 pi linéaires de joints à remplir et à finir.

Le schéma d'agencement nᵒ 2 montre deux panneaux de 4 x 10 pi posés à l'horizontale. Ce plan, qui est celui recommandé, ne laisse pas de retailles ni de joints d'extrémité plats, et ne nécessite de pose de ruban et de finition que sur 10 pi linéaires de joints.

Schéma d'agencement nᵒ 1

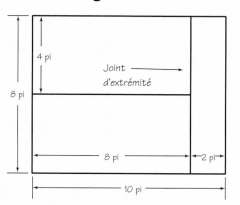

Ce schéma d'agencement d'un mur de 10 x 8 pi repose sur l'utilisation de 2 ½ panneaux de gypse de 8 pi, et comporte 16 pi linéaires de joints, y compris un joint d'extrémité plat de 8 pi. Il peut être amélioré par l'utilisation de panneaux plus longs.

Schéma d'agencement nᵒ 2

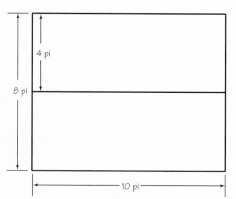

Ce schéma d'agencement d'un mur de 10 x 8 pi repose sur l'utilisation de seulement deux panneaux de gypse de 10 pi et crée seulement 10 pi linéaires de joints, sans joints d'extrémité plats. Ce schéma constitue une amélioration par rapport au schéma précédent.

LE MUR DE 16 PI

Des quatre schémas présentés ici, seuls les schémas n°s 2 et 4 éliminent les joints d'extrémité plats, et de ces deux schémas, c'est le n° 4 (recommandé) qui laisse le moins de pi linéaires de travail de finition à exécuter.

Le schéma n° 1 montre deux panneaux de 4 x 12 pi posés à l'horizontale, et un panneau de 8 pi de longueur posé à la verticale, à une extrémité. Cela laisse 20 pi linéaires de joints à tirer, y compris un joint d'extrémité.

Le schéma n° 2 repose sur l'installation de quatre panneaux de 8 pi, posés à la verticale. Cela élimine les joints d'extrémité, mais il reste 24 pi linéaires de joints à tirer. Notez que les joints verticaux sont plus difficiles à finir que les joints horizontaux.

Dans le schéma n° 3, il y a quatre panneaux à poser et un joint d'extrémité à tirer. En outre, il reste au total 24 pi linéaires de joints à tirer.

Le schéma n° 4, celui qui est recommandé, ne nécessite que deux panneaux de 4 x 16 pi. Ce schéma n'entraîne donc pas de pertes, ne crée pas de joints d'extrémité plats, et il ne reste que 16 pi linéaires de joints à tirer.

Conseils d'expert

Si vous n'utilisez que des panneaux de 8 pi, une façon rapide d'estimer le nombre de panneaux requis consiste à mesurer le périmètre de la pièce et de diviser ce chiffre par 4 (en arrondissant les fractions). Soustrayez environ ¼ de feuille pour les fenêtres, ⅓ de feuille pour les portes, et ⅔ de feuille pour les portes-fenêtres coulissantes ou les fenêtres en baie.

Schéma d'agencement n° 1

Ce schéma d'un mur de 16 x 8 pi est inefficace, car il repose sur l'utilisation de deux panneaux de 12 pi et d'un panneau de 8 pi, dans une configuration qui crée un joint d'extrémité et, au total, 20 pi linéaires de joints. Il peut être amélioré.

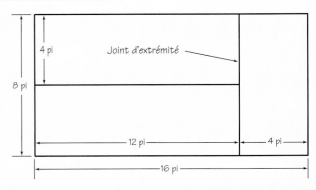

Schéma d'agencement n° 2

Ce schéma d'un mur de 16 x 8 pi crée 24 pi linéaires de joints, mais pas de joints d'extrémité, et cela compense pour l'augmentation du nombre de pi linéaires. Bien que ce schéma constitue une amélioration par rapport au précédent, il n'est pas optimal.

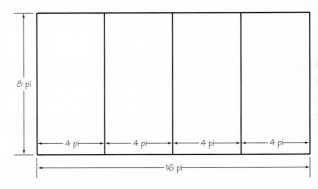

Schéma d'agencement n° 3

Ce schéma d'un mur de 16 x 8 pi crée au total 24 pi linéaires de joints, y compris un joint d'extrémité de 8 pi. Pire encore, le joint d'extrémité se situe au centre du mur, où il attirera davantage l'attention.

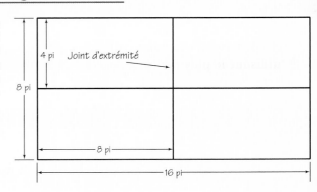

Schéma d'agencement n° 4

Ce schéma d'un mur de 16 x 8 pi ne crée pas de joints d'extrémité et ne laisse que 16 pi linéaires de joints à tirer. Des quatre schémas illustrés ici, c'est celui qui constitue la stratégie optimale.

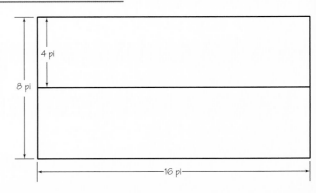

Schéma d'agencement n° 1

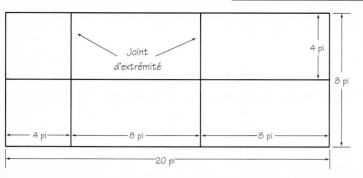

Ce schéma d'un mur de 20 × 8 pi repose sur l'utilisation de six panneaux de 4 × 8 pi. Il crée 36 pi linéaires de joints, y compris deux joints d'extrémité. Il peut être amélioré grâce à l'utilisation de plus grands panneaux.

Schéma d'agencement n° 2

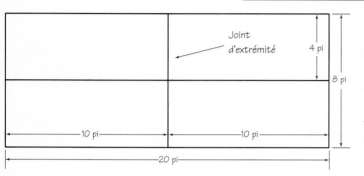

Ce schéma d'un mur de 20 × 8 pi repose sur l'utilisation de quatre panneaux de 10 pi. Il crée 28 pi linéaires de joints, y compris un joint d'extrémité. Malheureusement, le joint d'extrémité se situe en plein centre du mur, où il sera le plus visible.

Schéma d'agencement n° 3

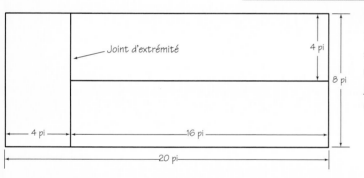

Bien qu'il ne présente que 24 pi linéaires de joints, ce schéma d'agencement d'un mur de 20 × 8 pi comporte un joint d'extrémité qui est long et risque d'attirer l'attention.

Schéma d'agencement n° 4

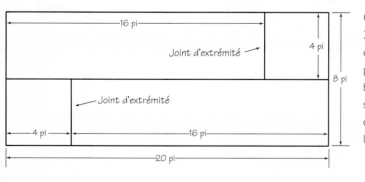

Ce schéma d'un mur de 20 × 8 est acceptable parce qu'il repose sur l'utilisation des plus longs panneaux possible ; bien que les joints d'extrémité soient inévitables, ils sont ici décalés, ce qui attire moins l'attention.

Schéma d'agencement n° 5

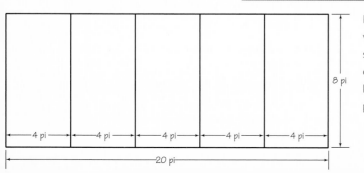

Recourant à cinq panneaux verticaux de 20 × 8 pi, ce schéma élimine les joints d'extrémité, mais laisse 32 pi linéaires de joints, courant du plancher au plafond.

LE MUR DE 20 PI

Des cinq schémas d'agencement ci-contre, l'un élimine les joints d'extrémité, et un autre place les joints d'extrémité des bords courts près d'un bout du mur, décalés, ce qui les rend moins visibles. Ces deux schémas sont recommandés parce qu'ils constituent un compromis entre les joints d'extrémité et les joints longs.

Le schéma d'agencement n° 1 illustre quatre panneaux de 8 pi et deux panneaux de 4 pi, posés à l'horizontale. Cet agencement crée deux joints d'extrémité plats, et un total de 36 pi linéaires de joints à tirer. Bien qu'il n'entraîne pas de pertes, il nécessite la manipulation de six sections de cloisons sèches.

Dans le schéma d'agencement n° 2, quatre panneaux de 10 pi de longueur créent un joint d'extrémité à l'endroit le plus visible : en plein centre du mur, du plancher au plafond. Ce schéma ne laisse que 28 pi linéaires de joints à tirer, mais le mauvais positionnement du joint d'extrémité l'emporte sur l'avantage.

Le schéma d'agencement n° 3 repose sur l'utilisation de seulement trois panneaux et laisse à peine 24 pi linéaires de joints à tirer. Malheureusement, on se retrouve avec un joint d'extrémité apparent, courant du plancher au plafond.

Le schéma d'agencement n° 4, qui est recommandé, prévoit l'utilisation de deux panneaux de 16 pi et de deux sections de 4 pi, pour combler l'espace restant. Cette solution permet d'éviter le joint d'extrémité courant du plancher au plafond, en décalant les deux panneaux longs. Il reste tout de même deux joints d'extrémité de 4 pi à tirer, mais ce schéma les place près des bouts du mur, où ils attireront moins l'attention. Dans l'ensemble, ce schéma ne nécessite le tirage de joints que sur 28 pi linéaires, soit une importante amélioration par rapport aux 36 pi linéaires du schéma n° 1.

Le schéma d'agencement n° 5 montre cinq panneaux de 8 pi posés à la verticale, sans joints d'extrémité ; c'est pourquoi il est recommandé. Cependant, ce schéma laisse 32 pi de joints à tirer.

Conseils de charpenterie pour la pose de cloisons sèches

DIMENSIONS DE LA CHARPENTE ET CLOISONS SÈCHES

Les panneaux de gypse sont offerts en largeur standard de 48 po, car la plupart des codes, en matière de charpenterie, exigent un espacement de 16 po ou de 24 po, de centre à centre. Quel que soit le modèle utilisé, un panneau de 48 po de largeur posé parallèlement à des poteaux ou des solives devrait se terminer au centre d'une pièce de charpente.

Il est donc crucial que vous travailliez à partir de poteaux et de solives assemblés avec précision. Chaque paire de panneaux adjacents doit normalement se partager un poteau de 2 pi qui n'a que 1 ½ po de largeur. Si une pièce de charpente est mal alignée, même d'aussi peu que ½ po, cela peut fausser la pose des cloisons sèches, car les panneaux de dimension standard ne comportent pas de points d'ancrage appropriés sur les bords pour recevoir des clous ou des vis.

INSTALLATION DE BLOCS DE CLOUAGE

Les constructeurs installent souvent des sablières (les pièces de 2 x 4 ou de 2 x 6 posées à l'horizontale sur l'extrémité supérieure des poteaux des murs) directement sous les solives de plafond. Cette méthode peut causer des problèmes ultérieurement, car elle ne fournit pas de fond de clouage (ou saillie) pouvant recevoir le bord du panneau de plafond. Sans appui, le joint d'extrémité du panneau risque de se fissurer, avec le temps, ou parfois même sous l'effet de la pression pendant les travaux de peinture.

Conseils de charpenterie pour la pose de cloisons sèches. *Vérifiez (et marquez) les solives et les poteaux pour vous assurer que tous les panneaux ont assez d'appui. Assurez-vous aussi que les poteaux ne sont pas courbes, mal alignés ou desserrés avant d'entreprendre la pose des cloisons sèches.*

Conseils d'expert

Lorsque vous posez des cloisons sèches au plafond, vous pouvez orienter les panneaux de façon perpendiculaire ou parallèle aux solives de plafond. Ni l'une ni l'autre méthode ne facilite le tirage de joints, mais les panneaux s'affaisseront moins s'ils sont posés perpendiculairement aux solives plutôt qu'en parallèle.

Sur les murs, la disposition à l'horizontale peut non seulement réduire la longueur des joints linéaires, mais elle peut aussi faciliter le tirage des joints. Étant donné que le joint se situe approximativement à la hauteur de la taille, vous n'avez pas à vous étirer pour tirer les joints entre les panneaux.

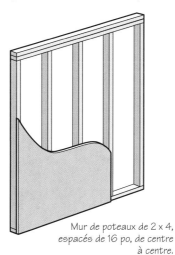

Mur de poteaux de 2 x 4, espacés de 16 po, de centre à centre.

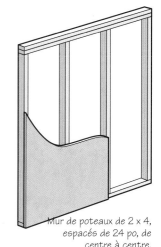

Mur de poteaux de 2 x 4, espacés de 24 po, de centre à centre.

Dimensions de la charpente. *Les murs dont les poteaux sont espacés de 16 po de centre à centre (espacement le plus courant) offrent un appui supérieur aux panneaux de gypse posés à la verticale, deux poteaux étant placés au centre du panneau et un à chaque extrémité. Les murs dont les poteaux sont espacés de 24 po de centre à centre (que l'on retrouve dans les maisons plus anciennes) ne présentent qu'un poteau pour soutenir le centre du panneau, et un à chaque extrémité.*

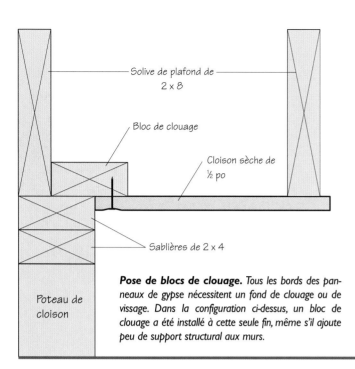

Solive de plafond de 2 x 8

Bloc de clouage

Cloison sèche de ½ po

Sablières de 2 x 4

Poteau de cloison

Pose de blocs de clouage. *Tous les bords des panneaux de gypse nécessitent un fond de clouage ou de vissage. Dans la configuration ci-dessus, un bloc de clouage a été installé à cette seule fin, même s'il ajoute peu de support structural aux murs.*

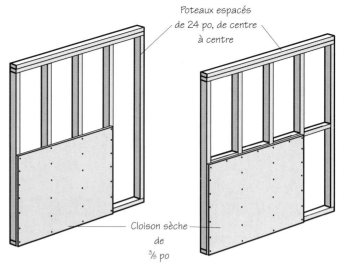

Poteaux espacés de 24 po, de centre à centre

Cloison sèche de ⅜ po

Appui pour les joints et les bords. *Lorsque vous posez des cloisons sèches minces (⅜ po ou moins) à l'horizontale, il se peut qu'un bord du panneau n'ait pas d'appui entre les poteaux (à gauche). Cela pourrait entraîner des fissures, avec le temps. Dans ce cas, des blocs de clouage devraient être ajoutés dans les intervalles entre les poteaux pour recevoir les panneaux plus minces (à droite).*

Pour ajouter un fond de clouage, installez un bloc tout le long de la sablière et sur la moitié de sa largeur, au-delà du bord intérieur de la sablière. Lorsque vous posez les panneaux, clouez-les ou vissez-les sur ce bloc, comme vous le feriez sur tout poteau ou solive.

APPUI POUR LES JOINTS ET LES BORDS

Idéalement, les bords des panneaux devraient être fixés à franc-bord sur les pièces de charpente, que ce soient des fourrures, des blocs de fixation, des poteaux, des sablières ou des lisses. Cependant, dans certaines situations, par exemple lorsque les panneaux sont posés à l'horizontale sur des murs à colombage ou sur des solives de plafond, les bords qui ne sont pas étayés reposeront sur les intervalles entre les poteaux ou les solives. Dans ces cas, vous devriez construire une ossature espacée de 16 po, de centre à centre, afin de réduire le plus possible l'espace entre les poteaux.

Bien sûr, s'il s'agit de travaux de rénovation, vous n'avez aucun contrôle sur la charpente en place, et vous pourriez avoir à poser des cloisons sèches sur des poteaux espacés de 24 po, de centre à centre. Si c'est le cas et que vous posez des panneaux plus minces (⅜ po d'épaisseur), vous devrez installer un bloc de clouage horizontal entre les poteaux. Si vous ne pouvez pas le faire, orientez les panneaux à la verticale, ou utilisez des panneaux plus épais.

Lorsque vous posez des panneaux pleine longueur, vous pourriez être tenté(e) de positionner deux extrémités plates de façon qu'elles aboutent dans l'intervalle entre deux poteaux. Cependant, cela ne fournirait pas d'appui au joint d'extrémité, ce qui le rendrait vulnérable à la moindre pression. Pour vous épargner des travaux de réparation salissants ultérieurement, prévoyez toujours donner un appui à un joint sur un poteau ou une fourrure, même si cela exige souvent de couper le panneau à la longueur requise. Il en va de même pour les bords amincis. Ces longs bords devraient toujours affleurer

une pièce de charpente et y être fixés, qu'il s'agisse de fourrures, de poteaux ou de sablières.

DÉCALAGE DES JOINTS D'EXTRÉMITÉ

Dans bien des cas, on ne peut éviter de créer des joints d'extrémité (entre les bords plats des panneaux). Et c'est particulièrement vrai des longues portées sur les murs et les plafonds.

Étant donné que les joints d'extrémité rendent difficile le travail de finition et qu'ils attirent l'attention (même lorsqu'ils sont bien tirés), il vaut mieux ne pas les placer sur une même ligne entre les

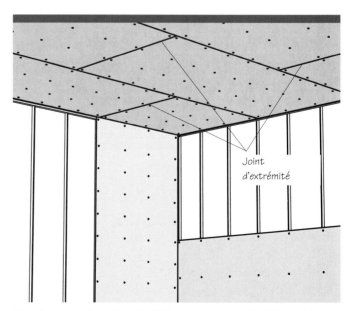

Joint d'extrémité

Décalage des joints d'extrémité. *Lorsque vous posez des cloisons sèches sur un mur ou un plafond, décalez les joints d'extrémité plats, comme illustré ci-dessus. Lorsque les joints d'extrémité sont alignés, ils attirent l'attention.*

Vérification et correction de l'alignement. *Vérifiez l'alignement des surfaces à finir : les cloisons sèches laisseront transparaître tout défaut de la structure d'appui.*

cloisons sèches. Si vous ne pouvez éviter les joints d'extrémité, essayez de les placer aux extrémités opposées d'un mur. Sur les plafonds, ou les murs qui ont une longue portée, commencez votre première rangée de cloisons sèches par un demi-panneau, la deuxième rangée par un panneau complet, etc., de la même façon que les feuilles de contreplaqué qui sont placées en alternance dans une maison.

Vérification et correction de l'alignement

Étant donné la baisse de qualité du bois d'œuvre, de nos jours, de plus en plus de poteaux sont arqués, bombés ou gauchis. En outre, tous les éléments de charpente devraient reposer sur le même plan afin que les panneaux de gypse soient parfaitement plats.

Le manque d'uniformité de la charpente, causé par des poteaux arqués ou un mauvais alignement, se traduira par des ondulations ou des renflements des cloisons sèches, une fois les travaux finis.

Si une partie d'une poutre de plafond constituée d'éléments assemblés ou d'un poteau cornier fait saillie, le panneau doit passer

par-dessus cet obstacle et se fissurera probablement lorsque vous le clouerez, de l'autre côté. Si vous ne pouvez aplanir ce qui fait obstruction à l'aide d'un marteau de charpentier, utilisez une râpe de façonnage pour amincir l'arrière du panneau, afin qu'il y ait assez d'espace pour que « l'obstacle » puisse s'y loger.

REPÉRAGE D'UN POTEAU MAL ALIGNÉ

Outils et matériaux

Niveau de difficulté :

- ◼ Ruban à mesurer
- ◼ Trois blocs d'écartement identiques
- ◼ Trois clous de 10d ou vis à cloisons sèches
- ◼ Ficelle solide, de la longueur du mur
- ◼ Marteau ou tournevis sans fil

1. POSEZ DES BLOCS DE CLOUAGE.

Fixez un bloc de clouage à chaque extrémité du colombage. Fixez aussi partiellement une attache sur le côté du bloc. Les blocs devraient être à la même hauteur.

2. NOUEZ UNE FICELLE.

Nouez une ficelle aux attaches de façon qu'elle s'écarte du mur d'une distance égale à la profondeur des blocs.

3. VÉRIFIEZ LE NIVEAU.

Essayez de glisser le troisième bloc derrière la ficelle. Si les poteaux sont gauchis vers l'extérieur, la ficelle fera obstacle au bloc, et vous devrez étirer la ficelle pour passer le bloc derrière. Si les poteaux sont courbés vers l'intérieur, il y aura du jeu entre le bloc et la ficelle. Vérifiez tous les poteaux du mur.

4. VÉRIFIEZ L'ÉCARTEMENT DE CENTRE À CENTRE

Utilisez un ruban à mesurer pour vous assurer de l'uniformité de l'écartement de centre à centre entre les poteaux. Souvenez-vous que comme certains poteaux doivent servir de point d'ancrage à deux panneaux, l'écartement de centre à centre devrait être calculé près du centre de ces poteaux, décalés de pas plus de ¼ po. Corrigez un poteau mal placé en retirant les clous, en repositionnant le poteau et en le reclouant au bon endroit.

1. Vérifiez si le mur est droit à l'aide d'une ficelle et de blocs. Utilisez trois blocs de mêmes dimensions. Placez-en un à chaque extrémité du mur et tendez une ficelle entre les deux.

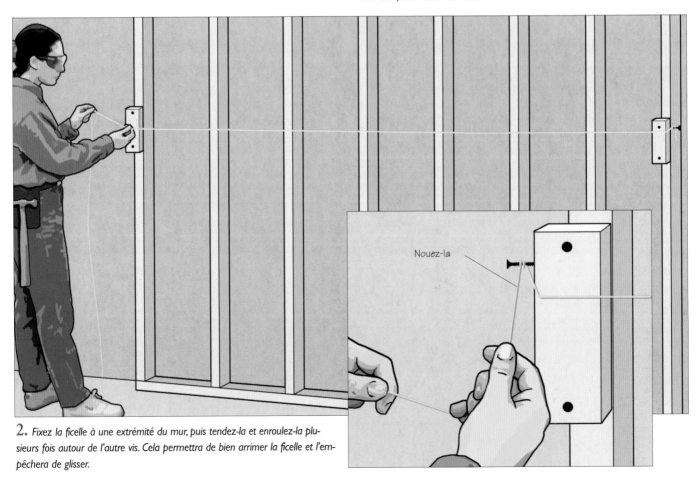

Nouez-la

2. Fixez la ficelle à une extrémité du mur, puis tendez-la et enroulez-la plusieurs fois autour de l'autre vis. Cela permettra de bien arrimer la ficelle et l'empêchera de glisser.

3. *L'espace ou la courbure entre la ficelle et le bloc montrera l'alignement du poteau par rapport au reste du mur.*

4. *Avant de poser les panneaux de gypse, assurez-vous de l'uniformité de l'écartement des poteaux de centre à centre. Une fois que le panneau est en place et qu'il cache les poteaux, l'écartement de centre à centre servira de guide pour la pose des attaches.*

Ajout d'une niche

Populaires au début du siècle, les niches ont perdu du terrain lorsque les maisons sont devenues moins luxueuses, pendant le boom de la construction d'après-guerre. Bien sûr, une niche de marbre italien assez profonde pour recevoir une statue constitue un projet coûteux, mais une simple niche de faible profondeur, faite de panneaux de gypse ou même de polyuréthane dense préformé, s'ajoute facilement à un mur de séparation, même si vous ne l'aviez pas prévu lors de la construction de la charpente.

Il n'est pas avisé de placer une niche sur un mur extérieur, car vous perdrez de l'isolation à cet endroit. La profondeur de la niche sera alors limitée par la profondeur du mur de séparation (généralement de 3 ½ po, soit la largeur d'une pièce de 2 x 4), même si une tablette au bas peut augmenter la profondeur suffisamment pour qu'on y place un téléphone ou un gros vase. Il est plus facile de construire la charpente de la niche si sa largeur se situe entre deux poteaux (environ 15 po). Si vous désirez créer une niche plus large, vous pouvez couper une partie du poteau, que vous devrez remplacer par un chevêtre, s'il s'agit d'un mur porteur (voir le diagramme).

Vous pouvez découper l'ouverture d'une niche dans une cloison sèche existante à l'aide d'une scie alternative, ou la pratiquer dans un colombage ouvert. Si vous coupez une cloison sèche, vous devez faire attention aux fils et aux conduites qui peuvent se trouver derrière le mur. Si vous pré-

voyez une niche plus large, entaillez le poteau à la profondeur nécessaire pour construire l'ossature. Posez une bande de clouage horizontale de 2 x 4 au sommet de la niche ; si vous devez retirer un poteau d'un mur porteur, installez plutôt une rive constituée de deux pièces de 2 x 6 ou plus. Posez des chevêtres, au besoin, et l'appui, qui peut n'être qu'une pièce de 2 x 4 ou un rayonnage encastré (ou une moulure). Si vous installez une niche préformée au sommet voûté, vous devrez poser des pièces d'appui diagonales au sommet, afin d'aménager un fond de clouage pour le sommet de la niche. Finissez la pose des cloisons sèches sur le reste du mur.

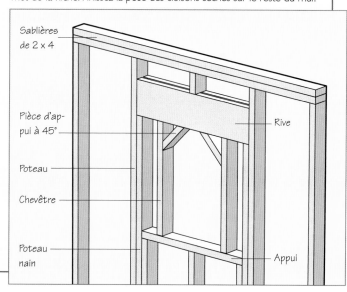

REDRESSEMENT D'UN POTEAU

Les poteaux qui sont légèrement mal alignés (d'environ ¼ po) en raison d'une erreur de construction de la charpente peuvent, dans bien des cas, être repositionnés d'un coup de sec d'un lourd marteau à charpente. Clouer quelques clous en biais suffit parfois à remettre le poteau en place. Si les poteaux sont droits et ne sont désalignés que de ¼ po, n'y touchez pas. Cependant, vous pourriez avoir à redresser ou à remplacer les poteaux défectueux, s'ils font saillie à l'endroit où vous désirez poser une cloison sèche.

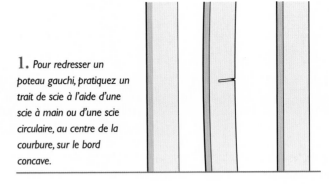

1. *Pour redresser un poteau gauchi, pratiquez un trait de scie à l'aide d'une scie à main ou d'une scie circulaire, au centre de la courbure, sur le bord concave.*

Outils et matériaux

Niveau de difficulté : 🦇🦇

- ◼ Niveau de 4 pi
- ◼ Scie à main ou scie circulaire
- ◼ Renforts de sablière de 2 pi de longueur, correspondant à la charpente
- ◼ Pièce de 2 × 6 de 8 pi
- ◼ Collier ou tige de serrage de 12 à 24 po
- ◼ Marteau ou visseuse
- ◼ Clous de 10d ou vis de 2 ½ po

1. PRATIQUEZ DES TRAITS DE SCIE

À l'aide d'une scie à main ou d'une scie circulaire (en faisant attention aux rebonds), pratiquez un trait de scie de 1 po de profondeur sur le bord concave de chaque poteau qui fait saillie.

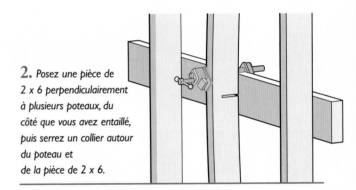

2. *Posez une pièce de 2 x 6 perpendiculairement à plusieurs poteaux, du côté que vous avez entaillé, puis serrez un collier autour du poteau et de la pièce de 2 x 6.*

2. FIXEZ UNE PLANCHE ET SERREZ-LA

Fixez une pièce de 2 x 6 perpendiculairement à plusieurs poteaux, du côté où vous avez pratiqué le trait de scie. Puis, fixez un collier de serrage entre le côté opposé du poteau gauchi et le renfort, comme dans l'illustration.

3. REDRESSEZ ET STABILISEZ LE POTEAU

Serrez le collier : le trait de scie s'ouvrira, et le côté concave du poteau affleurera la pièce de 2 x 6. Clouez ou vissez un renfort sur le côté du poteau pour le maintenir droit. Puis, enlevez le collier de serrage et la pièce de 2 x 6.

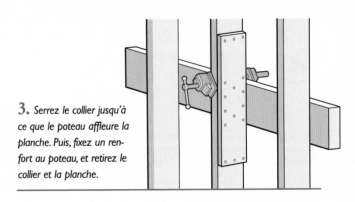

3. *Serrez le collier jusqu'à ce que le poteau affleure la planche. Puis, fixez un renfort au poteau, et retirez le collier et la planche.*

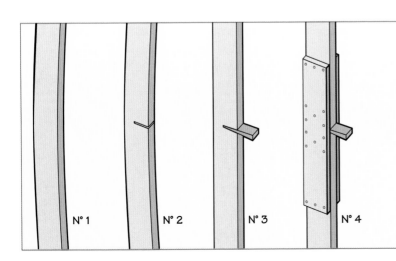

N° 1   N° 2   N° 3   N° 4

Une solution de rechange est présentée à gauche.
Pratiquez une entaille sur le bord concave du poteau, à l'aide d'une scie à main ou d'une scie circulaire (illustration n° 2). Puis, à l'aide d'un marteau, insérez un coin d'un bois suffisamment dur dans l'entaille, tout en tirant le poteau vers vous pour ouvrir l'entaille (illustration n° 3). Le coin fera ouvrir l'entaille, comme le fait le collier de serrage dans les illustrations ci-dessus. Vérifiez la rectitude du poteau à l'aide d'un niveau de 4 pi entre les coups de marteau. Lorsque le poteau est droit, fixez-y des renforts pour le stabiliser (illustration n° 4). Vous pouvez laisser le coin en place et utiliser une scie à main pour le couper au ras du poteau, ou l'enlever pour l'utiliser ailleurs.

Insonorisation

Les panneaux de gypse, à eux seuls, ont des propriétés d'atténuation sonore, mais dans certaines situations, vous pourriez désirer augmenter l'insonorisation, par exemple entre un atelier et une zone habitable, ou entre une chambre et la cuisine. Les sons s'infiltrent par tous les petits interstices entre les pièces, et les murs, les planchers et les plafonds transmettent les vibrations. La première étape consiste à sceller toute ouverture qui laisse passer les sons. Une fois que c'est fait, vous pouvez utiliser différentes techniques pour atténuer les vibrations.

➤ *Si votre atelier ou votre garage n'est pas aménagé, remplissez les baies entre les poteaux de nattes isolantes de fibre de verre, et recouvrez le côté non fini de panneaux de revêtement de ½ po ou plus d'épaisseur. Cette mesure, à elle seule, éliminera une grande partie du bruit, de l'autre côté du mur.*

➤ *Encore mieux, posez une deuxième couche du côté de l'atelier, de préférence par-dessus un profilé d'acier en oméga. Ces profilés de métal permettent de rehausser un panneau par rapport à la surface qui est en dessous, et empêchent le panneau extérieur de transmettre les sons à la surface qui se trouve derrière. Posez les profilés horizontalement, à 6 po sous le plafond, et à 2 po au-dessus du sol, distants de pas plus de 2 pi.*

➤ *Plutôt que d'installer un deuxième panneau de gypse, vous pouvez poser des carreaux insonorisants du côté du mur d'où vient le bruit. Étalez simplement de l'adhésif au dos des panneaux que vous visserez, à l'aide de fixations assez longues pour pénétrer dans la charpente en dessous. Ce matériau atténuera encore davantage le bruit que des panneaux de gypse.*

➤ *Si vous construisez une nouvelle charpente et que vous pouvez planifier à l'avance, la cloison à poteaux en chicane offre d'excellentes propriétés d'isolation phonique. Pour cette technique, utilisez une lisse de 2 x 6 et alignez les poteaux de 2 x 4 adjacents avec le bord opposé de la lisse, à 12 po, de centre à centre. Entrelacez les nattes d'isolant en fibre de verre dans l'intervalle entre les poteaux. Les deux parements du mur n'ont aucun contact direct entre eux, sauf au niveau de la sablière et de la lisse, ce qui réduit encore davantage la transmission du bruit.*

➤ *Une couche de carreaux insonorisants ou un panneau d'insonorisation phonique fait sur mesure, que l'on coince entre des couches de cloisons sèches de ½ po d'épaisseur, atténue tout autant le bruit qu'une cloison à poteaux en chicane ; même les machines (ou les gens) les plus bruyant(e)s seront à peine audibles, de l'autre côté.*

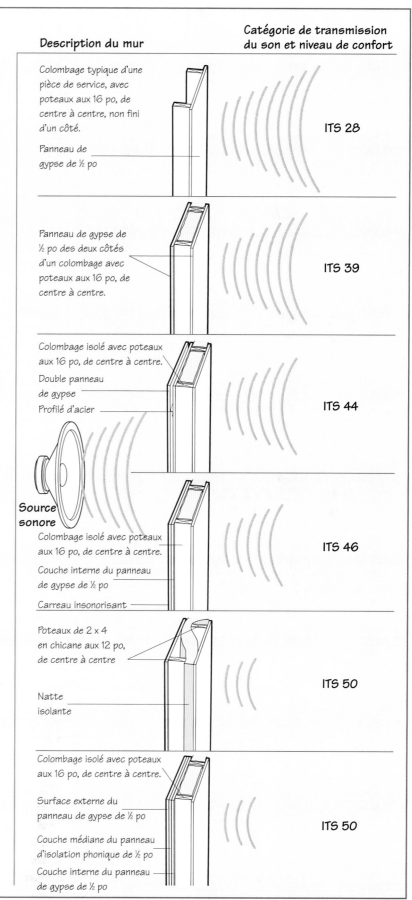

Description du mur — **Catégorie de transmission du son et niveau de confort**

Colombage typique d'une pièce de service, avec poteaux aux 16 po, de centre à centre, non fini d'un côté.

Panneau de gypse de ½ po

ITS 28

Panneau de gypse de ½ po des deux côtés d'un colombage avec poteaux aux 16 po, de centre à centre.

ITS 39

Colombage isolé avec poteaux aux 16 po, de centre à centre.
Double panneau de gypse
Profilé d'acier

ITS 44

Source sonore

Colombage isolé avec poteaux aux 16 po, de centre à centre.
Couche interne du panneau de gypse de ½ po
Carreau insonorisant

ITS 46

Poteaux de 2 x 4 en chicane aux 12 po, de centre à centre
Natte isolante

ITS 50

Colombage isolé avec poteaux aux 16 po, de centre à centre.
Surface externe du panneau de gypse de ½ po
Couche médiane du panneau d'isolation phonique de ½ po
Couche interne du panneau de gypse de ½ po

ITS 50

3 Préparation des murs et des plafonds

Pose de fourrures sur les murs et les plafonds. *De petites dimensions mais très importantes, les cales aident à corriger divers défauts mineurs de la charpente. On peut les utiliser pour réaligner les cadres de portes et de fenêtres ou pour aplanir les fourrures sur une surface inégale.*

Pose de fourrures sur les murs et les plafonds

Les panneaux de gypse ne sont pas toujours fixés directement sur les poteaux, les solives ou les anciens murs. À l'occasion, la situation exige la pose de fourrures, qui sont particulièrement utiles lorsque la charpente ou la surface que vous voulez recouvrir n'est pas de niveau ou d'aplomb. En bois mou façonné (épinette, pin ou sapin) et vendues en fagots, les fourrures font 1 ½ po de largeur et de ⅝ à 1 po d'épaisseur (en fonction de la distance désirée). Ces cales sont aussi offertes en acier. La pose de fourrures fait allusion au processus entier de fixation et de calage de fourrures à un bâti.

Lorsque le panneau de gypse est fixé à une fourrure d'épaisseur standard, il se trouve à ⅝ po du mur, ce qui est une distance idéale si la surface du mur est faite de plâtre ou de maçonnerie inégale. Comme les fourrures sont fixées directement aux poteaux, aux solives ou à la surface existante, il peut être nécessaire de les caler aux endroits concaves du vieux mur. Si vous découvrez des endroits convexes, essayez de les aplanir. Sinon, vous devrez mesurer cette saillie et poser vos fourrures à cette distance minimale du mur, après

avoir raboté les fourrures qui seront posées à cet endroit. Lorsque vous faites des ajustements pour des zones concaves, utilisez une règle, un niveau ou la méthode de la ficelle et du bloc pour déterminer les endroits où vous devrez utiliser des cale

Conseils d'expert

La pose de fourrures constitue une façon excellente et économique de finir les murs périphériques du sous-sol, mais si le niveau d'humidité est élevé, pensez-y à deux fois. Une rangée de perforations par clous peut facilement se transformer en fissure, qui entraînera des fuites qui, à leur tour, peuvent tremper les panneaux de gypse, entre autres problèmes. Pour éviter cela, utilisez des pièces de 2 x 2 ou de 2 x 4 non comme des fourrures, mais pour construire la charpente d'un tout nouveau mur. Vous n'avez pas à les clouer, et cela laisse en outre davantage d'espace pour l'isolation.

SUR MUR DE MAÇONNERIE OU DE PLÂTRE

Outils et matériaux

Niveau de difficulté :

- Outils à main de base
- Mastic
- Pistolet à calfeutrer
- Cordeau traceur
- Perceuse et visseuse
- Attaches
- Mèches à maçonnerie, si vous utilisez des pièces d'ancrage
- Fourrures
- Niveau de 4 pi
- Plomb
- Ficelle et blocs

1. TRACEZ VOTRE PLAN.

Après l'avoir imperméabilisé, au besoin, nettoyez le mur sur lequel vous désirez poser des fourrures, et enlevez tout parement de maçonnerie ou de plâtre cloqué. Décidez si vous poserez les panneaux de gypse à l'horizontale ou à la verticale, puis installez vos fourrures en conséquence. Les fourrures longues procurent une base de clouage ou de vissage le long des bords des panneaux, alors que les fourrures plus courtes offrent un appui pour les joints d'extrémité ou pour les bords des panneaux verticaux.

2. CINGLEZ LE CORDEAU.

Cinglez le cordeau à tous les 16 ou 24 po, de centre à centre, sur un mur de maçonnerie. Utilisez un niveau ou un fil à plomb pour vous assurer que les lignes de craie sont droites. Dans le cas d'un mur de plâtre, localisez les poteaux derrière le plâtre à l'aide d'un détecteur de montants, et cinglez le cordeau à l'emplacement des poteaux.

3. VÉRIFIEZ SI LE MUR PRÉSENTE DES IRRÉGULARITÉS.

Placez un niveau ou une règle perpendiculaire à ces lignes de craie et repérez toute cavité ou saillie. Marquez-les à la craie ou au crayon. (Voir *Calage des fourrures* à la page 55.)

2. *Pour bien positionner les fourrures sur un mur de maçonnerie, cinglez le cordeau aux intervalles appropriés de centre à centre (en fonction des marques que vous avez faites aux intervalles de 16 ou de 24 po, de centre à centre). (Lorsque vous posez des fourrures sur un vieux mur de plâtre, fiez-vous à l'écartement des poteaux qui se trouvent derrière le parement.)*

Intervalle

3. *Pour déterminer si vous avez besoin d'installer des cales avant de poser les fourrures, placez une règle sur le mur afin de voir s'il y a un intervalle derrière. Le cas échéant, c'est que le mur est en retrait à ce point, et des cales pourraient être nécessaires.*

1. *Les fourrures constituent un fond de clouage idéal à installer par-dessus un parement de maçonnerie. On peut facilement les caler afin qu'elles offrent une surface plane sur laquelle fixer des panneaux de gypse.*

4. PRÉPAREZ LES FOURRURES.

Prépercez les fourrures à tous les 16 po afin d'y loger les attaches. Tenez les fourrures à la hauteur de vos marques de craie, et marquez le mur à l'emplacement des attaches, à l'aide d'un crayon que vous glisserez dans les trous. Placez les fourrures de côté et percez dans le mur les trous qui recevront les attaches. (Vous pouvez sauter ces étapes si vous utilisez des ancrages posés à l'aide d'un fixateur à cartouches, des clous à maçonnerie ou des clous coupés d'acier trempé.) Si votre système de fixation l'exige, posez des chevilles d'ancrage.

5. FIXEZ LES FOURRURES.

Appliquez de l'adhésif au dos des fourrures, et en vous servant des lignes de craie comme guides, positionnez-les. Puis, utilisez des attaches pour fixer solidement les deux extrémités des fourrures au mur de maçonnerie. Répétez le processus pour chaque fourrure. Si c'est possible, ne serrez les attaches que lorsque vous aurez terminé le calage.

6. VÉRIFIEZ LES FOURRURES À L'AIDE DE LA MÉTHODE DE LA FICELLE ET DU BLOC.

À l'aide d'une règle, d'un niveau ou de la méthode de la ficelle et du bloc, assurez-vous que vos fourrures forment une surface plane. Aplanissez toute saillie, puis insérez les cales conformément à la section « Calage des fourrures » de la page 55. Finissez de fixer toutes les attaches.

5. *Après avoir inséré les chevilles ou les ancrages (si vous en utilisez), appliquez de la colle mastic au dos des fourrures, puis fixez les extrémités de chaque latte.*

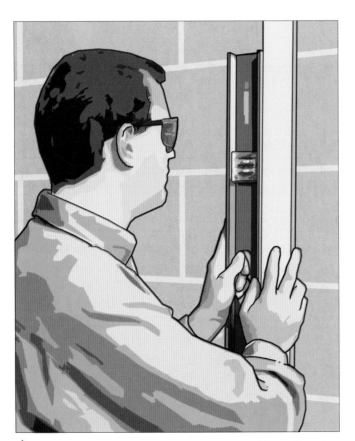

4. *Tenez la fourrure prépercée en position, assurez-vous qu'elle est d'aplomb et servez-vous des trous pour marquer l'endroit où vous fixerez les ancrages.*

6. *Finissez de fixer les fourrures au mur (en les calant au besoin), à l'aide de vis, de clous, ou d'ancrages posés à l'aide d'un fixateur à cartouches. (Voir* Le choix de la bonne attache à maçonnerie *sur la page en regard.)*

LE CHOIX DE LA BONNE ATTACHE À MAÇONNERIE

Lorsque vous fixez du bois à un parement de maçonnerie, vous avez besoin d'attaches spéciales. Vous pouvez les choisir parmi trois types d'attaches de base : clouées, fixées à l'aide de cartouches ou avec chevilles d'ancrage.

Les attaches clouées sont conçues pour fixer les fourrures dans le parement de maçonnerie à l'aide d'un marteau lourd. Cela englobe les clous à maçonnerie torsadés et les clous coupés, qui sont lourds, plats et effilés. Malheureusement, les clous présentent un inconvénient majeur : il n'y a pas de place pour l'erreur lorsqu'on les enfonce. Un coup oblique peut donner du jeu au clou. Du côté des avantages, il est inutile de prépercer le parement de maçonnerie et les fourrures, ce qui est nécessaire dans le cas du système avec chevilles d'ancrage.

Les attaches posées à l'aide de fixateurs à cartouches sont des broches que l'on tire au travers des fourrures dans le parement de maçonnerie. Le fixateur à cartouches est un outil spécial à main qui tire des cartouches de calibre 22 pour chaque attache qu'il enfonce. *(À utiliser avec d'extrêmes précautions : mal utilisé, le fixateur à cartouches tire les attaches comme des projectiles.)* Le fixateur à cartouches ne peut être utilisé que pour le béton, et non pour la brique ou les blocs de béton. Différentes charges sont offertes ; elles comportent un code-couleurs qui correspond à la résistance du béton.

Assurez-vous de choisir une charge qui n'enfoncera pas trop le clou (dans la fourrure) ou qui ne laissera pas la tête du clou exposée. La tête de clou devrait affleurer la surface de la fourrure ou être juste un peu plus enfoncée. (Faites l'expérience de différentes charges jusqu'à ce que vous trouviez la bonne.) Les fixateurs à cartouches présentent deux avantages : le travail se fait très rapidement et il est inutile de prépercer le parement de maçonnerie et les fourrures, comme dans le cas du système avec chevilles d'ancrage.

Le système avec chevilles d'ancrage se divise en deux parties. Vous insérez les chevilles de plastique effilées (tubes expansibles) dans les trous prépercés du parement de maçonnerie. Lorsque vous serrez les vis (correspondant aux chevilles) dans les fourrures, les chevilles se déploient et s'ancrent aux parois du trou, ce qui leur permet de résister à l'arrachement.

POSE DE FOURRURES SUR UNE CHARPENTE DE POTEAUX ET DE SOLIVES

Fixer des fourrures directement à la charpente fait en sorte que la surface de clouage des panneaux de gypse est aussi de niveau (pour les plafonds) ou d'aplomb (pour les murs) que possible. Dans les travaux de rénovation, on découvre de vieilles pièces de charpente parfois irrégulières. Il est possible que les structures ou les pièces nouvelles ne nécessitent pas de fourrures (selon la qualité du bois et l'habileté de l'équipe qui pose la charpente). Dans l'une ou l'autre des situations, vous pouvez désirer poser des fourrures si vous soupçonnez que les poteaux ou les solives ne sont pas d'aplomb. Bien posées, les fourrures peuvent procurer une surface de clouage de niveau.

Lorsque vous fixez des fourrures à des pièces de charpente existantes, posez-les perpendiculairement aux pièces de charpente. Pour

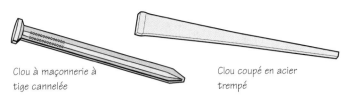

Clou à maçonnerie à tige cannelée

Clou coupé en acier trempé

Les clous à maçonnerie et certains clous coupés *sont conçus pour être enfoncés dans le parement de maçonnerie au travers d'une pièce de bois.*

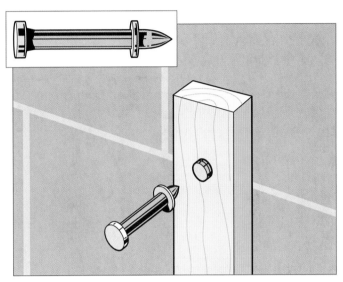

Les attaches posées à l'aide d'un fixateur à cartouches *de calibre 22 sont tirées au travers d'une pièce de bois dans le parement de maçonnerie ; il s'agit d'une façon fiable de fixer une pièce de bois à du béton. Attention : il faut suivre soigneusement les instructions du fabricant.*

Les boulons ou les broches spéciaux *peuvent être posés dans des chevilles expansibles. Les chevilles doivent être mises en place dans des trous prépercés ; il faut donc bien planifier l'espacement des fourrures.*

les murs, cela signifie que les fourrures seront horizontales, et que les panneaux de gypse devront être posés à l'horizontale. Pour les plafonds, les fourrures seront placées perpendiculairement aux solives (plutôt que parallèlement). Cela aura peu d'incidence sur l'orientation des panneaux, ou des joints.

Entre les extrémités des fourrures (par exemple, le long du haut et du bas du mur), vous devrez poser des fourrures de remplissage qui serviront de fond de clouage pour les bords des panneaux, aux extrémités du mur. Cela assurera un solide appui aux bords et aux extrémités des panneaux de gypse.

Outils et matériaux

Niveau de difficulté :

- ◼ Outils à main de base
- ◼ Cordeau traceur
- ◼ Fourrures
- ◼ Niveau de 4 pi
- ◼ Fil à plomb
- ◼ Visseuse ou perceuse
- ◼ Ficelle et blocs
- ◼ Clous ordinaires de 2 ½ po ou vis à cloisons sèche

1. CINGLEZ LE CORDEAU SUR LES POTEAUX.

Déterminez l'espacement entre les fourrures, soit 16 ou 24 po, de centre à centre. (Si vous avez le choix, optez pour 16 po, ce qui augmentera la rigidité de la cloison sèche.) Sur les murs, cinglez le cordeau aux intervalles appropriés, en vous servant d'un niveau et d'un ruban à mesurer pour bien les positionner. Sur les plafonds, calculez l'espacement à l'aide d'un ruban à mesurer, puis cinglez le cordeau sous les solives.

2. VÉRIFIEZ LA RECTITUDE DES MURS.

Pour les murs, utilisez un niveau (ou une longue règle) afin de vérifier les irrégularités des membres de la charpente. Marquez les retraits ou les saillies sur le bord des poteaux. Suivez le même processus pour vérifier la charpente des plafonds.

3. POSEZ LES FOURRURES HORIZONTALES.

Fixez les fourrures horizontales, mais n'en vissez ou clouez que les extrémités afin de pouvoir les caler facilement au besoin. À l'aide de la méthode de la ficelle et du bloc, et en tenant compte des marques de crayon que vous avez faites à l'étape précédente, calez les fourrures ou aplanissez la charpente (aux endroits qui font saillie), selon les besoins, afin d'obtenir une surface plane.

Conseils d'expert

Lorsque vous posez des cloisons sèches sur des fourrures, tout interrupteur ou prise électrique déjà en place aura l'air enfoncé dans le panneau de gypse. Mais il est possible d'ajouter une rallonge aux boîtes électriques : vous n'avez qu'à couper le courant, enlever la plaque frontale et dévisser la prise du boîtier. Glissez la rallonge par-dessus la prise et les fils dans le boîtier. Utilisez les boulons à tige longue fournis avec la rallonge pour fixer la prise au boîtier, en vous assurant de bien ajuster la position de la rallonge afin que la prise affleure le nouveau mur.

1. *Marquez la position des fourrures sur les poteaux en cinglant le cordeau, en fonction de vos marques de crayon.*

2. *Utilisez une règle pour vérifier les irrégularités du mur. Tout retrait exige le calage des fourrures.*

3. *Posez les fourrures horizontales, mais n'en vissez que les extrémités afin de pouvoir les caler facilement.*

Calage des fourrures

Que vous posiez des cloisons sèches sur des parements de maçonnerie, sur une charpente ou du vieux plâtre, il est impératif de créer une surface plane et d'aplomb (dans le cas des murs) ou de niveau (pour les plafonds). En insérant des cales (des bardeaux de cèdre) derrière les fourrures avant de fixer celles-ci, vous pouvez corriger tout retrait dans un mur. Ce processus simple comporte trois étapes : le repérage des retraits, le calage de chacun d'eux et le vissage ou le clouage permanent des fourrures.

Une fois que vous avez cinglé le cordeau pour déterminer la place des fourrures, vérifiez si le mur comporte des retraits en tenant une règle (un niveau de 4 pi) contre le mur. Orientez-la dans la même direction que les fourrures. Marquez tout retrait le long de vos marques de craie.

Posez les fourrures, mais n'en fixez que les extrémités. À l'aide de la méthode de la ficelle et du bloc, déterminez les fourrures qui font saillie ou qui sont en retrait. Aux endroits qui sont en retrait, insérez des cales derrière les fourrures. Dans les cas où l'écart est important, placez des bardeaux en alternance (voir l'illustration ci-contre).

Enfin, enfoncez les clous ou les vis dans le mur, au travers des fourrures et des bardeaux. Lorsque c'est possible, ancrez les fourrures à la charpente qui se trouve derrière.

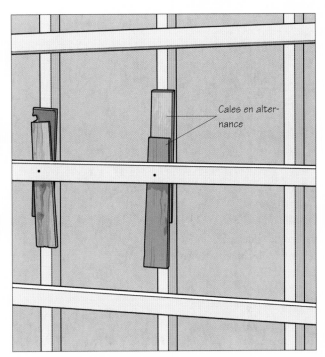

Cales en alternance

Calage des fourrures. *Utilisez un niveau ou une ficelle et des blocs pour vérifier s'il existe des retraits derrière vos fourrures, et calez ces endroits pour obtenir une surface plane à la grandeur du mur.*

3 Préparation des murs et des plafonds

4. POSEZ LES FOURRURES VERTICALES ET LES CALES.

Posez les fourrures les plus courtes à l'endroit où finira le panneau de gypse. Laissez un intervalle de ¼ po à chaque extrémité, à l'endroit où les lattes verticales croisent les lattes horizontales. (Utilisez des lattes courtes de 14 po entre les fourrures horizontales espacées de 16 po de centre à centre, et des lattes courtes de 22 po entre les fourrures espacées de 24 po, de centre à centre.) Calez les fourrures au besoin, puis finissez de clouer ou de visser les lattes en place.

4. *Fixez les fourrures de remplissage entre les fourrures principales, puis posez les attaches restantes.*

POSE DE FOURRURES DE MÉTAL AU PLAFOND

Vous pouvez choisir entre plusieurs options lorsqu'il s'agit d'installer un plafond au sous-sol. Vous pouvez installer un plafond suspendu, selon lequel une grille retient des carreaux insonorisants. Cette option peut être à privilégier si vous devez avoir accès aux fils électriques ou à la plomberie et que vous pouvez vous permettre de perdre quelques pouces de hauteur de plafond. En vertu de la plupart des codes du bâtiment, chaque pièce d'un sous-sol aménagé doit comporter une hauteur libre de 90 po (84 po dans les cuisines, les couloirs et les salles de bains) sur plus de la moitié de sa superficie.

Si la hauteur libre est restreinte, vous devriez poser des cloisons sèches que vous peindrez ou sur lesquelles vous collerez des carreaux insonorisants. Cependant, ne fixez pas de panneaux de gypse directement sur les solives de plafond ; utilisez des fourrures de métal souples que vous fixerez perpendiculairement aux solives et que vous calerez au besoin.

Outils et matériaux

Niveau de difficulté :

■ Ficelle et cales

■ Visseuse

■ Cordeau traceur

■ Profilés souples

■ Cisailles d'aviation

■ Vis autotaraudeuses

1. VÉRIFIEZ ET MARQUEZ LES SOLIVES.

Dans certains sous-sols, les solives de plafond peuvent être inégales, ce qui peut entraîner des irrégularités dans la surface finie. Avant d'installer l'ossature métallique du plafond suspendu, utilisez la méthode de la ficelle et du bloc pour vérifier le niveau, et notez les saillies que vous devrez aplanir, ou les retraits où vous devrez poser des cales. Puis, cinglez le cordeau sur les solives, à des intervalles de 16 ou de 24 po de centre à centre, afin de vous constituer des guides pour la pose des fourrures de métal.

2. COUPEZ LES FOURRURES.

Si vous devez couper les fourrures en fonction de la largeur du plafond, utilisez des cisailles d'aviation pour en couper les deux brides ; puis, courbez le profilé et coupez-en l'âme.

3. POSEZ LES FOURRURES.

Mettez un profilé en place au plafond, le long de vos marques de craie, puis fixez-le à l'aide de clous ou de vis à cloisons sèches de 1 ½ po que vous enfoncerez dans les brides sur chaque solive. Pendant que vous installez les profilés, utilisez un niveau pour vérifier l'uniformité, d'une rangée à l'autre. Posez des cales, au besoin.

Une fois que vous avez nivelé la surface, posé des cales et les fourrures, installez les panneaux de gypse comme vous le feriez pour tout plafond, en utilisant le schéma de pose de vis de type S figurant à la page 82.

2. *Vous aurez peut-être besoin de couper les fourrures. Utilisez des cisailles d'aviation ou des cisailles à métaux pour couper les brides des profilés ; puis, courbez les profilés et coupez-en l'âme.*

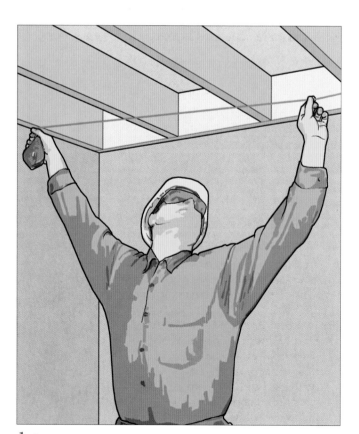

1. *Préparez la pose des profilés au plafond, qui seront espacés ici de 16 po de centre à centre, puis cinglez le cordeau.*

3. *Vissez les profilés en place au plafond, le long des lignes guides. Utilisez un niveau de 4 pi pour vous assurer que les profilés présentent une surface plane.*

Charpentes métalliques

MURS À CHARPENTE MÉTALLIQUE

L'acier a longtemps été le matériau de choix dans les immeubles commerciaux, mais non dans les maisons. Cependant, tandis que les prix du bois d'œuvre ne cessent d'augmenter et que la qualité du bois diminue constamment, le coût et la solidité de l'acier demeurent stables.

L'acier ne gauchit pas, ne rétrécit pas et ne se fend pas comme le bois, et il ne sert pas de nourriture aux insectes. Il ne pourrira pas en raison de fuites d'eau, bien qu'il puisse se corroder après une longue exposition. L'acier ne rend pas une maison ignifuge, mais il n'alimentera pas un incendie, et il maintient la structure intacte bien plus longtemps qu'une charpente de bois en cas de feu. C'est l'une des raisons pour lesquelles la charpente d'acier constitue la norme dans la construction commerciale. Contrairement au bois, qui peut présenter des défauts, ce qui est de plus en plus souvent le cas, les poteaux d'acier ne sont jamais gauchis, fendillés ou humides.

Même les maisons modernes bien construites sur une charpente de bois subiront probablement un certain tassement et travailleront, ce qui peut faire ressortir les clous et les joints, ou pire. Ces problèmes sont grandement diminués lorsqu'on utilise de l'acier. Il ne retient pas l'eau, donc les poteaux métalliques ne rétréciront pas et ne se déformeront pas comme le fait souvent le bois, particulièrement au cours de la première année après la construction, lorsque le bois humide sèche pendant la saison de chauffage. De plus, les pièces d'une charpente d'acier sont plus légères que le bois massif et imposent moins de poids aux fondations, ce qui peut aussi réduire les fissures et les défauts dans la maçonnerie.

Les constructions d'acier résidentielles ont vu le jour sur la côte ouest, où leur résistance aux tremblements de terre était appréciée, puis elles ont gagné le sud-est, où elles résistent aux ouragans. Graduellement, elles continuent à gagner la faveur des entrepreneurs et des acheteurs de maisons. Moins de 15 000 maisons construites en 1993 étaient pourvues d'une charpente d'acier ; 11 ans plus tard, ce chiffre est passé à 200 000.

La construction d'acier type comporte des poteaux métalliques d'épaisseur n° 20, qui ont environ la forme des pièces de 2 x 4, mais dont un côté est ouvert (comme un C). Ces poteaux sont fixés (généralement à l'aide de vis autotaraudeuses) à des profilés en U retenus au plancher et au plafond. Lorsque le plancher est en béton, le profilé inférieur s'assujettit facilement à l'aide d'un fixateur à cartouches.

Les poteaux d'acier sont généralement espacés de 16 à 24 po de centre à centre, comme les poteaux de bois. Ces poteaux légers ne sont utilisés que pour les murs intérieurs non porteurs ; ils ne sont pas assez solides pour supporter des charges (sans être doublés). Mais un bricoleur sans expérience dans la construction d'acier peut

Charpentes métalliques. *La charpente métallique a ses avantages ; elle permet notamment de produire des effets spéciaux, comme ce plafond multiniveau.*

facilement utiliser un système métallique pour construire des murs de séparation, et à moindre coût qu'avec du bois d'œuvre. Les grands détaillants de cloisons sèches offrent habituellement des pièces de charpente d'acier.

Conseils d'expert

Vous direz peut-être : « Je ne construis pas un gratte-ciel ! Pourquoi ai-je besoin de me renseigner sur les charpentes métalliques ? » La construction d'un mur de séparation dans une maison aménagée est l'exemple parfait d'une bonne utilisation de la charpente métallique : vous disposez déjà de charpentes de plafond et de plancher auxquelles fixer les profilés, et vous n'avez pas à vous soucier du partage des charges. Les poteaux d'acier sont non seulement moins coûteux que les poteaux de bois, mais ils sont plus faciles à manipuler (une seule personne peut en transporter une dizaine) et ils résistent au feu.

PRÉPARATION D'UNE CHARPENTE D'ACIER POUR LA POSE DE CLOISONS SÈCHES

Fixer des cloisons sèches à une charpente d'acier exige un minimum de préparation. Vous devriez vérifier la rectitude de la charpente comme vous le feriez pour une charpente de bois (même si elle sera probablement droite). Vous devrez aussi vérifier l'orientation des poteaux eux-mêmes. Le côté ouvert des poteaux en C devrait toujours être orienté dans la même direction.

Vous installerez les poteaux d'un mur en commençant dans le coin auquel le bord ouvert du poteau fait face. Si vous installez les poteaux dans la direction opposée, le côté solide en premier, les vis peuvent faire courber le côté ouvert vers l'extérieur, et les panneaux abouteront de façon inégale. Utilisez des vis à tête évasée et à pointe autotaraudeuse pour la pose des panneaux de gypse : les vis à cloisons sèches ordinaires peuvent être enfoncées dans de l'acier d'épaisseur n° 20, mais elles laisseront un trou dans le panneau de gypse, plus large que la tête de la vis, ce qui causera des problèmes de finition et l'instabilité de la cloison sèche.

Idéalement, les panneaux devraient être coupés de façon que les bords arrivent exactement au milieu du poteau. Si vous devez ajouter des cales, coupez le bec de $\frac{1}{4}$ po du « C » que forme le poteau, et vissez un morceau de contreplaqué du côté intérieur des poteaux. Pour plus de détails relativement à la pose de panneaux de gypse sur des poteaux d'acier, voir *Pose de cloisons sèches sur un mur à charpente d'acier* aux pages 93-94.

Plafonds suspendus

Si vous désirez installer un plafond parfaitement plat par-dessus de vieux panneaux de gypse inégaux, ou même par-dessus une charpente neuve irrégulière, la pose d'un plafond suspendu sur charpente d'acier pourrait se révéler plus simple que l'installation interminable

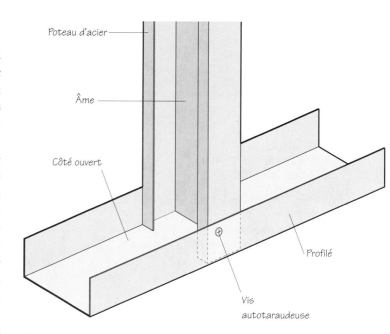

Les poteaux d'acier comportent un côté ouvert, muni d'un bec de $\frac{1}{4}$ po ; l'âme des poteaux comporte des trous prépercés pour le passage des fils.

de fourrures et de cales. Les systèmes de suspension modernes (comme le système de suspension de cloisons sèches de USG) sont beaucoup plus faciles à installer que les anciens systèmes laminés à froid ou les systèmes avec profilés en U ; ils s'imbriquent par pression, ce qui élimine la pose fastidieuse d'attaches et les vérifications à l'équerre, et tant les profilés que les fils de fer de suspension sont plus faciles à couper.

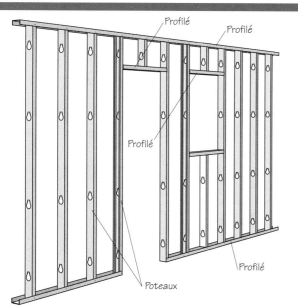

Dans une charpente en acier, les rives, les lisses et les seuils sont coupés dans les profilés, qui tiennent lieu de sablières et de semelles.

Conseils d'expert

Poser les profilés d'un plafond suspendu parfaitement à niveau à l'aide d'un niveau à eau peut causer des maux de tête, et une vraie migraine si on ne dispose que d'un ruban à mesurer et d'un niveau à bulle. Si vous pouvez vous permettre la dépense, le niveau à laser à main constitue un outil libérateur à ajouter à votre collection : il diffuse un faisceau lumineux parfaitement de niveau dans toute la pièce, ce qui permet d'éliminer les doutes et une bonne partie du travail de mesurage et de vérification.

POSE D'UNE OSSATURE DE PLAFOND SUSPENDU

Outils et matériaux

Niveau de difficulté : 🐦🐦🐦

- ◼ Outils à main de base
- ◼ Ruban à mesurer
- ◼ Niveau à eau
- ◼ Niveau de 4 pi
- ◼ Profilés de métal souples
- ◼ Fils de fer de suspension
- ◼ Vis (autotaraudeuses et à cloisons sèches, de type S)
- ◼ Visseuse
- ◼ Cisailles d'aviation

1. POSEZ LES PROFILÉS.

À l'aide d'un niveau à eau (ou, si vous en avez un, d'un niveau à laser), marquez la hauteur à laquelle vous désirez installer les panneaux de gypse. (Souvenez-vous que les panneaux de gypse seront de ½ à ⅝ po sous l'ossature du plafond, selon l'épaisseur des panneaux de gypse, et que la plupart des codes du bâtiment exigent au moins 90 po de hauteur libre dans les aires d'habitation normales. Vérifiez auprès de l'inspecteur des bâtiments de votre localité avant de planifier la pose d'un plafond suspendu.) Marquez ensuite la hauteur à laquelle vous installerez les profilés, qui constitueront l'ossature du plafond. Fixez les profilés, soit en C, soit des cornières (en L), dans les poteaux au sommet du mur, à l'aide de vis autotaraudeuses. Vérifiez régulièrement le niveau des profilés pendant que vous les installez.

2. POSEZ LES COULISSEAUX.

Les coulisseaux sont généralement offerts en longueurs de 10 ou 12 pi. Si l'une des dimensions de votre pièce est de 10 ou 12 pi, placez les coulisseaux dans ce sens. Sinon, vous devrez couper les coulisseaux pour les adapter à une plus petite dimension, ou en joindre deux par recouvrement (à l'aide de fil de fer de suspension ou de pinces à épisser, vendues à l'endroit où vous achetez vos coulisseaux) pour les adapter à une plus grande dimension. Placez les coulisseaux sur les profilés, à tous les 2 pi. Vérifiez le niveau des coulisseaux, puis fixez sur les solives les fils de fer de suspension qui retiendront les coulisseaux afin d'offrir un appui supplémentaire au plafond.

3. POSEZ LES PROFILÉS.

Posez les profilés perpendiculairement aux coulisseaux, à tous les 16 ou 24 po, de centre à centre. (Les profilés sont fabriqués en longueurs de 2 pi qui s'emboîtent dans les coulisseaux.) Cela offrira une surface plane et un appui suffisant pour les panneaux de gypse. Suivez les instructions d'installation de panneaux de gypse au plafond, fournies au chapitre 5, aux pages 83-85. Utilisez des vis de type S et suivez le schéma de vissage figurant à la page 82.

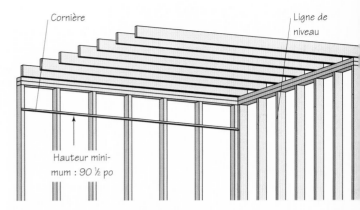

1. *Une fois que vous avez marqué la hauteur à l'aide d'un niveau, vous êtes prêt(e) à installer les profilés à la grandeur de la pièce. Vissez-les dans les poteaux à l'aide de vis à métaux.*

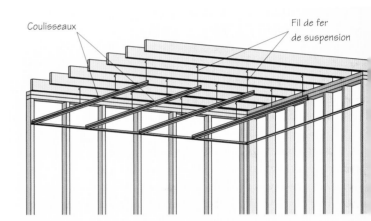

2. *Les coulisseaux doivent être espacés de 24 po, de centre à centre. Coupez-les ou raccordez-les à la longueur désirée, et emboîtez-les dans les profilés. Fixez-les aux fils de fer de suspension pour plus de soutien.*

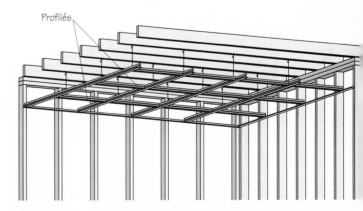

3. *Les profilés s'installent sous les coulisseaux à tous les 16 ou 24 po, de centre à centre. Ils sont offerts en longueurs de 24 po, afin qu'on puisse les insérer entre les coulisseaux.*

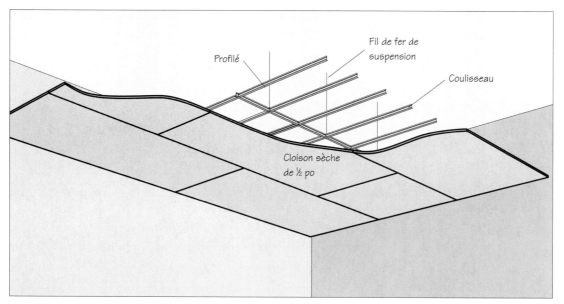

Profilé

Fil de fer de suspension

Coulisseau

Cloison sèche de ½ po

L'installation de plafonds suspendus à ossature de métal ne requiert aucun équipement spécial. L'acier léger est vissé dans un profilé et retenu aux solives en place à l'aide de fil de fer de suspension. Ces ossatures sont habituellement compatibles avec des carreaux insonorisants et des panneaux d'éclairage, si vous désirez ajouter ces éléments aux cloisons sèches.

CORNICHES DE CLOISONS SÈCHES SUSPENDUES ET PLAFONDS EN RELIEF

Les progrès réalisés en matière de systèmes de suspension et de cloisons sèches souples ont permis aux concepteurs d'aller beaucoup plus loin dans l'utilisation de courbes, non seulement dans les murs, mais aussi dans les plafonds multiniveau et les retombées de plafond courbes. Ces éléments sont les plus efficaces lorsqu'ils sont utilisés avec parcimonie, mais ils donnent beaucoup de style à une pièce à peu de frais, sans le recours à une charpente de bois courbe, grâce à un angle ondulé ou un panneau de plafond en retrait. On peut les considérer comme des plafonds partiellement suspendus. Comme on peut trouver des coulisseaux et des profils courbes spéciaux, toutes les formes peuvent être suspendues aux solives principales : des cercles, des caissons ondulés, toutes les formes désirées.

Grâce aux systèmes de plafonds suspendus (à droite), il est facile d'ajouter un effet de sculpture à votre plafond à l'aide d'élégants soffites.

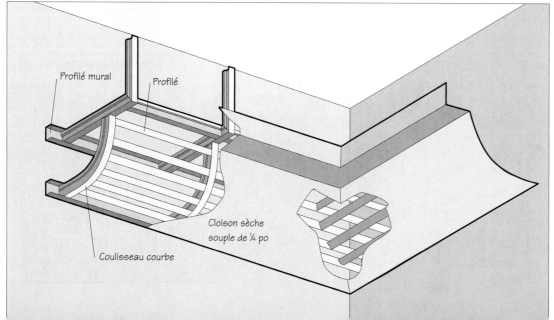

Profilé mural

Profilé

Cloison sèche souple de ¼ po

Coulisseau courbe

Il est facile de créer des soffites courbes à l'aide d'une ossature métallique. Vous n'avez qu'à utiliser les coulisseaux courbes (à gauche) espacés de 48 po de centre à centre, et réduire l'espace entre les profilés (9 po, de centre à centre). Il existe aussi des profilés courbes pour faire des caissons en S. Vous n'avez qu'à suivre les instructions de pose de cloisons sèches sur des murs courbes (pages 94-96).

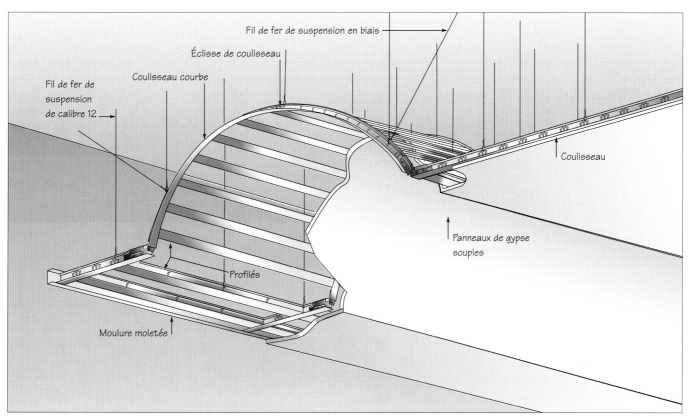

Fil de fer de suspension en biais

Éclisse de coulisseau

Coulisseau courbe

Fil de fer de suspension de calibre 12

Coulisseau

Panneaux de gypse souples

Profilés

Moulure moletée

3 Préparation des murs et des plafonds

On peut créer des voûtes et des noues à l'aide d'une ossature métallique, comme celle qui est illustrée ici. Des fils de fer en biais ajoutent de la stabilité aux sections courbes de la cloison sèche. Pour les sections courbes, utilisez des panneaux de gypse souples, recommandés par le fabricant.

Les voûtes apportent une note d'originalité à la décoration et constituent une bonne façon de personnaliser l'utilisation de cloisons sèches. Placez les fils de fer à une distance maximale de 48 po, le long du coulisseau. Aux fins de stabilité, les joints des panneaux de gypse devraient se trouver à au moins 12 po des raccords de coulisseaux.

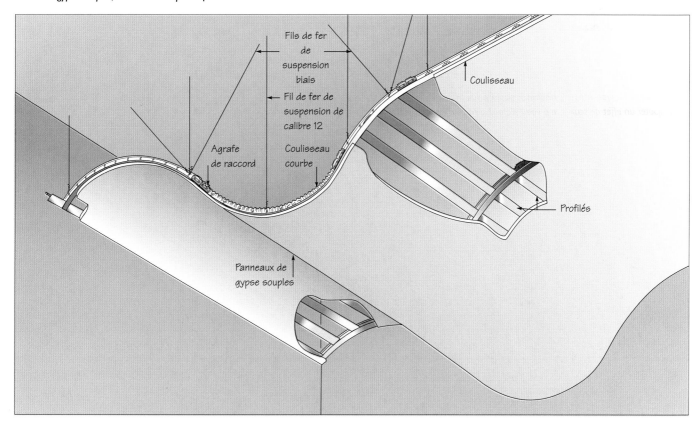

Fils de fer de suspension biais

Fil de fer de suspension de calibre 12

Agrafe de raccord

Coulisseau courbe

Coulisseau

Profilés

Panneaux de gypse souples

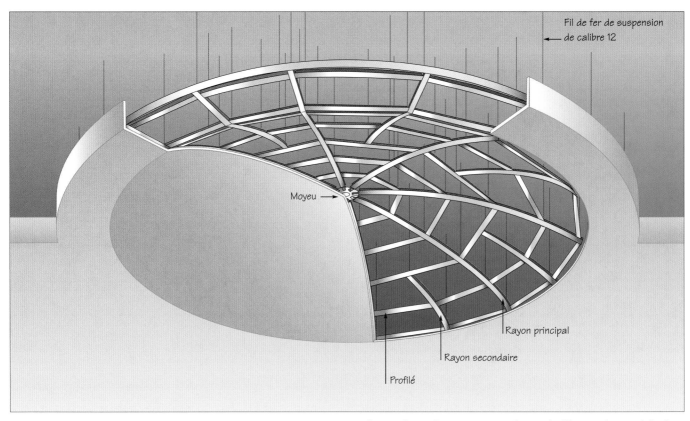

Fil de fer de suspension
de calibre 12

Moyeu

Rayon principal

Rayon secondaire

Profilé

Il est plus facile que jamais de créer des soffites caissonnés à l'aide de systèmes de suspension métalliques. En fait, ce système comporte les mêmes éléments qu'une surface plane. La hauteur maximale du soffite est de 48 po, et les profilés sont espacés de 24 po, de centre à centre.

Les systèmes de suspension en forme de dôme rendent inutile le pliage des profilés d'acier sur le chantier. Le système illustré ici consiste en un moyeu préfabriqué et des profilés courbes, qui s'installent facilement. Les fils de fer devraient être placés à un maximum de 32 po, sur chaque rayon.

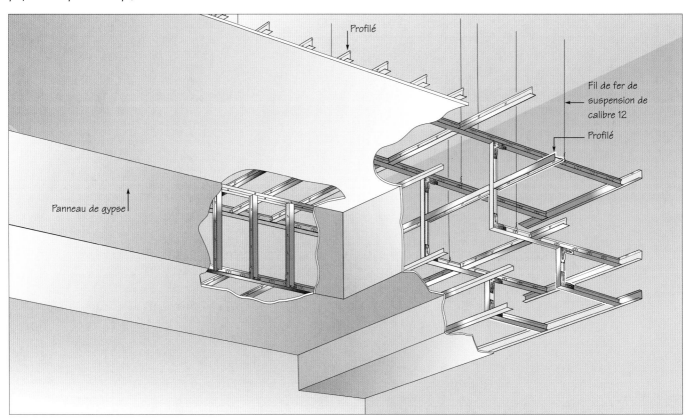

Profilé

Fil de fer de suspension de calibre 12

Profilé

Panneau de gypse

Chapitre 4

Marquage et coupe

Le mesurage et le marquage d'angles et d'entailles peuvent faire toute la différence entre un travail d'aspect professionnel et une tentative plus ou moins réussie de pose de cloisons sèches. Vous pouvez ruiner l'apparence de coupes précises sur une longue section de mur par une simple arcade mal coupée ou une découpe mal placée pour loger une boîte électrique.

l n'y a pas de grand secret dans le mesurage et le marquage de panneaux de gypse, mais quelques trucs du métier et des outils spéciaux vous simplifieront la vie et amélioreront votre précision. Une fois que vous vous êtes habitué(e) à marquer les trous et les angles, vous pouvez essayer les divers outils et techniques qui vous aideront à faire des coupes précises (et, si c'est possible, sans poussière) dans les panneaux de gypse.

Coupes rectilignes

Tracer des lignes droites sur un panneau de gypse exige un œil exercé et les bons outils. Une coupe rectiligne se fait à vive arête le long d'un bord ou d'une extrémité du panneau. Comme les bords finis par le fabricant constituent habituellement un point de repère fiable, dans la plupart des méthodes de coupe à angle droit sur des panneaux de gypse, on se sert des bords comme guides. Dans la méthode suivante, on utilise une équerre en T, mais vous pouvez utiliser un outil plus petit, comme une équerre combinée ou une équerre de charpentier.

COUPES RECTILIGNES À L'AIDE D'UNE ÉQUERRE EN T

Coupes rectilignes. *Pour effectuer une coupe de faible longueur dans un panneau de gypse, il suffit d'avoir une scie à panneau ou une scie tout usage et une bonne méthode de sciage.*

Outils et matériaux

Niveau de difficulté :

- ◼ Panneaux de gypse
- ◼ Ruban à mesurer ou règle pliante
- ◼ Crayon
- ◼ Couteau tout usage
- ◼ Équerre en T de 4 pi

1. MESUREZ VOS LIGNES DE COUPE.

Utilisez un ruban à mesurer pour déterminer la taille de la section de panneau dont vous avez besoin, puis transposez ces dimensions sur le panneau lui-même.

2. TRACEZ LES LIGNES SUR LE PANNEAU.

Placez l'équerre en T de 4 pi sur le panneau de façon que la branche longue soit parallèle à la ligne de coupe que vous prévoyez. Glissez l'équerre en T le long du bord ou de l'extrémité du panneau, jusqu'à ce que le bord de la branche s'aligne avec la marque que vous avez faite. Passez votre crayon le long de la branche pour tracer votre ligne de coupe. Répétez cette étape pour la ligne de coupe

perpendiculaire, au besoin. Avant de procéder à quelque coupe que ce soit, assurez-vous que la lame de votre couteau tout usage est affûtée et portez des lunettes de protection. En vous servant d'une règle comme guide, entaillez la face (le côté apparent) du panneau de gypse à une profondeur de ⅛ po.

3. CASSEZ LE PANNEAU À L'ENDROIT DE L'ENTAILLE.

À partir du côté où vous avez pratiqué l'entaille (ou de l'autre côté), cassez net le panneau le long de la ligne de coupe et ramenez-le légèrement en arrière. N'essayez pas de déchirer le panneau coupé ; laissez-le se briser à l'endroit de l'entaille. Le panneau devrait alors être retenu ensemble uniquement par l'endos de papier.

4. ENTAILLEZ LE DOS DU PANNEAU ET SÉPAREZ LES SECTIONS.

À l'aide de votre couteau tout usage, entaillez l'envers du panneau pour couper le papier, puis séparez les deux sections.

1. Transférez les mesures que vous avez prises du mur sur le panneau que vous prévoyez installer. Une marque au sommet du panneau suffit habituellement.

2. À l'aide d'une équerre en T, tracez d'abord votre ligne de coupe sur la face du panneau. Puis, en vous servant de votre pied pour tenir le bas de l'équerre en place, pratiquez l'entaille avec un couteau tout usage.

3. D'un coup sec, cassez le panneau le long de la ligne de coupe. (À partir de la face ou de l'envers du panneau.)

4. À l'aide d'un couteau tout usage, coupez le papier au dos du panneau et séparez les sections du panneau.

MARQUAGE DES LIGNES DE COUPE À L'AIDE D'UN CORDEAU TRACEUR

Cingler le cordeau permet de tracer une longue ligne droite avec rapidité et précision. Marquez les dimensions de la section voulue sur les extrémités opposées du panneau, puis cinglez le cordeau entre les deux.

Outils et matériaux

Niveau de difficulté :

- Panneaux de gypse
- Ruban à mesurer ou règle pliante
- Crayon
- Couteau tout usage
- Cordeau traceur

1. MESUREZ LES LIGNES DE COUPE À PRATIQUER.

Faites des marques sur les bords pour délimiter la section de cloison sèche nécessaire.

2. CINGLEZ LE CORDEAU SUR LE PANNEAU.

En vous fondant sur ces points de repère, cinglez le cordeau sur toute la longueur ou la largeur (ou la diagonale) du panneau.

3. COUPEZ LE PANNEAU SUR LES LIGNES TRACÉES.

À l'aide d'un couteau tout usage, entaillez le panneau et cassez-le tel que décrit aux pages 64 et 65.

2. *Cinglez le cordeau entre les deux marques que vous avez faites, ce qui laissera une trace de craie bien droite.*

1. *Faites des marques sur les bords pour délimiter la section de panneau nécessaire, puis pratiquez des encoches à ces endroits à l'aide du couteau tout usage.*

3. *À l'aide du couteau tout usage, coupez le panneau sur la ligne que vous avez tracée. Cassez le panneau le long de la ligne, puis coupez le papier au dos.*

UTILISATION DE LA MÉTHODE DES COORDONNÉES POUR MARQUER ET COUPER DES OUVERTURES

Pour la plupart des murs, il faut pratiquer des ouvertures afin de loger les boîtes électriques (prises et accessoires), les commutateurs, les canalisations et les installations techniques (comme les conduits de ventilation et les plinthes chauffantes). Il est facile d'oublier un interrupteur ou une prise (vous devriez toujours contre-vérifier avant de poser un panneau). Si vous omettez de pratiquer une ouverture, vous devrez retirer le panneau parce qu'il n'existe pas de façon précise de repérer la sortie électrique, une fois que le panneau est en place. Si seul le faux-plancher a été posé là où vous travaillez, vous pouvez marquer l'emplacement de chaque interrupteur et prise sur le contre-plaqué à l'aide d'un marqueur permanent.

Pour utiliser la méthode des coordonnées de marquage et de coupe des ouvertures, traitez le panneau de gypse comme s'il s'agissait de papier graphique. Pour déterminer un point ou tracer le contour d'une boîte électrique, dessinez des lignes d'intersection à partir d'un bord adjacent et d'une extrémité du panneau.

Outils et matériaux

Niveau de difficulté :

- ◼ Panneaux de gypse
- ◼ Ruban à mesurer ou règle pliante
- ◼ Crayon
- ◼ Couteau tout usage
- ◼ Équerre en T de 4 pi
- ◼ Scie polyvalente

1. SITUEZ L'OUVERTURE À PRATIQUER DANS LE PANNEAU.

Sur le mur où vous poserez le panneau de gypse, mesurez les côtés de l'interrupteur ou de la prise que vous désirez installer. Pour obtenir des dimensions exactes, commencez à mesurer au coin et au plafond (ou sur le plancher) contre lesquels le panneau sera posé. Puis, reportez ces dimensions sur le panneau ; par exemple, 25 po depuis la droite, et 32 po depuis le plafond. Pour pratiquer une ouverture circulaire, vous n'avez qu'à noter le point central du cercle. Pour pratiquer une ouverture rectangulaire, mesurez les côtés de la boîte électrique, puis transférez les mesures des quatre côtés sur le panneau de gypse.

2. DESSINEZ LES CONTOURS DE L'OUVERTURE SUR LE PANNEAU.

À l'aide de l'équerre en T de 4 pi ou d'un ruban à mesurer, reportez les coordonnées de la boîte électrique sur la face du panneau. Si vous disposez d'une boîte électrique identique à celle qui est déjà en place, dessinez-en au crayon les contours les plus larges sur le panneau.

1. *En trouvant les coordonnées XY (verticales et horizontales) d'une boîte électrique, vous pourrez transférer ces mesures sur un panneau de gypse et couper avec précision un rectangle qui permettra à la boîte électrique de faire saillie.*

2. *Utilisez une équerre en T pour transférer les coordonnées sur le panneau, et dessinez une boîte que vous découperez. (Ou tracez le contour d'une boîte identique que vous avez sous la main.)*

3. PRATIQUEZ L'OUVERTURE.

Percez un trou-guide dans l'un des angles du contour de la boîte élec-trique, ou près du périmètre du cercle, puis coupez le long de la ligne à l'aide d'un couteau tout usage ou d'une scie polyvalente. Tenez le panneau en place pour vous assurer que l'ouverture est alignée avec la boîte. Élargissez l'ouverture, au besoin.

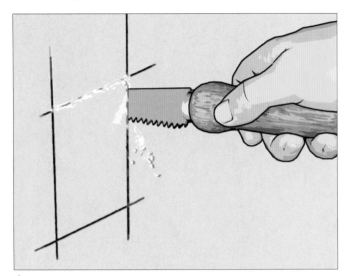

3. Coupez la section de panneau. Lorsque vous pratiquez des ouvertures desti-nées à des boîtes électriques, assurez-vous que la coupe est précise ; des coins mal coupés peuvent endommager la face du panneau lorsqu'on pousse celui-ci en place.

UTILISATION DE LA MÉTHODE DU MARTEAU ET DU BLOC

Étant donné que les panneaux de gypse sont relativement mous, ils peuvent présenter des indentations aux endroits où des objets ont été frappés ou pressés. Voici une méthode de marquage des boîtes élec-triques qui tire parti de cette caractéristique.

Outils et matériaux

Niveau de difficulté : 🔨

- Marteau
- Bloc de 2 × 4 de 8 po
- Scie polyvalente

1. METTEZ LE PANNEAU EN PLACE.

Avant de pratiquer des ouvertures pour les boîtes électriques, mettez le panneau de gypse en place sur les poteaux ou le mur, comme si vous l'installiez.

2. ENFONCEZ LE PANNEAU PAR-DESSUS LES BOÎTES ÉLECTRIQUES.

Placez une retaille de bois contre le panneau, à l'endroit où se situe une boîte électrique, et tapez légèrement sur le morceau de bois à l'aide d'un marteau. Les bords de la boîte devraient causer une légère indentation à l'arrière du panneau.

3. PRATIQUEZ L'OUVERTURE.

Enlevez le panneau de gypse, enfoncez une scie polyvalente dans l'un des coins de l'indentation, puis pratiquez l'ouverture. Remettez le panneau en place et fixez-le.

1. Autre méthode pour marquer l'emplacement d'une boîte électrique : placez le panneau de gypse à l'endroit où il doit être installé, et placez un bloc de clouage par-dessus l'emplacement de la boîte électrique.

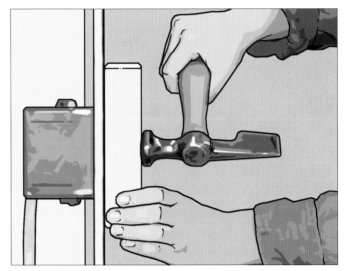

2. Tapez doucement sur le bloc, et la boîte électrique laissera de légères mar-ques au dos du panneau, ce qui vous indiquera la forme à découper.

Si vous devez poser des panneaux dans plusieurs pièces, vous trouverez peut-être qu'il vaut la peine de vous procurer un localisa-teur de boîtes électriques. Ce dispositif se fixe à la boîte électrique, sur le mur. Lorsque vous pressez le panneau en place, le côté adhé-sif du localisateur colle au panneau de gypse. Vous n'avez qu'à tra-cer l'ouverture à pratiquer autour du localisateur, puis à retirer celui-ci.

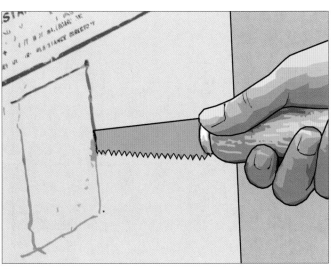

3. *Retournez le panneau de gypse, puis en suivant le tracé, découpez soigneusement l'ouverture à l'aide d'une scie polyvalente. Veillez à ne pas endommager la face du panneau.*

Conseils d'expert

Si vous disposez d'une craie tendre ou d'un bâton de rouge à lèvres, appliquez-en sur les bords de chaque boîte électrique, puis pressez le panneau de gypse en place. Vous obtiendrez ainsi le tracé de toutes les boîtes électrique au dos du panneau. Si vous pratiquez une ouverture légèrement trop petite pour la boîte électrique, ne forcez jamais le panneau en espérant que la boîte électrique se «fraiera un chemin» au travers du panneau. Dans la plupart des cas, la boîte électrique endommagera plutôt l'un des coins de l'ouverture, et vous devrez prendre le temps de reboucher ce trou. Élargissez toujours une ouverture plutôt que de forcer le panneau en place.

4 Marquage et coupe

Coupe de lignes courbes

Les entrées cintrées et la zone entourant les puits de lumière exigent souvent des coupes courbes. La façon la plus simple de pratiquer ces ouvertures est de placer le panneau de gypse à son futur emplacement et de couper l'excédent à l'aide d'une scie polyvalente au sommet de la courbe. Mais ce n'est pas toujours possible, par exemple lorsqu'une fenêtre est déjà installée et qu'il n'y a pas de place pour déplacer une scie. Pour marquer ces courbes avec précision, vous pouvez utiliser un cordeau ou vous faire un gabarit sur un carton.

Si l'arcade comporte une courbe uniforme, il s'agit donc d'une section d'un cercle parfait (un arc). Si vous pouvez déterminer le rayon de ce cercle (la distance entre le point central et la circonférence), vous pouvez en dessiner n'importe quelle section à l'aide d'un crayon et d'un cordeau. Vous pouvez commencer par dessiner le cercle sur un carton, puis couper le long de l'arc à l'aide d'un couteau tout usage, et comparer le gabarit ainsi obtenu à la zone où vous poserez le panneau de gypse. (Si le gabarit est exact, utilisez-le simplement pour marquer le panneau de gypse.)

Si votre arcade comporte une courbe aplatie ou asymétrique, voyez *Marquage d'une courbe à l'aide d'un gabarit* aux pages 70-71.

Courbes et lignes irrégulières. *Il peut être délicat de pratiquer des courbes dans un panneau avant qu'il ne soit en place; il est toujours plus facile de le tailler une fois qu'il est installé.*

TRAÇAGE D'UN DEMI-CERCLE À L'AIDE D'UNE CORDE

Outils et matériaux

Niveau de difficulté :

- Panneau de gypse
- Ruban à mesurer
- Crayon
- Corde non extensible
- Couteau tout usage
- Ruban-cache
- Scie polyvalente

1. DÉTERMINEZ LE RAYON DE L'ARC.

Pour un demi-cercle, vous n'avez qu'à mesurer la largeur de la porte et à diviser par 2 ; pour une forme inférieure à un demi-cercle, utilisez la méthode décrite à la page 97. Attachez un crayon à une corde non extensible, puis indiquez le rayon le long de la corde, à l'aide de ruban-cache.

2. TRANSPOSEZ L'ARC SUR LE PANNEAU DE GYPSE.

Marquez le centre du cercle sur le panneau, puis tenez la corde à ce point avec votre pouce. La corde tendue, déplacez le crayon le long du panneau ; vous tracerez ainsi une ligne courbe correspondant à votre entrée cintrée. Découpez la section à l'aide d'un couteau tout usage ou d'une scie polyvalente.

1. *Pour déterminer le rayon d'un arc formant un demi-cercle, mesurez-en d'abord le diamètre, puis divisez-le par 2. Dans notre exemple, le diamètre est de 3 pi. Le rayon de 18 po peut ensuite être transposé à l'aide d'une corde et d'un crayon.*

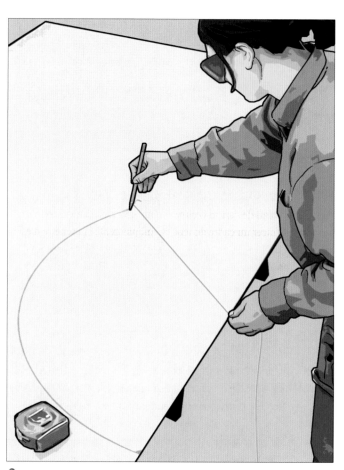

2. *Transposez l'arc sur un panneau de gypse en punaisant la corde (ou en la tenant avec votre pouce) sur un bord du panneau et en passant le crayon à la limite de la corde, à gauche et à droite ; vous tracerez ainsi une ligne courbe.*

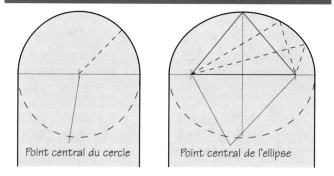

Certaines courbes *ne sont pas des arcs de cercles parfaits, mais des arcs d'ellipses (qui ont deux points centraux). La méthode de la corde utilisée plus tôt ne fonctionne pas dans le cas de courbes asymétriques. Vous devez utiliser un gabarit pour copier la forme de l'entrée cintrée sur une section de panneau de gypse.*

MARQUAGE D'UNE COURBE À L'AIDE D'UN GABARIT

Souvent, les entrées cintrées sont asymétriques, c'est-à-dire qu'elles ne s'insèrent pas dans un cercle parfait. Ces courbes peuvent être légèrement aplaties (ou plates) au sommet, ou font partie d'ellipses ou de paraboles, plutôt que de cercles. Dans ce cas, utilisez un gabarit de carton pour transposer la courbe sur le panneau de gypse.

Outils et matériaux

Niveau de difficulté :

- ◼ Panneau de gypse
- ◼ Ruban à mesurer ou règle pliante
- ◼ Crayon
- ◼ Carton
- ◼ Couteau tout usage
- ◼ Scie polyvalente

1. FAITES-VOUS UN GABARIT DE CARTON.

Tenez un morceau de carton contre la courbe et tracez-en le contour. Vous pouvez tracer un cadre de fenêtre uniquement si la fenêtre n'est pas encore installée. Si la fenêtre est déjà en place, découpez grossièrement un gabarit, puis taillez-le jusqu'à ce qu'il épouse exactement la forme de l'arc. Coupez le gabarit à l'aide d'un couteau tout usage.

2. UTILISEZ LE GABARIT POUR MARQUER LE PANNEAU DE GYPSE.

Placez le gabarit de carton sur le panneau, à l'emplacement exact de la courbe, puis tracez-en le contour. Utilisez une équerre en T ou un cordeau traceur pour marquer toute autre coupe nécessaire.

3. DÉCOUPEZ L'ARC.

Découpez sur la ligne à l'aide d'un couteau tout usage, ou d'une scie polyvalente, puis installez le panneau.

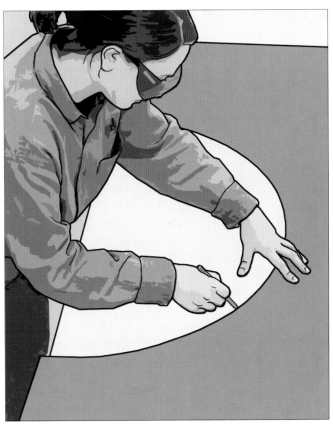

2. *Positionnez le gabarit de carton courbe sur un panneau de gypse, là où se situera l'arc dans le panneau lorsqu'il sera installé, et tracez la forme du gabarit sur le panneau.*

1. *Pour créer un gabarit, tenez un morceau de carton contre l'arc, tracez le contour de l'arc, puis découpez le carton.*

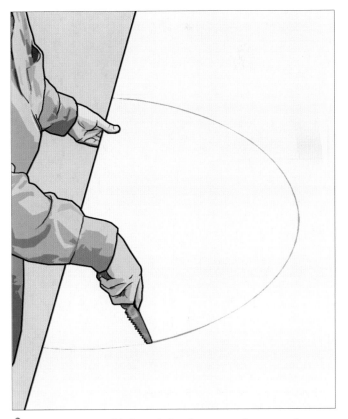

3. *Après avoir transposé la forme de l'arc du carton sur le panneau de gypse, utilisez un couteau tout usage ou une scie polyvalente pour en découper la forme.*

4 Marquage et coupe

MARQUAGE D'UNE OUVERTURE CIRCULAIRE

De nombreux luminaires sont montés sur des boîtes électriques carrées ou octogonales. Pour ces formes, utilisez la méthode des coordonnées décrite plus tôt afin d'en dessiner le contour. D'autres luminaires exigent des ouvertures circulaires, comme pour les tuyaux et d'autres canalisations. Il existe plusieurs façons simples de pratiquer une ouverture circulaire.

Outils et matériaux

Niveau de difficulté :

- ◪ Panneau de gypse
- ◪ Ruban à mesurer ou équerre en T de 4 pi
- ◪ Crayon
- ◪ Compas
- ◪ Scie polyvalente

1. MESUREZ L'OUVERTURE CIRCULAIRE.

Utilisez un ruban à mesurer et la méthode des coordonnées pour déterminer l'emplacement du point central de l'ouverture circulaire sur le panneau que vous allez installer. (Voir *Utilisation de la méthode des coordonnées pour marquer et couper des ouvertures*, page 67.) Puis, déterminez le rayon de l'ouverture en mesurant la largeur totale du luminaire, du tuyau ou du conduit pour lequel vous pratiquez l'ouverture, et divisez ce chiffre par 2.

2. DESSINEZ L'OUVERTURE SUR LE PANNEAU DE GYPSE.

Placez la pointe d'un compas sur le point central que vous avez marqué, et la branche sur le rayon. Dessinez le cercle sur le panneau de gypse.

1. *Pour découper un cercle dans un panneau de gypse, déterminez d'abord les coordonnées du centre du cercle, puis déterminez le rayon du cercle. Transposez le point central du cercle sur le panneau de gypse.*

3. PRATIQUEZ L'OUVERTURE.

Utilisez un couteau tout usage, un coupe-cercle ou une scie polyvalente pour pratiquer l'ouverture.

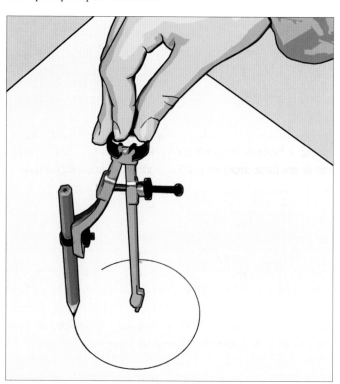

2. *Utilisez un compas pour dessiner le cercle sur le panneau de gypse. Pour les grands cercles, utilisez la méthode de la corde (page 70) ou un coupe-cercle (page 73)*

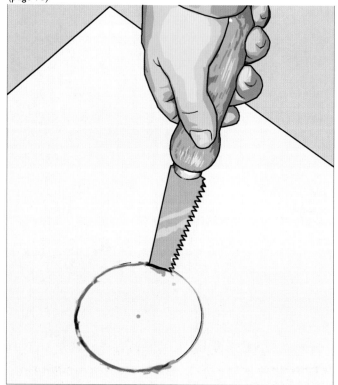

3. *Pratiquez l'ouverture à l'aide d'un couteau tout usage ou d'une scie polyvalente. Si l'ouverture n'est pas trop petite ni trop grande pour un coupe-cercle, vous pouvez découper avec plus de précision grâce à cet outil. (Voir page suivante.)*

Techniques spéciales de marquage et de coupe

TRUSQUINAGE DU PANNEAU DE GYPSE POUR UN MUR IRRÉGULIER

Dans certains cas, le panneau de gypse est adjacent à un mur irrégulier, comme un foyer en pierre des champs, un mur de brique ou un mur de plâtre qui n'est pas d'aplomb. Ces situations exigent le trusquinage, à l'aide d'un compas ou d'un trusquin spécial, qui facilite la transposition d'un profil irrégulier sur le panneau.

Pour ce faire, positionnez le panneau de gypse en regard du mur irrégulier, à l'endroit exact où il sera placé, mais à 1 ou 2 po en retrait de son futur emplacement. Faites glisser la pointe du trusquin le long du profil irrégulier, tout en la gardant fermement en contact avec la maçonnerie ou le plâtre, afin que le crayon reproduise fidèlement le profil sur la face du panneau. Coupez le long de cette ligne à l'aide d'un couteau tout usage ou d'une scie polyvalente.

Vous pouvez pratiquer presque toutes les coupes dans un panneau de gypse, à l'aide d'un couteau tout usage bien affûté. Cependant, certains outils spéciaux offrent davantage de précision et de commodité que le couteau, particulièrement pour pratiquer des ouvertures circulaires. Il existe aussi une méthode plus rapide pour pratiquer une ouverture destinée à recevoir un tuyau.

Conseils d'expert

Vous pouvez dessiner de grands cercles à l'aide d'une corde non extensible. Repérez le centre du cercle, puis attachez un crayon au bout d'une corde un peu plus longue que le rayon du cercle. Fixez l'autre extrémité de la corde (mesurée en fonction du rayon) au centre du cercle, et maintenez la corde tendue pendant que vous tracez le cercle.

UTILISATION D'UN COUPE-CERCLE ET D'UNE SCIE-CLOCHE

Si vous installez un panneau au plafond, où le système d'éclairage sera encastré, ce qui exige habituellement plusieurs ouvertures identiques parfaitement circulaires, vous devriez recourir à une technique simplifiée. Au lieu d'un crayon et d'une corde, utilisez un coupe-cercle pour les grandes ouvertures, et insérez une scie-cloche dans une perceuse pour les petites ouvertures. (Voir page suivante.)

Un coupe-cercle ressemble à un compas à trusquin, sauf qu'il comporte un tranchant au lieu d'un crayon au bout de la tige ajustable. Placez le tranchant sur la marque tracée sur le panneau, ajustez la tige au rayon désiré, puis effectuez une rotation pour couper un cercle parfait. (Pour accélérer le travail, vous pouvez aussi acheter un coupe-cercle qui s'insère dans une perceuse portative.)

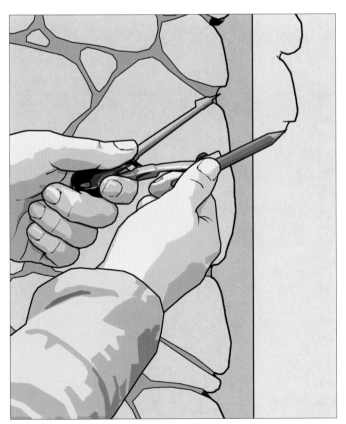

Pour tracer sur un panneau de gypse le contour d'un mur irrégulier, positionnez d'abord le panneau contre le mur et stabilisez-le afin qu'il ne se déplace pas pendant que vous dessinez dessus. Puis, faites glisser un trusquin sur le contour du mur irrégulier afin que le crayon le reproduise sur le panneau.

Le coupe-cercle est l'outil idéal pour tailler des cercles parfaits dans un panneau de gypse. La pointe située au centre de l'outil permet de le stabiliser, et la branche comporte une lame qui découpe un cercle parfait dans le panneau. L'outil peut être ajusté pour couper des cercles de différents diamètres.

4 Marquage et coupe

Pour percer une série de petits trous (malheureusement, au prix d'un nuage de poussière), vous pouvez insérer dans votre perceuse une mèche spéciale appelée «scie-cloche». Cette mèche cylindrique comporte une lame dentelée à une extrémité, et un axe qui s'insère dans le mandrin de la perceuse à l'autre extrémité. Les scies-cloches ne sont pas ajustables; vous devez donc acheter une série de scies-cloches conçues pour divers diamètres.

COUPE À L'AIDE D'UNE TOUPIE

Les toupies peuvent servir à découper des ouvertures dans le bois, mais aussi dans les panneaux de gypse (à l'aide d'une grande mèche Forstner ou mèche-fraise). Utilisez la méthode des coordonnées ou la méthode du marteau et du bloc de clouage pour marquer l'emplacement d'une ouverture destinée à un tuyau ou une canalisation, puis servez-vous de la toupie (un outil électrique pour couper des panneaux de gypse vraiment spécial). Elle produit davantage de poussière que la coupe à la main, mais elle est rapide et précise.

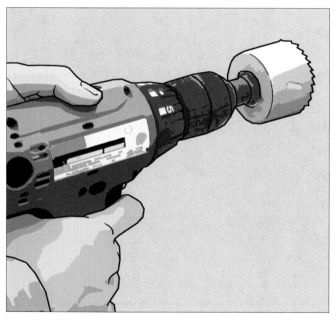

Une scie-cloche peut être insérée dans une perceuse électrique pour percer de petits trous parfaits.

Conseils d'expert

Sur une équerre en T, la lame et la tête comportent une règle graduée qui débute à zéro, à l'angle intérieur. Lorsque vous êtes accoutumé(e) à travailler à l'aide d'une équerre en T, vous pouvez simplement couper le long de la lame à l'aide de votre couteau tout usage, en arrêtant lorsque vous atteignez la mesure voulue (entre 1 po et 4 pi), et sauter l'étape du marquage au crayon de la ligne de coupe.

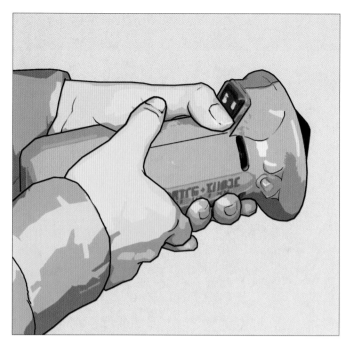

Une toupie peut percer des ouvertures pour les boîtes électriques lorsqu'on la munit d'une mèche destinée aux panneaux de gypse. Le mieux est de le faire lorsque le panneau est en place.

COUPE D'UNE OUVERTURE POUR TUYAU À L'AIDE D'UN TUYAU

Lorsque vous installez des panneaux à base de ciment dans une salle de bains, vous devez pratiquer des ouvertures pour les tuyaux. Pour cela, vous pouvez utiliser des restes de tuyaux comme outils.

Outils et matériaux

Niveau de difficulté :

■ Marteau
■ Section de tuyau de 12 po
■ Crayon
■ Ruban à mesurer ou règle pliante
■ Perceuse munie d'une mèche à maçonnerie de $\frac{1}{8}$ po
■ Équerre en T de 4 pi

1. MARQUEZ L'OUVERTURE SUR LE PANNEAU DE GYPSE.

Utilisez la méthode des coordonnées pour situer et marquer le centre de l'emplacement où passera le tuyau. (Voir *Utilisation de la méthode des coordonnées pour marquer et couper des ouvertures*, page 67.) Dessinez un cercle du diamètre du tuyau ayant pour centre de cette marque. Utilisez la section de tuyau de rebut comme gabarit. (Vous pouvez aussi utiliser un compas.)

2. FAITES DES PERFORATIONS.

Utilisez un clou de 8d ou une perceuse électrique munie d'une mèche à maçonnerie de $\frac{1}{8}$ à $\frac{1}{4}$ po, et percez la circonférence du cercle en enfonçant le clou ou la perceuse dans le panneau. Percez au moins de 16 à 20 trous dans la circonférence du cercle (pas au point que les trous se touchent, mais suffisamment pour que le cercle soit facile à briser).

1. *Pour marquer l'emplacement de petits tuyaux, utilisez une équerre en T et la méthode des coordonnées afin de situer le centre de l'emplacement précis du tuyau sur le mur, puis transposez les mesures sur le panneau de gypse. Une fois le centre de l'emplacement du tuyau marqué sur le panneau de gypse, dessinez un cercle autour de cette marque, un peu plus grand que le diamètre du tuyau. Utilisez une section du tuyau comme guide de marquage.*

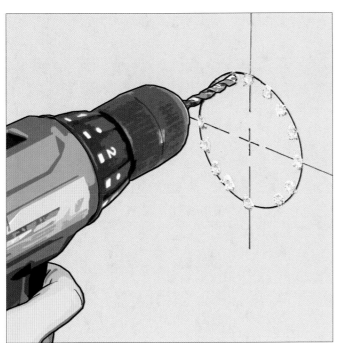

2. *Afin de percer un trou dans un panneau d'appui pour carreaux à base de ciment, situez et marquez l'emplacement du tuyau. Puis, utilisez une perceuse munie d'une mèche à maçonnerie de ⅛ po pour percer des trous dans le panneau de gypse, sur le contour du tuyau.*

3. PERCEZ LE TROU À L'AIDE DU TUYAU.

Placez le panneau sur un support ferme, puis enfoncez une section de tuyau (idéalement, pourvu d'un rebord tranchant) dans le panneau, à l'aide d'un marteau.

3. *Une fois que vous avez percé les petits trous dans le panneau d'appui, prenez votre section de tuyau et enfoncez-la dans le panneau. L'ouverture ainsi pratiquée devrait laisser passer parfaitement le tuyau en question, ce qui facilitera la finition du panneau.*

Recyclage des panneaux de gypse

Une fois que vous aurez fini la pose de cloisons sèches, vous vous demanderez peut-être si vous pouvez faire quelque chose d'utile avec les nombreux restes de panneaux de gypse. Vous ne pourrez peut-être pas ignorer le problème : certaines municipalités ont commencé à bannir les panneaux de gypse de leurs sites d'enfouissement, car ils dégagent du sulfure d'hydrogène en se décomposant.

Certaines entreprises recueillent les rebuts de panneaux de gypse aux fins de recyclage, mais la plupart exigent qu'ils soient exempts de clous, de vis, de peinture au plomb et d'amiante. En fait, la plupart des panneaux muraux, de nos jours, contiennent au moins une certaine quantité de gypse post-consommation, et le carton au dos est souvent fait en grande partie de papier recyclé. Les fabricants de panneaux de gypse ont donc fait un pas dans la bonne direction, car le gypse est habituellement extrait à ciel ouvert, au détriment de l'environnement.

Certains panneaux de gypse sont dorénavant enfouis dans des champs de maïs plutôt que dans des sites d'enfouissement. Les agriculteurs ont, pendant longtemps, ajouté du gypse pur (sulfate de calcium) au sol pour en accroître la fertilité et maintenir la stabilité du pH. Les spécialistes de la recherche agricole l'ont remplacé par des panneaux muraux pulvérisés (avec papier et tout), et ont découvert que ceux-ci procurent les mêmes avantages que le gypse pur ou le calcaire sans ajouter de métaux lourds ou d'autres sous-produits indésirables. Les fermes du Colorado et de la Californie utilisent déjà des panneaux de gypse recyclés dans la culture du raisin, des pois et des arachides.

4 Marquage et coupe

Panneaux d'accès

Lorsque vous installez des panneaux de revêtement dans une salle de bains, une cuisine ou une salle de lavage, vous devriez prévoir un panneau escamotable pour avoir accès aux tuyaux situés derrière le mur. Ainsi, si vous avez besoin de réparer les tuyaux, vous n'aurez pas à couper les murs de gypse en place pour y accéder. Idéalement, les panneaux d'accès devraient être situés dans un endroit peu en évidence, comme dans un placard ou derrière une machine à laver.

Les panneaux d'accès ressemblent à toute autre pièce de «rebouchage» dans un mur de gypse, sauf que l'on ne tire pas les joints et on ne les finit pas une fois qu'ils sont en place. Pour en faciliter l'enlèvement, fixez le panneau dans le mur à l'aide de quatre vis, une à chaque coin, et recouvrez-en les rebords de moulures pour dissimuler les têtes de vis. Lorsque vous planifiez la création d'un panneau d'accès, n'oubliez pas que tous les rebords du panneau doivent être montés sur des poteaux ou des plaques d'appui. Vous devrez peut-être installer des blocs de 2 x 4 ou de 2 x 6 pour créer un appui.

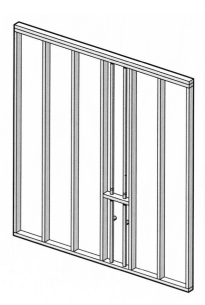

1. *Lorsque vous préparez un panneau d'accès, assurez-vous que tous les rebords du panneau s'appuieront sur une pièce de charpente. Ci-contre, une courte pièce d'appui a été ajoutée entre les poteaux à cette fin.*

CRÉATION D'UN PANNEAU D'ACCÈS

Outils et matériaux

Niveau de difficulté : 🐾🐾

- Outils à main de base
- Couteau tout usage
- Section de panneau de gypse
- Moulures
- Pièce d'appui de 2 x 4 ou de 2 x 6
- Vis à panneaux de gypse ou vis à moulures et clous de 8d

1. MESUREZ VOTRE PANNEAU D'ACCÈS.

Déterminez les dimensions désirées de votre panneau d'accès. L'équivalent de l'écartement entre les poteaux, sur 3 pi de hauteur, donne amplement d'espace pour accéder aux tuyaux.

2. PRÉVOYEZ UN APPUI SUFFISANT POUR LE PANNEAU D'ACCÈS.

Installez des pièces d'appui entre les poteaux pour soutenir le panneau. La ligne médiane, au haut et au bas de la pièce d'appui, devrait s'aligner avec le haut et le bas du panneau d'accès, respectivement.

3. INSTALLEZ LE PANNEAU D'ACCÈS ET FINISSEZ-LE AVEC DES MOULURES.

Installez les cloisons sèches comme vous le feriez pour tout mur, mais prévoyez les dimensions désirées pour le panneau d'accès. Coupez le panneau dans une section de panneau de gypse de rebut, et positionnez-le à l'endroit que vous voulez recouvrir. Fixez-le en place à l'aide de quatre vis, ou recouvrez les rebords de moulures pour maintenir le panneau en place. Fixez les moulures à l'aide de vis, afin que vous puissiez les enlever.

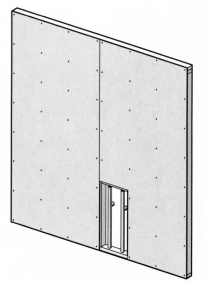

2. *Installez les panneaux de gypse autour de la zone qui comportera un panneau d'accès. Laissez la largeur de la moitié d'un poteau exposée autour de l'ouverture afin que tous les rebords du panneau d'accès puissent s'appuyer sur des pièces de charpente ou d'appui.*

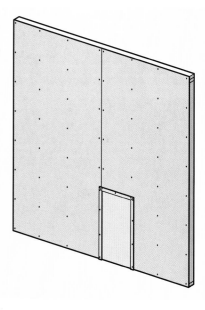

3. *Fixez le panneau d'accès à l'aide de vis, dont vous laisserez la tête exposée, afin de pouvoir retirer le panneau facilement si vous devez effectuer des réparations derrière le mur. Si le panneau d'accès est en vue, ajoutez-y des moulures. Fixez les moulures à l'aide de vis, afin que vous puissiez les retirer facilement sans endommager la moulure ou le panneau de gypse.*

Chapitre 5

Pose de cloisons sèches

Jusqu'à maintenant, vous avez choisi des matériaux, rassemblé vos outils et préparé les surfaces des murs et des plafonds. Le moment est venu de s'attaquer à l'activité principale. Comme les autres aspects de la pose de cloisons sèches, la mise en place des panneaux comporte des trucs qui permettent de gagner du temps, des applications spéciales et des outils exclusifs, comme un support temporaire, un levier se manœuvrant au pied et des échasses. On croirait peut-être parler d'un numéro de cirque, mais ces outils se révéleront utiles pour déplacer et installer des panneaux de gypse.

Lorsque vous positionnez un panneau, que ce soit au plafond, sur un mur ou un endroit particulier comme un plafond cathédrale, il est essentiel que vous placiez les vis ou les clous selon un schéma qui permettra de le maintenir solidement, afin d'éviter qu'il ne s'affaisse. Vous devez savoir comment fixer toutes les configurations de panneaux que vous êtes susceptible de voir, depuis les angles saillants et les angles rentrants jusqu'aux murs courbes, en passant par les bordures irrégulières, comme lorsqu'un panneau de gypse est posé contre de la maçonnerie.

Conseils et techniques de pose

Le support temporaire est une cale faite de deux longueurs de 2 x 3 ou de 2 x 4 assemblées pour former un T. Coupez l'une de ces deux pièces à hauteur de plafond, plus 1 po (mais moins ½ po pour la pièce transversale), et l'autre, de 3 pi de longueur. Lorsque vous posez des panneaux de gypse au plafond, placez le support temporaire sous un panneau pour le tenir jusqu'à ce qu'il soit fixé. Cet outil est particulièrement utile pour les panneaux longs (de plus de 8 pi).

Vous trouverez peut-être nécessaire d'utiliser deux supports temporaires pour un panneau de plafond, particulièrement si vous tra-

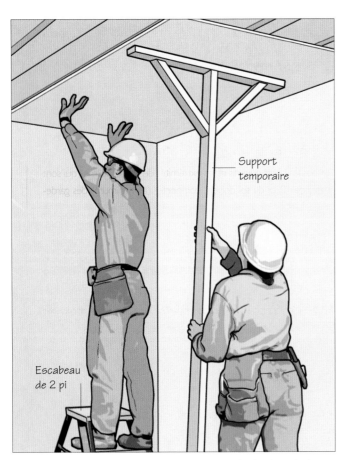

Un support temporaire peut assurer un appui entre le plancher et le dessous du panneau de gypse.

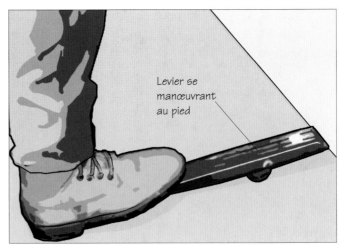

Un levier se manœuvrant au pied permet à une personne d'ajuster la hauteur du panneau tout en gardant ses mains libres pour enfoncer des clous ou des vis.

vaillez seul. Le cas échéant, opposez les angles des deux mâts ; les placer dans la même direction crée de l'instabilité.

UTILISATION D'UN LEVIER SE MANŒUVRANT AU PIED

Un levier se manœuvrant au pied, que vous l'achetiez en magasin ou que vous le fabriquiez vous-même, permet de soulever un panneau de 1 po au-dessus du sol. Vous utiliserez cet instrument pratique pour installer des panneaux muraux près du sol. (Les panneaux près du sol ne sont pas installés à hauteur du sol, mais à environ 1 po du sol. Les moulures ou les plinthes électriques couvriront l'intervalle.) Dans ce cas, il est plus facile de soulever le panneau avec votre pied en appuyant sur un simple levier muni d'un bec à une extrémité, qui retiendra le panneau. En outre, un levier se manœuvrant au pied procure un contrôle assez précis lorsque vous positionnez le panneau, particulièrement si le panneau supérieur est déjà en place.

Si vous ne voulez pas acheter de levier, fabriquez-vous-en un, selon les instructions du chapitre 2 (page 33).

UTILISATION D'UN ESCABEAU

Les escabeaux peuvent être faits de trois différents matériaux : le bois, l'aluminium ou la fibre de verre. Les poseurs de panneaux muraux ont tendance à préférer l'aluminium, en raison de son faible coût et de sa légèreté. Les escabeaux sont classés en fonction du poids qu'ils peuvent supporter en toute sécurité, et la loi exige qu'un autocollant précisant ce poids y soit apposé. Les escabeaux de classe III (pour travaux légers) peuvent supporter un poids de 200 lb par marche ; ceux de classe II (de résistance moyenne), 225 lb ; ceux de classe I (pour usage industriel), 250 lb ; et ceux de classe IA (extrarenforcés), 300 lb. Pour la plupart des travaux résidentiels, l'escabeau de classe II est tout indiqué. Souvenez-vous, toutefois, que

L'échafaudage roulant constitue une plate-forme idéale pour installer les pan-neaux de gypse et tirer les joints sur des murs de plus de 8 pi et sur des plafonds cathédrale.

les panneaux de gypse sont lourds, et si vous pesez 200 lb et que vous soulevez un panneau de ½ po pesant 54 lb, vous serez à la limite de ce que peut supporter un escabeau de classe II.

L'escabeau convient aux situations où l'on effectue une seule tâche dans un endroit élevé. Malheureusement, cela ne suffit pas pour travailler sur des joints longs ou pour poser de longues rangées de vis : vous devrez déplacer constamment votre escabeau. Pour ces tâches, vous aurez besoin d'un échafaudage, d'un chevalet dont la surface est large, ou de planches posées de façon sécuritaire sur des chevalets.

UTILISATION D'UN ÉCHAFAUDAGE

Un échafaudage, de préférence monté sur roulettes, constitue un support polyvalent d'où l'on peut positionner, fixer, jointoyer ou peindre les panneaux de gypse. Il offre une plate-forme large et longue, qui s'ajuste à la hauteur désirée. Pour les petits travaux, vous pouvez probablement vous en tirer avec un escabeau ou un cheva-let à large surface. Mais pour les grands travaux, il vaut la peine de louer un échafaudage roulant, qui est relativement bon marché.

Liste de vérification d'un échafaudage sécuritaire

■ Tous les côtés ouverts et les extrémités des plates-formes qui sont à plus de 10 pi du sol doivent comporter (au minimum) des garde-corps de 2 × 4 écartés de 42 po, des traverses médianes de 2 × 4 et des rebords protecteurs de 4 po de hauteur.

■ Si des travailleurs doivent passer sous l'échafaudage, un écran ou un filet doit être tendu entre les garde-corps et les rebords protec-teurs.

■ Posez les planches assez près les unes des autres pour empêcher les outils et autres matériaux de tomber dans les interstices.

■ Les planches doivent porter la mention « bois pour échafaudage » d'un organisme de classification accrédité (comme le Southern Pine Inspection Bureau).

■ Les planches doivent s'étendre à au moins 6 po au-delà du dernier support, mais au maximum à 12 po.

■ Si quelqu'un travaille plus haut ou plus bas que vous, installez des planches au-dessus et en dessous, pour des raisons de sécurité.

UTILISATION D'UN TRÉTEAU

En modifiant un chevalet par l'ajout d'une planche large et de barres latérales qui serviront de marches, vous pouvez créer un tréteau polyvalent qui servira à diverses tâches pendant la pose de cloisons sèches. Vous n'avez qu'à ajouter une planche de 2 x 10 sur le dessus et deux planches latérales de 2 x 4 ou de 1 x 6, comme le montre l'illustration. Vous pouvez également louer ou acheter des chevalets ou des tréteaux conçus pour la pose de panneaux de gypse.

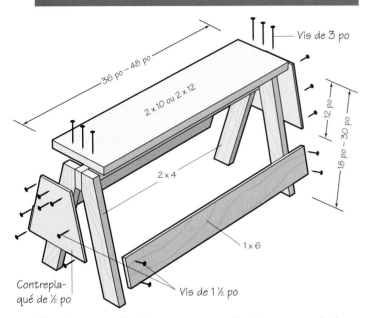

Un tréteau ou un chevalet peut servir autant d'escabeau court que de plate-forme de travail pour de nombreuses tâches dans la pose de cloisons sèches. La hauteur du chevalet doit être déterminée en soustrayant votre propre hauteur de la hauteur totale de la pièce.

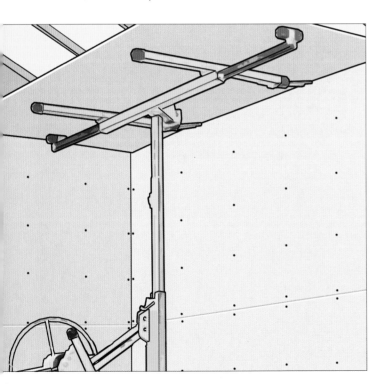

Les échasses exigent un certain entraînement ; elles peuvent être encombrantes et dangereuses, mais lorsqu'on les maîtrise, elles procurent l'accès aux zones élevées et la mobilité nécessaires à la pose de cloisons sèches.

UTILISATION D'ÉCHASSES

Certains codes du bâtiment interdisent aux entrepreneurs commerciaux l'utilisation d'échasses, qu'ils considèrent comme une source possible d'accidents ; mais si vous prenez le temps de vous y habituer, elles vous faciliteront la pose de rubans, le tirage de joints ou la peinture de panneaux de gypse. Elles permettent de se déplacer librement, en éliminant le recours aux échafaudages, aux chevalets et aux escabeaux, à tout le moins pour une certaine partie des travaux. Les échasses sont retenues par des sangles aux chaussures et aux mollets et sont ajustables. La plupart des centres de location en ont en stock.

UTILISATION D'UN LÈVE-PANNEAU

Le lève-panneau est composé d'un cadre d'acier monté sur un poteau central reposant sur un châssis à roues. On ne peut charger qu'un panneau de gypse sur le cadre. Un mécanisme à manivelle permet de soulever le panneau à l'endroit désiré au plafond et de le maintenir en place pendant qu'on le fixe. Le cadre s'incline en outre à 90˚ pour permettre de positionner un panneau au haut d'un mur. Cet appareil vous permettra de ménager votre dos, et vous en trouverez dans pratiquement tous les centres de location.

Le lève-panneau permet de gagner du temps pendant la pose de panneaux au plafond. Cet appareil soulève un panneau que vous pouvez alors positionner au plafond pratiquement sans effort.

Vis ou clous

Pour plusieurs raisons, les vis ont remplacé les clous comme attache la plus populaire lorsqu'on fixe des panneaux de gypse à la charpente ou aux murs existants. D'abord, on peut les enlever, au cas où on aurait besoin de retirer un panneau pour l'ajuster. Il est également plus facile de contrôler la profondeur d'une vis, et le tournevis, contrairement au marteau, ne risque pas de désaligner des fourrures ou des poteaux. Les vis se posent plus rapidement que les clous, particulièrement à l'aide d'une visseuse à alimentation automatique. Enfin, les vis offrent plus de résistance à l'arrachement que les clous.

Que vous utilisiez des vis ou des clous, il en existe trois types. (Voir la page 22.) Choisissez des vis de type W si vous fixez les panneaux à des poteaux ou des fourrures de bois, des vis de type G si vous les fixez à d'autres panneaux de gypse, en application double, et des vis de type S, autotaraudeuses, si vous fixez les panneaux à des poteaux de métal.

Les clous annelés, dont la résistance à l'arrachement est supérieure de 25 % à celle des clous à tige lisse, servent à fixer des panneaux de gypse à une surface de bois. Les clous enduits de ciment ajoutent de la friction. Les pointes servent à fixer les panneaux sur un isolant rigide.

FIXATION DES PANNEAUX À L'AIDE DE CLOUS

Enfoncez les clous à l'aide d'un marteau pour cloisons sèches, dont la tête bombée laisse une dépression. Lorsque vous clouez, travaillez sur toute la longueur ou la largeur du panneau, rangée par rangée, selon votre schéma de clouage. Ne commencez pas par clouer le périmètre, puis l'intérieur. Pendant que vous travaillez, tenez le panneau contre la fourrure ou les poteaux. Ne vous attendez pas à ce que les derniers coups de marteau enfoncent miraculeusement le panneau contre la charpente.

Vis ou clous ? *Les vis offrent davantage de résistance à l'arrachement que les clous, mais l'utilisation habile d'un marteau pour cloisons sèches a toujours sa place.*

Gardez-vous une marge de $^3/_8$ po entre le bord du panneau et chaque clou. Si vous n'utilisez pas d'adhésif, positionnez les clous à 7 po de distance, au plafond, et à 8 po de distance, sur les murs. Si vous utilisez un adhésif, vous pouvez les espacer de 16 po, sur les plafonds ou les murs.

Une fois le clou complètement enfoncé, la tête de clou devrait se trouver au milieu d'une dépression d'environ $^1/_{32}$ po de profondeur, sans que le papier soit déchiré. Créez cette dépression à l'aide du dernier coup de marteau. (Si vos clous ressortent, vous pouvez essayer plutôt le clouage double. Voir *Remontée des clous ou des vis* aux pages 127-128.)

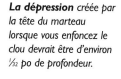

La dépression créée par la tête du marteau lorsque vous enfoncez le clou devrait être d'environ $^1/_{32}$ po de profondeur.

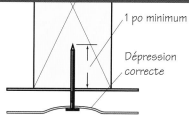

Un clou bien enfoncé ne cause pas de dommages au papier et offre une bonne résistance à l'arrachement.

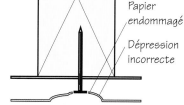

Un clou mal enfoncé qui a déchiré le papier et est entré dans l'âme du panneau offre peu de résistance à l'arrachement.

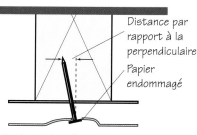

Ce clou, enfoncé obliquement, a endommagé la face du panneau et affaiblit la tenue de celui-ci.

FIXATION DES PANNEAUX À L'AIDE DE VIS

Enfoncez les vis à l'aide d'une perceuse à vitesse variable, munie d'une mèche pour vis cruciformes, ou d'une visseuse à alimentation autonome. Comme avec les clous, enfoncez les vis sur toute la longueur ou la largeur du panneau. Ne posez jamais les vis sur le périmètre, puis à l'intérieur. Pendant que vous travaillez, maintenez le panneau contre la charpente. S'il y a du jeu entre le panneau et les poteaux, la vis se noiera dans le panneau plutôt que de le fixer solidement aux poteaux.

Là encore, les vis doivent être enfoncées à au moins ⅜ po du bord du panneau. Positionnez les vis le long des bords et des pièces de charpente, en les espaçant de 12 po au plafond, et de 16 po sur les murs.

Lorsque vous utilisez des adhésifs au plafond et que les panneaux sont parallèles aux fourrures ou aux solives, enfoncez des vis à tous les 16 po le long des bords, et à tous les 24 po le long des pièces de charpente.

Si les panneaux sont perpendiculaires à la charpente, enfoncez les vis à tous les 16 po aux extrémités et sur les bords, et aux 16 po ou aux 24 po à l'intérieur, selon l'espacement des pièces de charpente.

Lorsque vous utilisez des adhésifs sur les murs, espacez les vis (tant horizontalement que verticalement) en fonction de l'écartement des poteaux, que les panneaux soient perpendiculaires ou parallèles à la charpente.

Si c'est possible, enfoncez les vis pour cloisons sèches à l'aide d'une visseuse, qui comporte un embrayage ajustable. L'embrayage peut être réglé pour enfoncer les vis à la profondeur voulue, après quoi il se désaccouple. Assurez-vous d'enfoncer les vis bien droit dans le panneau. Si vous les enfoncez en angle, le papier se déchirera, ce qui rendra la finition plus difficile et réduira la résistance à l'arrachement des vis ainsi que la robustesse du panneau.

Fixation à l'aide de clous

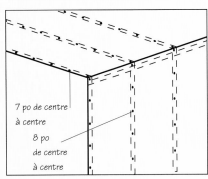

Les cloisons sèches fixées à la charpente à l'aide de clous mais sans adhésif exigent un espacement maximal de 7 po, de centre à centre, au plafond, et de 8 po, de centre à centre, sur les murs.

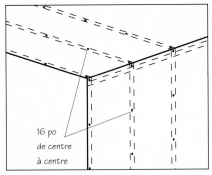

Pour les cloisons sèches fixées à la charpente à l'aide de clous et d'adhésif de construction pour gros travaux, l'espacement peut atteindre 16 po, de centre à centre, tant au plafond que sur les murs.

Fixation à l'aide de vis

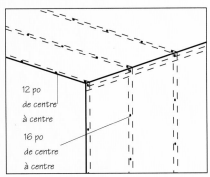

Les cloisons sèches fixées à la charpente à l'aide de vis mais sans adhésif exigent un espacement maximal de 12 po, de centre à centre, au plafond, et de 16 po, de centre à centre, sur les murs.

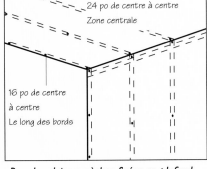

Pour les cloisons sèches fixées au plafond à l'aide de vis (parallèlement aux joints) et d'adhésif, l'espacement maximal peut être de 16 po, de centre à centre, le long des bords, et de 24 po, de centre à centre, à l'intérieur.

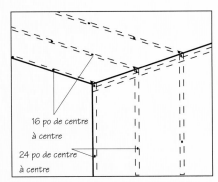

Pour les cloisons sèches fixées au plafond à l'aide de vis (perpendiculairement aux joints) sur des solives recouvertes d'adhésif et espacées de 16 po de centre à centre, l'espacement maximal peut être de 16 po, de centre à centre. Pour les cloisons sèches fixées aux murs à l'aide de vis sur des poteaux recouverts d'adhésif et espacés de 16 po de centre à centre, l'espacement maximal peut être de 24 po, de centre à centre.

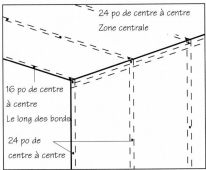

Pour les cloisons sèches fixées à l'aide de vis à un plafond dont les solives sont recouvertes d'adhésif et espacées de 24 po, de centre à centre, l'espacement maximal doit être de 16 po, de centre à centre, le long des bords, et de 24 po, de centre à centre, dans la zone centrale. Les cloisons sèches vissées à des murs dont les poteaux sont espacés de 24 po de centre à centre exigent un espacement maximal de 24 po, de centre à centre.

Conseils d'expert

Habituellement, les bricoleurs utilisent des clous pour cloisons sèches et un marteau pour poser des panneaux de gypse. La plupart des experts privilégient les vis et une visseuse, parce que c'est plus rapide et plus facile, et les têtes de vis laissent des dépressions délicates qui sont faciles à finir.

Mais vous pouvez recourir aux deux méthodes, sur le même panneau. Vous pouvez utiliser un outil à piles ou électrique, mais le cordon sera alors dans votre chemin tant que vous n'aurez pas les deux mains libres. Il suffit donc d'enfoncer suffisamment de clous pour tenir le panneau en place, puis de finir de le fixer avec des vis et une visseuse.

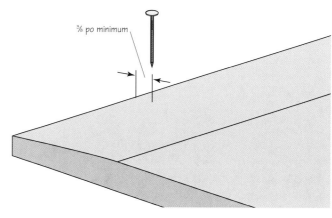
⅜ po minimum

Fixation des bords. *Enfoncez les attaches à au moins ⅜ po du bord du panneau afin d'empêcher le panneau de se fendre ou de se déchirer.*

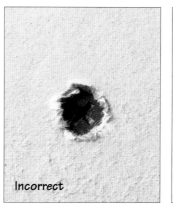
Incorrect   Correct

Une vis à cloison sèche « noyée », *à gauche, a déchiré le papier du panneau de gypse. Lorsque la vis est bien enfoncée, à droite, sa tête se trouve juste sous la surface du panneau, mais pas au point de déchirer le papier.*

Pose de panneaux de gypse au plafond

L'installation d'un plafond nécessite généralement deux personnes, de préférence trois, et devrait toujours être réalisée avant la pose des murs. Dans une équipe de trois personnes, deux d'entre elles peuvent tenir le panneau en place pendant que la troisième fixe les attaches. Si l'équipe comporte deux personnes, les deux tiendront le panneau en place pendant qu'elles posent les attaches.

Une personne seule peut poser des panneaux au plafond, mais il faut de l'habileté et de la patience. Si vous avez l'intention d'essayer, clouez temporairement des pièces de 2 x 4 sur les sablières, en laissant juste assez d'espace pour les panneaux (½ po, ⅝ po ou selon l'épaisseur de panneaux que vous utilisez). En utilisant ces blocs de clouage et un ou deux supports temporaires, vous pourrez probablement vous en tirer seul(e), si vous ne trouvez pas d'aide.

Comme toujours, choisissez les panneaux les plus longs possible pour maintenir au minimum le nombre de joints. Installez le panneau le plus long que vous puissiez manipuler. Si votre plafond mesure 10 pi x 12 pi, utilisez trois panneaux de 4 pi x 10 pi, plutôt que trois panneaux de 8 pi (et du « rapiéçage »). Cela réduira de beaucoup le travail de finition. (Voir les solutions proposées au chapitre *Agencement des panneaux de gypse* aux pages 40-43.)

Pose de cloisons sèches au plafond. *Prenez toujours soin de ne pas vous blesser au cou ou dans la région lombaire lorsque vous posez des panneaux au plafond.*

Outils et matériaux

Niveau de difficulté :

- Panneaux de gypse
- Ruban à mesurer
- Cordeau traceur
- Couteau tout usage
- Chevalets et planches ou échafaudage
- Visseuse
- Vis (ou clous) à cloisons sèches
- Marqueur permanent

1. FAITES LES COUPES NÉCESSAIRES SUR LES PANNEAUX ET MARQUEZ LES SOLIVES.

Coupez un panneau de gypse à la taille désirée, puis pratiquez les ouvertures destinées aux boîtes électriques, aux tuyaux et aux canalisations, comme il est expliqué au chapitre 4, qui débute à la page 63. Après avoir coupé les panneaux, marquez l'emplacement des solives sur les sablières à l'aide d'un marqueur permanent, de façon à pouvoir les repérer, une fois les panneaux en place. Déposez le panneau face en dessous, de sorte que vous n'aurez qu'à le soulever pour le mettre en place au plafond, contre les solives ou les fourrures. Positionnez votre échafaudage ou vos chevalets et vos planches parallèlement au bord long du panneau (généralement, perpendiculaire aux solives). Cela vous fournira une solide base et une robuste surface de travail sur toute la longueur du panneau.

2. APPLIQUEZ DE L'ADHÉSIF SUR LES SOLIVES.

Au besoin, appliquez de l'adhésif sur les solives ou les fourrures. Même si vous êtes deux travailleurs, vous pouvez clouer des pièces de 2 x 4 sur les sablières (comme il est recommandé à la page 83 pour une installation par un seul travailleur).

3. POSITIONNEZ LE PREMIER PANNEAU.

Si vous avez de l'aide, soulevez le panneau et fixez un côté dans un coin, à l'intersection du plafond et du mur. Une fois cette extrémité fixée, pressez l'autre extrémité en place. Si le panneau se coince, c'est qu'il a besoin d'être rogné ; ne le forcez pas. Si le panneau se place bien, passez à l'étape 4.

4. FIXEZ LE PANNEAU EN PLACE.

Le panneau étant positionné, tenez-le contre les fourrures ou les solives. (Deux travailleurs peuvent le soutenir avec leur tête. Cependant, vous risquez de vous luxer le cou, particulièrement si vous tournez la tête tout en soutenant le panneau. Pour alléger l'effort, ne faites que les mouvements strictement nécessaires et faites une pause après avoir enfoncé 6 ou 7 attaches.) Fixez le panneau en place à l'aide de vis ou de clous, en suivant la séquence présentée au début du présent chapitre. Poursuivez ainsi jusqu'à l'angle opposé, en positionnant les nouveaux panneaux bien serrés contre les panneaux déjà en place.

1. *Marquez l'emplacement des solives sur les sablières, de façon à les repérer facilement une fois que le panneau sera en place.*

2. *Appliquez de l'adhésif sur chaque solive qui recevra un panneau.*

3. *Deux personnes peuvent facilement mettre un panneau en place, mais ayez les attaches à portée de la main une fois que le panneau sera appuyé contre les solives.*

4. *En tenant fermement le panneau contre les solives, fixez des clous ou des vis, selon la séquence choisie pour le plafond.*

Conseils d'expert

Lorsque vous travaillez à trois, laissez la personne qui coupe les panneaux poser une rangée de clous sur le bord du panneau adjacent au plafond. Les panneaux mis en place peuvent alors recevoir rapidement plusieurs coups de marteau, de sorte qu'il n'est plus nécessaire de les tenir. Cela fonctionne bien le long du plafond, où le responsable de la coupe n'a pas à mesurer 16 po de centre à centre pour commencer à clouer sur les poteaux. Une estimation grossière suffit, en raison de la double sablière de 2 × 4 par-dessus les poteaux.

5 Pose de cloisons sèches

Pose de cloisons sèches sur un mur plat

Fixer des cloisons sèches sur un mur plat est beaucoup plus rapide qu'au plafond. Cependant, soulever et positionner la rangée du haut de panneaux exige tout de même beaucoup d'énergie et de planification. Ce n'est qu'en arrivant à la rangée du bas que le travail devient relativement facile. Mais que vous posiez des panneaux de gypse au plafond ou sur un mur, les mêmes principes s'appliquent :

◤ Installez les panneaux les plus longs possible.

◤ Tenez le panneau fermement contre la charpente avant de le fixer.

◤ Un panneau doit être assez petit pour qu'il s'insère sans se coincer, mais assez grand pour qu'il ne crée pas d'intervalle trop large (plus de ¼ po) et que la pose de ruban et le jointoyage soient faciles.

Pose de cloisons sèches sur un mur plat. *Deux personnes peuvent facilement poser des panneaux sur un mur.*

Outils et matériaux

Niveau de difficulté :

- ◼ Panneaux de gypse
- ◼ Ruban à mesurer
- ◼ Cordeau traceur
- ◼ Couteau tout usage
- ◼ Adhésif et pistolet à calfeutrer
- ◼ Visseuse
- ◼ Vis (ou clous) à cloisons sèches
- ◼ Levier se manœuvrant au pied

1. PRÉPAREZ LE PANNEAU ET APPLIQUEZ L'ADHÉSIF.

Coupez un panneau aux bonnes dimensions, puis pratiquez les ouvertures destinées aux boîtes électriques, aux tuyaux et aux canalisations (voir chapitre 4). Déposez le panneau face vers vous ; vous n'aurez alors qu'à le soulever et à le mettre en place sur le mur. Au besoin, appliquez de l'adhésif sur les poteaux ou les fourrures.

2. PLACEZ LE PANNEAU SUR LE MUR.

En règle générale, posez d'abord la rangée du haut. Avec de l'aide, soulevez le panneau, et tenez-le fermement contre les poteaux. Veillez à ce que le panneau ne couvre que la moitié d'un poteau qu'il partagera avec un autre panneau. Au besoin, appuyez un panneau supérieur temporairement sur des clous plantés dans les poteaux, jusqu'à ce que vous puissiez le fixer définitivement.

3. FIXEZ LE PANNEAU SUR LES POTEAUX.

Appliquez de la pression sur le panneau afin qu'il soit bien en contact avec les pièces de charpente, puis vissez-le ou clouez-le en place, selon les séquences présentées au début de ce chapitre.

4. PRESSEZ LE PANNEAU INFÉRIEUR VERS LE HAUT.

Une fois que vous avez posé la rangée du haut contre le plafond, aboutez les panneaux du bas contre les panneaux du haut, à l'aide d'un genre de levier se manœuvrant au pied. Rappelez-vous : il n'y a aucun inconvénient à ce que vous laissiez un intervalle au niveau du sol : la moulure le recouvrira.

2. *Les panneaux muraux devraient être soulevés vers le haut, contre le plafond ou contre le panneau supérieur.*

3. *Le panneau devrait être pressé fermement contre les poteaux avant d'être fixé à l'aide de clous ou de vis. Après avoir enfoncé deux clous au bas d'un panneau une fois qu'il est en place, vous pouvez le tenir le temps nécessaire pour le fixer définitivement.*

4. *Un levier et un bloc (ou un levier se manœuvrant au pied) constituent l'outil idéal pour soulever un panneau légèrement au-dessus du sol.*

1. *Après avoir coupé le panneau aux dimensions voulues, appliquez de l'adhésif de construction sur la face des poteaux, à l'aide d'un pistolet à calfeutrer.*

Pose de panneaux dans les angles. *La charpente doit comporter un fond de clouage pour les deux panneaux des angles rentrants, sinon il faut ajouter des cales ou des agrafes pour cloisons sèches.*

Pose de panneaux dans les angles

POSE DE CLOISONS SÈCHES DANS LES ANGLES RENTRANTS

Les panneaux de gypse peuvent s'abouter dans un angle rentrant (joignant deux murs ou un mur et un plafond) ou dans un angle saillant.

Dans les angles rentrants, les pièces de charpente doivent présenter un fond de clouage pour les panneaux qui s'y rejoignent. Les illustrations en haut, à droite, en montrent deux variations courantes : l'une pour un angle vrai (là où les murs d'appui se rencontrent), et l'autre pour angle à mi-mur (là où un mur de séparation rencontre un mur d'appui).

Une fois que vous avez coupé le panneau aux bonnes dimensions et que vous l'avez positionné, vissez-le ou clouez-le à la charpente de la même façon, quel que soit le type de poteau utilisé. Le fait que le bord d'un panneau se trouve dans un angle rentrant ne change rien à la façon de le fixer, à moins que vous ne vouliez créer un angle flottant. (Voir *Création d'un angle flottant* à la page 91.)

Angle vrai

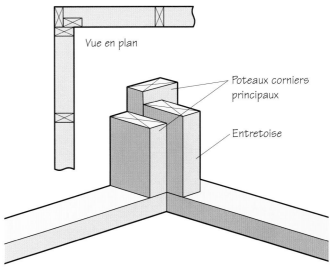

Vue en plan

Poteaux corniers principaux

Entretoise

Angle de mi-mur

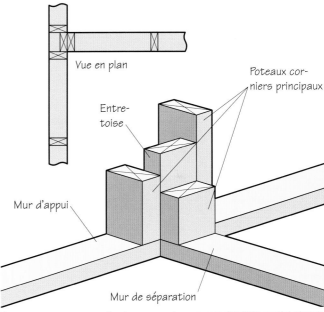

Vue en plan

Poteaux cor-niers principaux

Entre-toise

Mur d'appui

Mur de séparation

Lorsque vous montez la charpente dans un angle, *il faut qu'un poteau soit en place le long des deux murs pour offrir un fond de clouage aux bords du panneau de gypse. Cela exige l'ajout d'une entretoise, comme on peut le voir sur ces deux illustrations.*

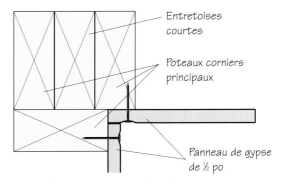

Entretoises courtes

Poteaux corniers principaux

Panneau de gypse de ½ po

Vue en plan d'une autre configuration d'angle, *montrant un agencement courant en vue de créer un angle, le panneau de gypse étant en place.*

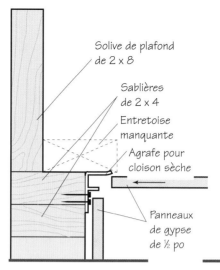

Agrafes pour cloisons sèches. En l'absence de bande de clouage de 2 x 4, on peut utiliser des agrafes pour cloisons sèches, qui offrent un soutien adéquat. Dans l'exemple à gauche, fixez l'agrafe à la hauteur de la sablière, à l'aide de clous pour cloisons sèches. Posez d'abord le panneau au plafond.

Solive de plafond de 2 x 8

Sablières de 2 x 4

Entretoise manquante

Agrafe pour cloison sèche

Panneaux de gypse de ½ po

Pose de cloisons sèches dans un angle rentrant. *Dans l'angle, les deux murs comportent un poteau auquel fixer les panneaux. Cela signifie que la charpente a été bien montée. Utilisez un levier se manœuvrant au pied pour ajuster le panneau inférieur contre le panneau supérieur.*

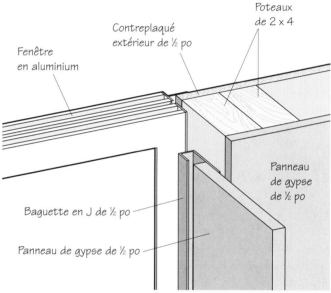

Poteaux de 2 x 4

Contreplaqué extérieur de ½ po

Fenêtre en aluminium

Panneau de gypse de ½ po

Baguette en J de ½ po

Panneau de gypse de ½ po

La baguette en J *est utilisée pour recouvrir le bord d'un panneau de gypse adjacent à une autre surface, comme un montant de fenêtre ou de porte.*

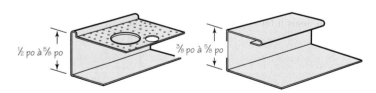

½ po à ⅝ po

⅜ po à ⅝ po

Baguette en J à finir   Baguette en J apparente

Deux types de baguettes en J : la baguette à finir et la baguette apparente. La baguette à finir (à gauche) comporte une bride à l'avant, que l'on doit recouvrir de pâte à joints. Sur la baguette apparente (à droite), la bride demeure telle quelle et n'a pas besoin de finition.

UTILISATION D'AGRAFES POUR CLOISONS SÈCHES

Occasionnellement, vous trouverez des angles rentrants dont la charpente n'offre pas de surface de clouage. Cependant, les panneaux qui se rencontrent dans un angle doivent avoir un solide appui ; vous devrez donc installer un poteau supplémentaire. Lorsque c'est impossible, vous pouvez poser des agrafes pour cloisons sèches. Ces cornières à angle droit sont pourvues d'une bride comportant des picots que l'on place contre le poteau. Pour fixer les panneaux aux agrafes, utilisez des vis pour cloisons sèches de type S. Vissez-les dans le panneau de gypse et l'agrafe.

UTILISATION DE BAGUETTES EN J DANS UN ANGLE RENTRANT

Lorsqu'un panneau de gypse rencontre une autre surface dans un angle rentrant, utilisez une baguette en J pour finir le bord. Cette cornière de métal ou de plastique comporte un bec, sur l'un des bords, qui recouvre le bord ou l'extrémité du panneau. Les baguettes en J peuvent être de type à finir ou apparentes. Assurez-vous de faire correspondre la taille de la baguette à l'épaisseur du mur : une baguette en J de ⅜ po pour un panneau de ⅜ po, etc.

La baguette à finir ressemble à une baguette d'angle, du fait que vous pouvez en effectuer la finition une fois qu'elle est en place, à l'aide de pâte à joints. Elle comporte une nervure qui guide le couteau de finition lorsque vous lissez la pâte à joints par-dessus la bride exposée. Vissez ce genre de baguette en place avant d'installer un panneau dans un angle rentrant. Dans un angle saillant, placez la baguette en J sur le bord du panneau, puis vissez-la en place, une fois que le panneau est installé.

La baguette apparente ne doit pas être recouverte. Sa bride antérieure est finie de façon à être exposée. Vous pouvez visser ce genre de baguette en place avant d'installer le panneau, puis insérer le bord du panneau dans la baguette. Fixez le panneau sur toute sa longueur, mais ne vissez pas ou ne clouez pas dans la bride extérieure.

UTILISATION DE BAGUETTES EN L

La baguette en L permet de finir le bord d'un panneau de gypse adjacent à un autre genre de surface, notamment un lambris, une boiserie, un cadre de porte ou de fenêtre. Comme son nom l'indique, la baguette en L comporte une bride un peu plus large que l'autre. La bride la plus étroite est finie en usine et ne nécessite pas de pâte à joints ni d'attaches, et l'autre (comme la baguette d'angle) est soulevée et faite d'acier galvanisé perforé. Clouez cette bride sur le panneau de gypse et finissez-la avec trois couches de pâte à joints.

Pour poser une baguette en L, vissez ou clouez d'abord le panneau de gypse en place, en laissant un intervalle de ⅛ po le long du bord principal (celui qui est adjacent au lambris, à la boiserie ou au cadre de porte ou de fenêtre). Puis, mettez la baguette en place, le côté fini couvrant le bord principal du panneau de gypse, et le côté perforé sur la surface du panneau. Vissez ou clouez le côté perforé à tous les 5 ou 6 po, puis couvrez-le de pâte à joints, en utilisant le côté soulevé comme guide pour le couteau. Vous n'avez pas à poser de ruban, mais il faut appliquer trois couches de pâte à joints.

Pose de cloisons sèches dans un angle saillant. *Les angles saillants nécessitent des accessoires de métal ou de plastique pour demeurer solides et vifs.*

POSE DE CLOISONS SÈCHES DANS UN ANGLE SAILLANT

Sur les murs qui forment un angle saillant, posez un panneau à égalité avec le bord extérieur du poteau cornier. Fixez le panneau adjacent de façon qu'il chevauche le bord du premier, ce qui créera un angle bien net.

Tous les angles saillants nécessitent une baguette d'angle, qu'il faut visser en place et finir à l'aide de pâte à joints. Fixez la baguette à l'aide de clous, espacés de 5 ou 6 po, ou fixez-la à l'aide d'une pince à sertir, selon le même espacement. Utilisez la largeur de bride appropriée à votre panneau de gypse : 1 ¼ po pour des panneaux de ⅝ po, ou 1 ⅛ po pour tout panneau plus mince.

Pour les murs de séparation à mi-hauteur, finissez le dessus de l'ossature de poteaux à l'aide d'une section de panneau qui chevauchera les deux panneaux latéraux. Puis, fixez la baguette d'angle et finissez-la à l'aide de pâte à joints, comme pour tout angle saillant.

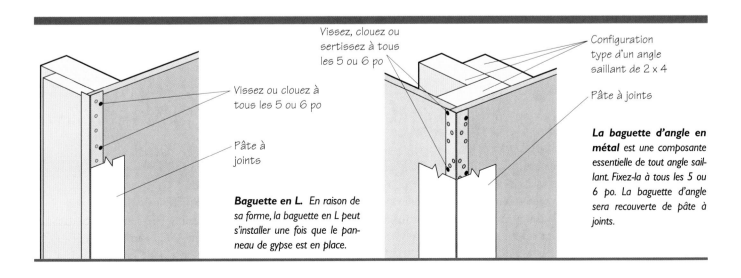

Vissez, clouez ou sertissez à tous les 5 ou 6 po

Configuration type d'un angle saillant de 2 x 4

Pâte à joints

Vissez ou clouez à tous les 5 ou 6 po

Pâte à joints

Baguette en L. *En raison de sa forme, la baguette en L peut s'installer une fois que le panneau de gypse est en place.*

La baguette d'angle en métal *est une composante essentielle de tout angle saillant. Fixez-la à tous les 5 ou 6 po. La baguette d'angle sera recouverte de pâte à joints.*

UTILISATION DE BAGUETTES EN J DANS UN ANGLE SAILLANT

Lorsqu'un panneau de gypse forme un angle saillant qui exige une moulure, vous pouvez utiliser une baguette en J pour créer un bord bien net. Ajustez la baguette sur le bord du panneau avant l'installation. Une fois le panneau positionné, enfoncez des vis ou des clous dans la baguette et le panneau (ou le panneau et la baguette, si vous utilisez des baguettes apparentes) jusque dans le poteau.

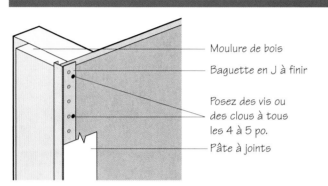

Moulure de bois

Baguette en J à finir

Posez des vis ou des clous à tous les 4 à 5 po.

Pâte à joints

La baguette en J dans un angle saillant doit être placée sur le bord du panneau de gypse avant l'installation du panneau. Fixez-la à tous les 4 à 5 po.

CRÉATION DE RELIEF

Vous pouvez créer des reliefs (géométriques ou de forme libre) sur les murs et les plafonds à l'aide de couches de panneaux de gypse. Fixez le panneau de gypse à l'aide d'adhésif et de vis à laminer.

Outils et matériaux

Niveau de difficulté :

- ■ Panneaux de gypse
- ■ Ruban à mesurer
- ■ Cordeau traceur
- ■ Couteau tout usage ou scie polyvalente
- ■ Pistolet à calfeutrer, adhésif et vis à laminer
- ■ Ruban d'angle spécial et pâte à joints

1. MARQUEZ LA ZONE À METTRE EN RELIEF.

À l'aide d'un cordeau traceur pour obtenir des formes géométriques, ou d'un crayon pour obtenir des formes libres, déterminez la zone que vous désirez doubler. Vous pouvez créer des soffites dégradés au plafond, ou des zones décoratives sur les murs.

2. INSTALLEZ LES PANNEAUX.

Découpez les formes à l'aide d'un couteau tout usage ou d'une scie polyvalente. Appliquez de l'adhésif, puis fixez-les à l'aide de vis à laminer.

3. RECOUVREZ LES BORDS.

Appliquez du ruban d'angle flexible (offert par les fabricants de cloisons sèches en épaisseurs correspondant à celles des panneaux que vous installez), et faites la finition à l'aide de pâte à joints. (Voir *Pose de ruban sur un angle saillant* aux pages 112-114.)

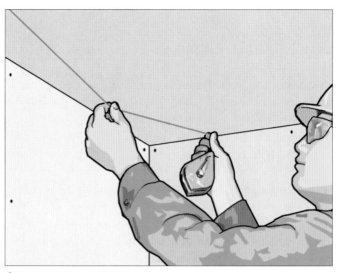

1. *Marquez la zone que vous désirez doubler au plafond ou sur le mur. Pour obtenir des lignes droites, utilisez un cordeau traceur, ou une règle et un crayon.*

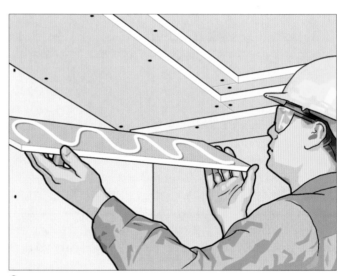

2. *Découpez dans un panneau de gypse la forme et la taille désirées à l'aide d'un couteau tout usage. Fixez les sections par couches, à l'aide d'adhésif et de vis à laminer.*

3. *Créez des arêtes à l'aide de ruban d'angle flexible et de pâte à joints. Le ruban est offert en tailles correspondant aux différentes épaisseurs de panneaux de gypse.*

POSE DE PANNEAUX DANS UN PLAFOND MANSARDÉ

Au point de jonction d'un mur nain et d'un plafond, il se forme un angle obtus. La pose de cloisons sèches à ce point de jonction s'effectue selon les mêmes principes que pour un plafond standard, sauf qu'il faut faire preuve d'ingéniosité pour tenir les panneaux en place et disposer, de préférence, d'un lève-panneau. Coupez et installez les panneaux comme dans tout plafond standard, et suivez le schéma de vissage ou de clouage présenté plus tôt.

Étant donné que le lève-panneau peut être incliné en fonction de la pente du plafond, il vous économisera beaucoup de travail dans ce genre de travaux. En fait, le lève-panneau permet à une personne seule d'effectuer le travail, alors qu'il faudrait normalement deux aides pour tenir le panneau dans cette position inhabituelle pendant que vous fixez les attaches.

CRÉATION D'UN ANGLE FLOTTANT

Comme les points de jonction des angles sont les premiers à fléchir (terme d'ingénierie désignant les mouvements structuraux), à mesure que l'immeuble s'adapte aux degrés d'humidité de la charpente ou aux charges ajoutées à la structure, les joints des cloisons sèches sont les premiers à se fissurer. Ironiquement, une bonne fixation des panneaux avec une série complète de vis ou de clous ne fait qu'aggraver les fissures. Plus les panneaux sont étroitement fixés, plus ils risquent de se déplacer, de se fissurer et de s'entrouvrir le long de la charpente.

Pose d'un plafond mansardé. *Un lève-panneau muni d'un cadre inclinable simplifie le travail. Grâce à cet outil, une ou deux personnes peuvent poser un panneau.*

Pour atténuer ce problème, évitez de fixer l'un des deux panneaux de gypse le long du point de jonction. Selon cette solution, appelée angle flottant, on omet de fixer des attaches dans les 7 ou 8 po longeant le bord. Le panneau fixé tient le bord libre en place, lui permettant ainsi de bouger, ce qui diminue les risques de fissuration.

Conseils d'expert

Si le toit de votre maison repose sur des fermes, sachez que la membrure inférieure peut parfois s'arquer vers le haut, en raison des variations de la teneur en humidité entre le haut et le bas de la membrure. Pour empêcher les panneaux du plafond de s'écarter du mur, ne les fixez pas dans l'angle ; fixez-les plutôt à l'aide d'une agrafe pour cloisons sèches, et ne fixez pas l'agrafe au bas de la ferme.

CRÉATION D'UN ANGLE FLOTTANT

Outils et matériaux

Niveau de difficulté : 🔧

- Outils à main de base
- Panneaux de gypse
- Ruban à mesurer
- Cordeau traceur
- Couteau tout usage
- Chevalets ou échafaudage
- Visseuse
- Vis ou clous pour cloisons sèches

5 Pose de cloisons sèches

1. POSEZ LE PREMIER PANNEAU MURAL.

Construisez la charpente des murs comme vous le feriez dans tout angle standard, en assurant un fond de clouage pour les bords de tous les panneaux. Installez un panneau dans un coin et fixez-le, sauf sur le poteau cornier.

2. POSEZ LE PANNEAU ADJACENT.

Sur le mur adjacent, installez le panneau en suivant la séquence complète de vissage ou de clouage, et en coinçant le premier panneau en place. Fixez ce deuxième panneau au poteau cornier, comme vous le feriez normalement.

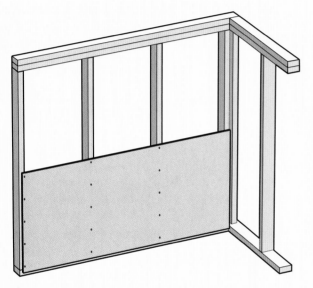

1. Fixez le premier panneau de la manière habituelle, mais non sur le bord qui se trouve dans le coin.

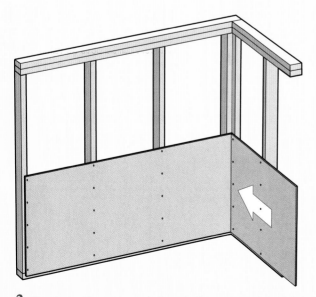

2. Fixez le deuxième panneau de façon à coincer en place le bord du premier panneau non fixé.

Vue en plan de la configuration de l'angle d'un mur

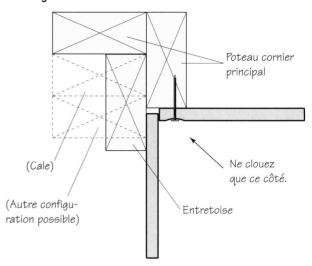

Poteau cornier principal

Ne clouez que ce côté.

(Cale)

(Autre configuration possible)

Entretoise

Dans les angles flottants, où les murs se rencontrent, la charpente est standard, mais les panneaux de gypse des murs adjacents ne font qu'abouter, et un seul côté est fixé à un poteau cornier.

CRÉATION D'UN ANGLE FLOTTANT DANS UN JOINT PLAFOND/MUR

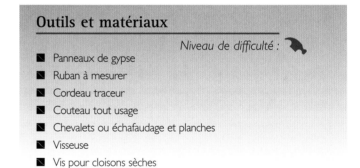

Outils et matériaux

Niveau de difficulté :

- Panneaux de gypse
- Ruban à mesurer
- Cordeau traceur
- Couteau tout usage
- Chevalets ou échafaudage et planches
- Visseuse
- Vis pour cloisons sèches

1. PRÉPAREZ LA SURFACE POUR L'INSTALLATION.

Vérifiez les pièces de charpente du mur et du plafond, comme vous le feriez pour la pose de tout panneau de gypse. Assurez-vous d'avoir un fond de clouage pour les panneaux du mur et du plafond, en ajoutant des cales ou des agrafes pour cloisons sèches, au besoin.

2. POSEZ LE PANNEAU DE PLAFOND.

Posez un panneau dans le coin du plafond, mais ne le fixez que jusqu'à 7 po du coin. N'utilisez aucune attache sur le bord adjacent au mur.

3. POSEZ LE PANNEAU MURAL.

Posez le panneau du mur adjacent, en l'ajustant le plus serré possible contre le panneau du plafond. Ne le fixez que jusqu'à 8 po du coin du plafond. Le panneau mural coincera en place le panneau du plafond. Faites la finition du joint flottant comme vous le feriez pour un joint normal.

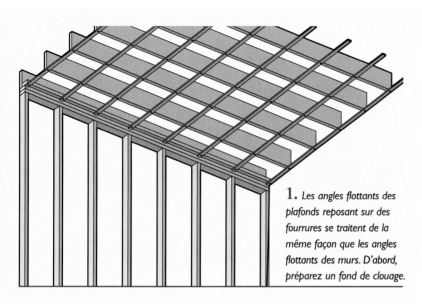

1. *Les angles flottants des plafonds reposant sur des fourrures se traitent de la même façon que les angles flottants des murs. D'abord, préparez un fond de clouage.*

Pose de cloisons sèches sur un mur à charpente d'acier

Bien que ce soit encore relativement rare, de plus en plus de maisons à charpente d'acier sont construites chaque année. La pose de cloisons sèches sur des poteaux d'acier diffère de la méthode utilisée pour une charpente de bois. (Pour plus d'information sur les charpentes d'acier comme l'ajout de cales, voir *Charpentes d'acier* au chapitre 3, pages 57-58.) Souvenez-vous d'utiliser des vis de type S, à tête évasée, autotaraudeuses pour fixer les cloisons sèches : les vis ordinaires de type W peuvent être enfoncées dans des poteaux d'acier non porteurs de calibre 20, mais, ce faisant, elles créeront un trou dans le panneau, plus large que la tête de la vis, ce qui causera des problèmes de finition et l'instabilité du panneau.

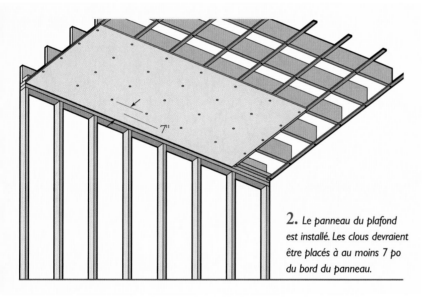

2. *Le panneau du plafond est installé. Les clous devraient être placés à au moins 7 po du bord du panneau.*

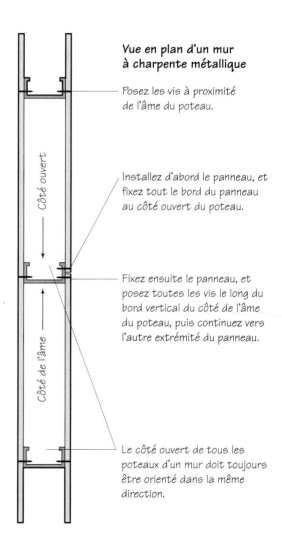

Vue en plan d'un mur à charpente métallique

Posez les vis à proximité de l'âme du poteau.

Côté ouvert

Installez d'abord le panneau, et fixez tout le bord du panneau au côté ouvert du poteau.

Côté de l'âme

Fixez ensuite le panneau, et posez toutes les vis le long du bord vertical du côté de l'âme du poteau, puis continuez vers l'autre extrémité du panneau.

Le côté ouvert de tous les poteaux d'un mur doit toujours être orienté dans la même direction.

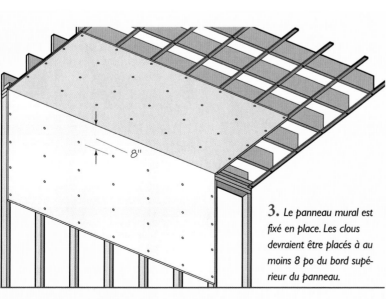

3. *Le panneau mural est fixé en place. Les clous devraient être placés à au moins 8 po du bord supérieur du panneau.*

Lorsque vous installez des panneaux de gypse sur une charpente métallique, *fixez toujours d'abord les panneaux sur le côté ouvert du poteau.*

Outils et matériaux

Niveau de difficulté :

- Panneaux de gypse
- Ruban à mesurer
- Cordeau traceur
- Couteau tout usage
- Chevalets ou échafaudage
- Visseuse
- Vis autotaraudeuses à tête évasée

1. DÉTERMINEZ L'ORIENTATION DES POTEAUX.

Le côté ouvert des poteaux métalliques en C devrait toujours être orienté dans la même direction. Vous devriez poser les panneaux de gypse sur un mur du côté ouvert des poteaux. Si vous installiez les panneaux dans la direction opposée (du côté solide en premier, puis du côté ouvert), le côté ouvert pourrait fléchir vers l'extérieur, et les panneaux de gypse abouteraient inégalement.

2. INSTALLEZ LE PREMIER PANNEAU.

Installez le premier panneau dans un coin, comme vous le feriez pour une charpente en bois. Commencez à fixer les vis sur le bord opposé au coin. Sur ce bord, les vis devraient être enfoncées près du côté ouvert du poteau, pour permettre l'installation du panneau adjacent. Au milieu du panneau, enfoncez les vis le plus près possible du côté solide du poteau, selon le schéma d'utilisation de vis de type S illustré à la page 82.

3. INSTALLEZ LE PANNEAU SUIVANT.

Puis, fixez le panneau adjacent et enfoncez les vis de la même façon : commencez par l'extrémité la plus éloignée, en revenant vers le joint.

1. Les cloisons sèches doivent être installées du côté ouvert des poteaux métalliques. Vérifiez-en l'écartement afin de vous assurer que les panneaux ont tous le même appui.

2. En commençant dans un coin, fixez d'abord les vis du côté du panneau le plus éloigné du coin, et près du côté ouvert des poteaux.

3. Placez le panneau adjacent de la même façon que les panneaux précédents. Ici, l'installateur termine cette tâche.

Pose de panneaux sur un mur courbe

Les murs incurvés sont habituellement revêtus de panneaux de gypse flexibles de ¼ po, et conçus spécialement pour ce genre d'application (ils ne requièrent donc pas de préparation particulière). Comme solution de rechange, vous pouvez humecter ou entailler des panneaux plus épais, selon les instructions ci-dessous. Si vous utilisez des panneaux humectés, évitez de pratiquer des ouvertures pour les boîtes électriques avant que le panneau ne soit installé, et laissez-le sécher complètement (24 heures). (Marquez les emplacements sur le plancher, et notez leur hauteur et leurs dimensions.)

Avant de songer à poser les panneaux, vous aurez probablement besoin d'installer des poteaux supplémentaires. La pose de panneaux de gypse incurvés exige un écartement plus étroit que les 16 po ou 24 po, de centre à centre, habituellement nécessaires pour un mur plat. Dans le cas de panneaux de ¼ po, espacez les poteaux de 6 po, au maximum ; pour les panneaux de ⅜ po, l'écartement maximal

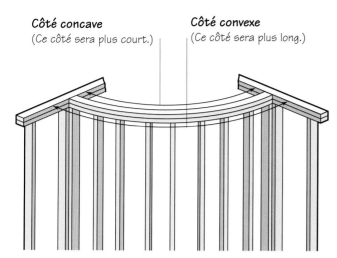

Côté concave
(Ce côté sera plus court.)

Côté convexe
(Ce côté sera plus long.)

Pose de panneaux sur un mur courbe. *Le côté concave d'un mur courbe est plus court que le côté convexe (mesurez les deux séparément). Il vaut mieux fixer des panneaux plus longs que nécessaire, lorsque vous le pouvez, puis les couper une fois installé, car ces longueurs sont difficiles à mesurer.*

devrait être de 8 po, et pour ceux de ½ po, l'écartement devrait être de 12 po. (Évitez les panneaux de ⅝ po pour cette application ; ils ne se courbent pas facilement.)

Veuillez noter que, dans l'illustration ci-dessus, l'intérieur et l'extérieur d'un mur courbe ne sont pas de la même longueur. Le panneau extérieur, convexe, couvre une distance légèrement plus grande que le panneau intérieur, concave. Des deux côtés, il vaut mieux revêtir la section courbe d'un seul panneau, car tirer les joints sur un mur courbe est une tâche plutôt laborieuse. Utilisez des panneaux plus longs, que vous couperez de la bonne longueur lorsqu'ils seront installés. Si la courbe est de 13 pi, par exemple, utilisez un panneau de 14 pi. (Il vous en restera un peu plus du côté concave, ou intérieur ; cela fait peu de différence si vous utilisez des panneaux plus longs, mais vous pouvez éprouver des problèmes si vous essayez de recouvrir la courbe avec des sections plus petites qui doivent s'ajuster parfaitement.)

Outils et matériaux

Niveau de difficulté : 🐾🐾🐾

- ◼ Panneaux de gypse
- ◼ Ruban à mesurer
- ◼ Cordeau traceur
- ◼ Couteau tout usage
- ◼ Visseuse
- ◼ Chevalets ou échafaudage
- ◼ Vis pour cloisons sèches
- ◼ Pulvérisateur pour plantes
- ◼ Eau (1 litre pour chaque panneau de 4 × 8)

1. VÉRIFIEZ L'ÉCARTEMENT DES POTEAUX, DE CENTRE À CENTRE.

Contre-vérifiez l'écartement des poteaux pour vous assurer que l'écart maximal, de centre à centre, ne dépasse pas l'écartement recommandé en fonction de l'épaisseur des panneaux de gypse.

2. HUMECTEZ LE PANNEAU DE GYPSE (FACULTATIF).

À l'aide d'un pulvérisateur pour plantes, vaporisez l'eau sur le côté du panneau qui sera comprimé (le côté face, dans un mur concave ; le dos, pour un mur convexe). Les panneaux humectés peuvent s'effondrer ; deux, ou même trois personnes seront nécessaires. Attendez une heure avant d'installer le panneau afin que l'eau puisse bien l'imbiber.

1. *Vérifiez l'écartement des poteaux afin qu'ils assurent un appui approprié aux panneaux de gypse. Dans le cas d'un panneau de ¼ po posé en couche simple, comme ci-dessus, les poteaux doivent être écartés de 6 po, au maximum.*

2. *Pour courber des panneaux de gypse traditionnels, humectez-les d'abord. Un pulvérisateur pour plantes conviendra parfaitement. Ci-dessus, l'installateur humecte le côté face du panneau de gypse.*

3. ENTAILLEZ LE DOS DU PANNEAU (FACULTATIF).

Comme solution de rechange, dans le cas des murs concaves, faites une entaille de ⅛ po de profondeur, à tous les 2 ou 3 po (ou de ¾ po à 1 ½ po, dans le cas des panneaux de gypse de ½ po), au dos du panneau. (Si le rayon est court, il peut être nécessaire d'humecter et d'entailler le panneau.)

4. FIXEZ LE PANNEAU SUR LA COURBE.

Appliquez de l'adhésif pour cloisons sèches sur les bords des poteaux. Aidé(e) d'au moins une autre personne, installez le panneau de gypse. Utilisez des vis de type W de 1 ¼ po plutôt que des clous. Dans le cas d'une installation sur le côté concave, commencez à visser le panneau sur les poteaux du centre, puis dirigez-vous vers les extrémités. Sur les surfaces convexes, commencez à une extrémité du panneau, et dirigez-vous vers l'autre extrémité.

3. *Au besoin, lorsque le rayon est court, entaillez le dos du panneau de gypse à l'aide d'un couteau tout usage avant de le courber.*

4. *Il faut au moins deux personnes pour tenir un panneau de gypse auparavant bien droit contre un mur courbe.*

POSE DE PANNEAUX DE GYPSE SUR UNE ARCADE

Le dessous d'une arcade n'est rien de plus qu'un plafond courbe miniature. La pose de panneaux de gypse s'y fait à peu près de la même façon que pour un mur courbe, à l'aide de cloisons sèches flexibles de ¼ po. Ce matériau est doté de la flexibilité nécessaire pour s'adapter à un rayon relativement court sans se fissurer, et il n'a pas besoin d'être humecté ou entaillé. (Si un panneau simple n'est pas assez épais pour l'aménagement que vous avez en tête, ou qu'il n'arrive pas à égalité avec les panneaux du mur, posez les panneaux en double couche, l'un par-dessus l'autre.

Si vous ne pouvez pas obtenir de panneaux de ¼ po ou que vous ne désirez pas acheter un panneau de 4 x 8 (c'est souvent la plus petite taille offerte) pour une petite arcade, vous pouvez utiliser des panneaux de ½ po d'épaisseur. Pour installer ces panneaux sur la plupart des courbes sans les fissurer, vous devrez en humecter le dos et y faire des entailles à tous les ¾ po à 1 ½ po, selon le rayon de votre arcade. (Voir *Pose de cloisons sèches sur un mur courbe* aux pages 94-96.)

Une fois que vous avez coupé le panneau à la longueur et à la largeur convenant à l'arcade, tenez-le en place et commencez à le fixer en son centre. Puis, continuez à le fixer en partant du centre vers les extrémités, en alternance, à tous les 6 po. Vérifiez s'il y a présence d'affaissements, et ajoutez des attaches au besoin. Finissez les joints entre l'arcade et les murs à l'aide de baguettes de vinyle flexibles.

Construction d'une arcade. *Les panneaux de ¼ po devraient convenir pour toute arcade sans se fissurer ; sinon, humectez-les et essayez de nouveau.*

Arcades. Qu'il s'agisse d'un mur incurvé ou d'une entrée grandiose, l'installation de panneaux courbes pose toujours un défi.

Rayons de cintrage recommandés pour les panneaux de gypse

Dans ces rayons de cintrage, on considère l'arc de la section courbe du panneau de gypse comme faisant partie du cercle. (Plus grand est le rayon, moins profonde est la courbe.) Pour évaluer le rayon de cintrage, vous devez étendre votre arc pour en faire un cercle complet (en le mesurant ou en l'estimant), puis mesurer le rayon à partir du centre du cercle.

Formule pour déterminer le rayon d'un arc

$2 \times A \times Y = A^2 + B^2$

Hauteur ou élévation de la membrure (A)

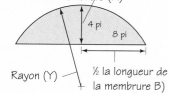

Rayon (Y)   ½ la longueur de la membrure B)

À l'aide d'arithmétique simple, vous pouvez facilement calculer le rayon d'un cercle, à partir de l'exemple à droite :

$2 \times 4 \times Y = 16 + 64$

$8Y = 80$

$Y \ (\text{Rayon}) = 10 \ \text{pi}$

Épaisseur	Rayon (sec)	Rayon (humecté)	Panneaux spéciaux flexibles
¼ po	5 pi	2 à 3 pi	1½ à 3 pi
⅜ po	7½ pi	3 à 4 pi	S/O
½ po	20 pi	4 à 5 pi	S/O

Pose de cloisons sèches dans des endroits difficiles d'accès

Les escaliers constituent un défi parce qu'ils présentent souvent des surfaces angulaires en plus du fait que vous devrez poser des panneaux de gypse à partir de marches. (Si vous devez travailler sur un échafaudage, fixez une extrémité des planches larges à un escabeau, et déposez l'autre extrémité sur les marches.) Vous pouvez vous simplifier la tâche en installant le plus de panneaux complets possible, puis en mesurant et en posant les panneaux de formes inhabituelles en dernier. Les panneaux complets vous fourniront deux des trois dimensions de chaque panneau triangulaire, ce qui facilite la détermination de la longueur du troisième côté.

Outils et matériaux

Niveau de difficulté :

- ■ Panneaux de gypse
- ■ Ruban à mesurer
- ■ Cordeau traceur
- ■ Couteau tout usage
- ■ Échafaudage ou escabeau, planches et serres
- ■ Visseuse
- ■ Vis (ou clous) pour cloisons sèches

1. RECOUVREZ D'ABORD DE CLOISONS SÈCHES LES PLUS GRANDES ZONES.

Installez le plus de panneaux complets qui peuvent tenir sur le mur des escaliers, selon la disposition que vous avez utilisée ailleurs (horizontale ou verticale).

2. MESUREZ LES FORMES IRRÉGULIÈRES PLUS PETITES.

Les panneaux complets étant en place, mesurez deux des trois côtés de chaque section triangulaire qui doit être coupée. Transposez ces dimensions sur un panneau complet à l'aide d'une équerre en T de 4 pi.

3. COUPEZ LA SECTION TRIANGULAIRE.

Une fois que vous avez transposé les deux dimensions connues, cinglez le cordeau (ou utilisez une règle) pour relier les extrémités et marquez d'une ligne de coupe la longueur inconnue. Coupez et installez le panneau partiel comme tout autre panneau de gypse.

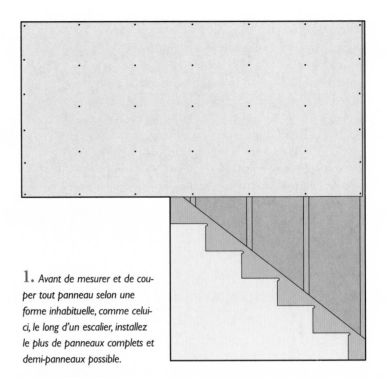

1. *Avant de mesurer et de couper tout panneau selon une forme inhabituelle, comme celui-ci, le long d'un escalier, installez le plus de panneaux complets et demi-panneaux possible.*

***Pose de cloisons sèches dans des endroits difficiles.** La pose de panneaux de gypse de formes inhabituelles, comme des triangles et des trapèzes, exige davantage de patience pour le mesurage et la coupe, mais l'installation ne diffère pas.*

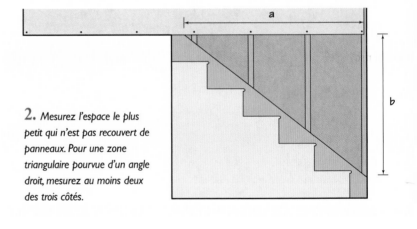

2. *Mesurez l'espace le plus petit qui n'est pas recouvert de panneaux. Pour une zone triangulaire pourvue d'un angle droit, mesurez au moins deux des trois côtés.*

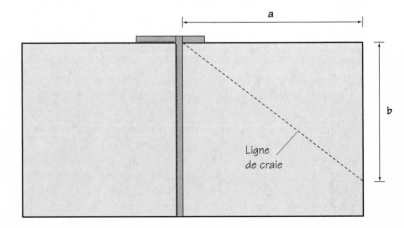

Ligne de craie

3. *Transposez vos mesures sur un panneau de gypse complet, et découpez la forme irrégulière.*

4. POSE DE CLOISONS SÈCHES SUR DES PLAFONDS CATHÉDRALE.

Posez les panneaux de gypse sur un plafond cathédrale comme vous le feriez pour tout plafond. Utilisez de l'adhésif pour mieux fixer les panneaux aux chevrons, et utilisez le schéma de vissage ou de clouage du plafond. Installez chaque panneau à l'aide d'un lève-panneau, ou demandez à deux aides de se tenir sur des escabeaux. Vous trouverez qu'un échafaudage est difficile à déplacer pendant la pose de panneaux sur un plafond cathédrale, car le lève-panneau fait obstacle. Cependant, l'échafaudage facilite beaucoup le tirage de joints sur ces panneaux, une fois qu'ils sont installés.

Outils et matériaux

Niveau de difficulté :

- Panneaux de gypse
- Ruban à mesurer
- Cordeau traceur
- Couteau tout usage
- Lève-panneau
- Visseuse et vis pour cloisons sèches (ou clous)
- Escabeau
- Adhésif pour cloisons sèches

1. APPLIQUEZ L'ADHÉSIF.

Au besoin, appliquez de l'adhésif sur les extrémités des chevrons ou des fourrures. Veillez à ne pas appliquer d'adhésif trop à l'avance, car il risquerait de durcir avant que vous ne parveniez à cette section du plafond.

2. SOULEVEZ LE PANNEAU À L'AIDE D'UN LÈVE-PANNEAU.

Placez un panneau sur le lève-panneau. Comme toujours, utilisez le panneau le plus grand que vous puissiez manipuler pour réduire le travail de tirage de joints. Soulevez les panneaux à l'aide du

Conseils d'expert

Pour éviter la fissuration des joints au point de rencontre d'un plafond cathédrale et d'un mur, procurez-vous un solin métallique de la longueur du joint, et de 16 à 20 po de largeur. Courbez le solin sur la longueur selon l'angle créé par le mur et le plafond, puis posez-le. N'en fixez qu'un côté. Installez normalement les panneaux au-dessus du côté fixé. Puis, lorsque vous installez les panneaux de l'autre côté, vissez les panneaux sur les solins, entre les solives, à l'aide de vis de type S. Ne les vissez pas sur les pièces de charpente du toit. Ainsi, tout mouvement de la charpente est limité à un plan, au lieu de deux plans, dans le joint des panneaux de gypse.

1. *Appliquez de l'adhésif à l'extrémité inférieure des chevrons, où vous installerez le panneau.*

2. *Lorsque vous posez des panneaux sur un grand plafond cathédrale, un lève-panneau et un solide escabeau constituent deux outils essentiels, en l'absence d'échafaudage. Ce travail doit être fait par au moins deux personnes et exige le déplacement de l'escabeau si vous voulez bien fixer les panneaux à l'aide d'attaches.*

lève-panneau jusqu'à ce qu'ils s'ajustent étroitement contre les chevrons ou les fourrures.

3. FIXEZ LE PANNEAU AU PLAFOND.

Mettez un escabeau en place d'un côté du lève-panneau, en prenant soin de ne pas en déplacer la base. En vous plaçant de façon sécuritaire sur une marche inférieure, ajustez l'angle du lève-panneau, et assurez-vous que le panneau est bien ajusté contre les pièces de charpente. Puis, fixez le panneau au plafond selon le schéma de vissage ou de clouage recommandé plus tôt. Approchez-vous le plus près possible du lève-panneau avec votre escabeau. Puis, déplacez l'escabeau du côté opposé du lève-panneau et continuez à fixer le panneau. N'éloignez le lève-panneau du mur que lorsque le panneau sera entièrement fixé. Si vous retirez le lève-panneau trop tôt, le panneau risque de s'affaisser, problème difficile à régler avec seulement des vis ou des clous.

POSE DE CLOISONS SÈCHES DANS DES ZONES AUX FORMES INHABITUELLES

Chaque maison semble comporter un coin aux formes inhabituelles, où l'on ne peut poser de cloisons sèches carrées, rectangulaires ou triangulaires faciles à couper. Le truc consiste à fractionner une forme inhabituelle en ses côtés ou longueurs, puis à utiliser une équerre de charpentier ou une équerre en T pour transposer les dimensions sur le panneau mural. Si c'est possible, utilisez un bord intact du panneau comme point de référence pour le dessin de cette section inhabituelle.

Outils et matériaux

Niveau de difficulté : 🐦🐦

- ◼ Panneaux de gypse
- ◼ Ruban à mesurer
- ◼ Cordeau traceur
- ◼ Couteau tout usage
- ◼ Équerre en T de 4 pi
- ◼ Visseuse
- ◼ Vis pour cloisons sèches (ou clous)
- ◼ Adhésif pour cloisons sèches
- ◼ Escabeau

1. MESUREZ LA ZONE.

Déterminez les dimensions et les angles de la zone de forme inhabituelle.

3. *Lorsque vous fixez des panneaux au plafond, il vaut mieux avoir de l'aide pour maintenir le lève-panneau en place.*

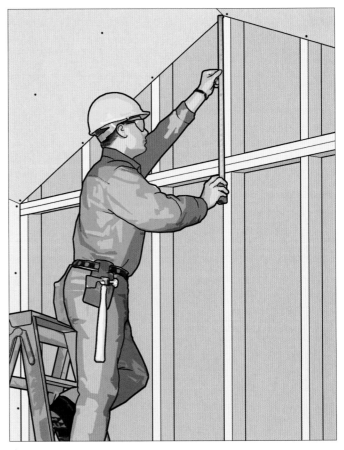

1. *Mesurez chaque côté de la zone que vous désirez recouvrir ; dessiner un diagramme de la forme peut vous être utile.*

2. MARQUEZ LES LIGNES DE COUPE SUR LE PANNEAU.

À l'aide d'une équerre en T, d'une règle ou d'une équerre de charpentier, transposez les dimensions sur le panneau de gypse. Essayez d'utiliser un bord intact pour au moins un côté de la section à couper.

3. FAITES LES COUPES.

Coupez la section à l'aide d'un couteau tout usage. Si vous ne pouvez détacher la section d'un coup sec, passez plusieurs fois sur la ligne de coupe avec votre couteau tout usage pour faire une coupe bien nette, ou utilisez une scie à cloisons sèches.

4. INSTALLEZ LA SECTION.

Essayez de mettre en place la section de forme inhabituelle. Rognez-en les bords au besoin, et fixez-la.

2. *Transposez les dimensions de la section de forme inhabituelle sur un panneau de gypse, et essayez d'y incorporer des bords intacts du panneau, si c'est possible (comme l'angle que l'on voit ici, en haut, à gauche).*

3. *Coupez la section à l'aide d'un couteau tout usage bien affûté. Cassez-la d'un coup sec si vous le pouvez, sinon passez votre couteau jusqu'à ce qu'elle se détache.*

4. *Installez la section de forme inhabituelle et fixez-la à l'aide d'au moins deux clous ou deux vis le long de chaque côté ou, pour les sections plus grandes, selon l'écartement recommandé, de centre à centre.*

Construction d'un coffrage revêtu de gypse autour de tuyaux

Dans certaines zones de la maison (particulièrement les sous-sols), vous désirerez recouvrir de gypse les tuyaux et autres conduites. Cependant, comme le gypse ne peut être posé directement sur ces éléments, vous devrez construire un coffrage qui servira de fond de clouage pour les panneaux.

Outils et matériaux

Niveau de difficulté : 🦇🦇

- ■ Outils à main de base
- ■ Panneaux de gypse
- ■ Ruban à mesurer
- ■ Cordeau traceur
- ■ Couteau tout usage
- ■ Équerre en T
- ■ Visseuse et adhésif pour cloisons sèches

- ■ Vis ou clous pour construire la charpente et poser les panneaux de gypse
- ■ Pièces de 2 x 4 ou de ¾ x 4
- ■ Scie à onglets électrique

5 Pose de cloisons sèches

1. *Pour poser du gypse par-dessus des conduits, mesurez d'abord les conduits.*

Construction d'un coffrage autour de tuyaux. *Dissimuler les conduits comporte un côté pratique, mais les coffrages peuvent aussi avoir un aspect décoratif.*

1. PRENEZ LES MESURES DE LA CHARPENTE.

Décidez de la taille du coffrage nécessaire pour recouvrir les tuyaux ou conduits. Souvenez-vous que le coffrage lui-même éloignera le panneau de gypse du tuyau ou conduit d'au moins 1 ½ po. Vous pouvez créer un coffrage plus grand à des fins décoratives, par exemple pour dissimuler un luminaire encastré. Laissez suffisamment de place pour une isolation contre le bruit et à l'épreuve du feu, exigée par de nombreux Codes du bâtiment.

2. CONSTRUISEZ LA CHARPENTE.

Construisez la charpente autour du tuyau ou du conduit, en assurant un fond de clouage pour tous les bords des sections de gypse. Suivez l'écartement de centre à centre recommandé plus tôt pour les murs. (Cela variera en fonction de l'épaisseur de panneaux que vous prévoyez utiliser.) Posez l'isolant une fois que la charpente est terminée.

3. POSEZ LES PANNEAUX DE GYPSE SUR LE COFFRAGE.

Coupez et installez les panneaux de gypse sur le coffrage. Suivez le schéma de vissage ou de clouage au plafond pour toutes les sections horizontales, et le schéma pour les murs dans le cas de tous les panneaux verticaux. Terminez les coins par des baguettes d'angle.

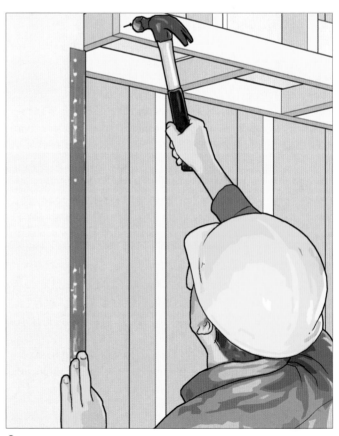

2. *Construisez une charpente de bois afin d'assurer un fond de clouage ou de vissage, comme pour un mur ordinaire.*

3. *Fixez le gypse au coffrage en suivant le même schéma de vissage ou de clouage que pour les murs. Une fois le gypse posé, terminez les angles saillants avec des baguettes d'angle, et les angles rentrant à l'aide de ruban et de pâte à joints.*

Pose d'un panneau d'appui pour carreaux

Le genre de matériau nécessaire comme panneau d'appui pour les carreaux dépend de l'emplacement des carreaux et du type d'adhésif utilisé. Si vous utilisez un adhésif organique et que la zone ne sera pas fréquemment soumise à des éclaboussures, des panneaux de gypse standard (ou hydrofuges) peuvent convenir. Cependant, si la zone est destinée à être fréquemment éclaboussée (cabine de douche, pourtour d'évier ou de lavabo), il faut installer un panneau d'appui à base de ciment. Ce matériau convient aussi très bien dans les zones qui nécessitent une épaisse sous-couche, comme les demi-murs de carreaux entourant un poêle à bois, où la surface doit résister au feu.

◤ **Choix de produits :** Les panneaux d'appui à base de ciment Portland sont offerts en épaisseurs de ½ et de ⅝ po. Vous pouvez acheter des panneaux de 4 x 8, mais les panneaux mesurent habituellement 32 ou 36 po de largeur, sur 5 ou 8 pi de longueur.

◤ **Charpente :** Les poteaux destinés à recevoir des panneaux à base de ciment ne doivent pas être espacés de plus de 16 po, de

centre à centre. Les poteaux métalliques doivent être de calibre 20 ou supérieur.

◤ **Pare-vapeur :** Étant donné que les carreaux peuvent recevoir un peu d'eau, dont une petite partie peut s'infiltrer dans les panneaux à base de ciment, il faut installer un pare-vapeur pour protéger les panneaux de l'humidité. Fixez à la charpente un revêtement de polyéthylène de 6 mil, comme pare-vapeur, en prévoyant un chevauchement de 2 po au minimum, ou agrafez-le au dos des panneaux à l'aide d'agrafes galvanisées.

◤ **Attaches :** Les attaches doivent être plus rapprochées que dans un mur de gypse ordinaire (8 po pour les murs, 6 po pour les plafonds). Il vous faudra des attaches spéciales pour les panneaux à base de ciment. Utilisez des clous à toiture galvanisés de 1 ½ po et de calibre 11, ou des vis d'acier galvanisé de 1 ¼ po. N'utilisez pas de clous ou de vis pour cloisons sèches ordinaires. Ils peuvent rouiller, ce qui entraînera la dégradation du panneau d'appui. (Pour évaluer la quantité d'attaches nécessaire, calculez 1 ½ fois la quantité normale requise pour la fixation de cloisons sèches.)

◤ **Pose du ruban :** La pose de ruban sur les joints des panneaux à base de ciment se fait de la même manière que pour un panneau de gypse ordinaire, bien que vous n'ayez pas à le finir à l'aide de truelles et de papier de verre. Utilisez du mortier ou de l'adhésif pour carreaux, au lieu de pâte à joints. Posez sur les joints du ruban en fibre de verre revêtu de polymère de 2 po de largeur, spécialement conçu pour les panneaux à base de ciment.

Pose d'un panneau d'appui pour carreaux. *Les panneaux à base de ciment protègent les murs contre les dommages causés par l'eau dans les salles de bains et les cuisines.*

5 Pose de cloisons sèches

INSTALLATION DU PANNEAU D'APPUI

Outils et matériaux

Niveau de difficulté :

- Ruban à mesurer
- Cordeau traceur
- Couteau tout usage
- Panneau d'appui à base de ciment
- Équerre en T de 4 pi
- Visseuse
- Agrafeuse et agrafes galvanisées
- Couteau à joints de 6 po ou 10 po
- Mortier ou adhésif pour carreaux
- Pare-vapeur (revêtement de polyéthylène de 6 mil)
- Ruban à mailles ouvertes revêtu de polymère de 2 po
- Vis d'acier galvanisé de 1 ½ po, ou clous à toiture galvanisés de 1 ½ po

1. INSTALLEZ UN PARE-VAPEUR.

Fixez le pare-vapeur de polyéthylène de 6 mil sur les poteaux espacés de 16 po, de centre à centre. Utilisez des clous à toiture galvanisés ou une agrafeuse et des agrafes galvanisées.

2. COUPEZ ET INSTALLEZ LE PANNEAU D'APPUI.

Après avoir coupé le panneau d'appui à base de ciment à l'aide d'un couteau tout usage, fixez-le sur les poteaux, par-dessus le pare-vapeur. Espacez les attaches de 8 po sur les murs, et de 6 po au plafond.

1. *Avant d'installer un panneau d'appui pour carreaux, vous devrez poser un pare-vapeur de polyéthylène de 6 mil sur les poteaux, pour empêcher l'humidité de la pièce de s'infiltrer dans les murs.*

3. TIREZ LES JOINTS.

À l'aide de mortier ou d'adhésif pour carreaux, tirez les joints aux points de rencontre des panneaux d'appui. Appliquez une couche de mortier, posez le ruban de fibre de verre, puis lissez à l'aide d'une large truelle.

2. *Fixez le panneau d'appui à l'aide de clous ou de vis espacés de 8 po, de centre à centre, pour les murs, et de 6 po, de centre à centre, pour les plafonds.*

3. *À l'aide de mortier ou d'adhésif pour carreaux, tirez les joints aux points de rencontre des panneaux d'appui. Posez le ruban de fibre de verre sur une couche de mortier ou d'adhésif pour carreaux, et lissez le tout à l'aide d'une large truelle.*

Chapitre 6

Pose de ruban et finition

Dans toute installation de cloisons sèches, c'est la pose du ruban et l'application de pâte à joints qui prennent le plus de temps. Cependant, c'est aussi la partie des travaux qui peut procurer le plus de satisfaction. Après l'achat, la planification et le dur labeur de la pose des panneaux de gypse, c'est de la façon dont vous appliquez et nivelez la pâte à joints que dépend l'apparence des travaux. Bien sûr, il faut s'exercer à poser du ruban et à niveler rapidement et uniformément, mais en un jour ou deux, vous trouverez que votre technique s'est bien améliorée. Avant longtemps, votre travail se comparera favorablement à celui des experts.

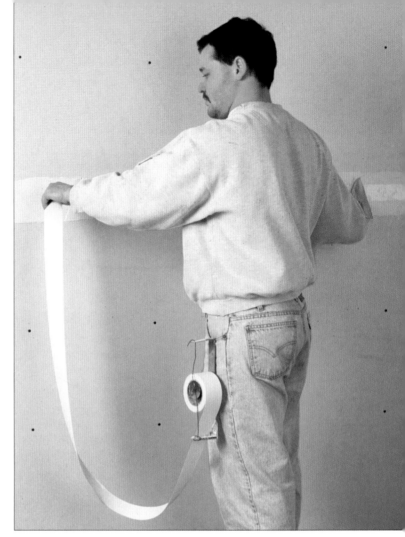

Pendant les autres étapes des travaux, les poseurs de cloisons sèches utilisent des outils spéciaux pour se simplifier la tâche. Mais la pose du ruban et la finition exigent toujours les mêmes outils depuis l'apparition des panneaux de gypse : de larges couteaux pour appliquer la pâte à joints et du papier de verre pour aplanir les joints, une fois qu'ils sont secs.

La pose de ruban sur les joints comporte quatre étapes et exige trois couches de pâte à joints. Une fois que vous avez installé et fixé adéquatement les panneaux de gypse, appliquez d'abord une première couche (couche de collage du ruban). Pendant que cette couche est encore humide, appliquez-y le ruban, puis essuyez l'excédent de pâte à joints. Une fois cette couche séchée, appliquez une couche de remplissage par-dessus la première couche, laissez-la sécher, puis utilisez un couteau large pour racler les saillies. Finalement, une troisième couche (couche de finition) recouvre tout le joint. Une fois que vous l'avez lissée un peu et que vous avez aminci les bords, cette couche devrait rendre le joint invisible sous une couche de peinture.

Préparation à la pose de ruban : liste de vérification

◼ Aérez la pièce à l'aide de ventilateurs, ou en créant un courant d'air. Cela réduira l'humidité et accélérera le séchage.

◼ Vérifiez de nouveau que tous les panneaux sont bien fixés.

◼ Vérifiez que des ouvertures ont été pratiquées pour toutes les prises électriques, commutateurs et luminaires.

◼ Regroupez les outils, la pâte à joints et le ruban dans une zone. Contre-vérifiez vos estimations pour vous assurer d'avoir suffisamment de pâte à joints et de ruban.

◼ Obturez les trous de plus de ¼ po de largeur à l'aide de pâte à joints à prise rapide, puis lissez-les pour égaliser le panneau. Laissez cette pâte sécher complètement avant de commencer à poser le ruban et, au besoin, raclez les saillies.

◼ Nettoyez les couteaux à joints et les truelles et retirez-en les particules collées. Poncez-les, au besoin.

◼ Placez les escabeaux et les échafaudages à portée de la main.

◼ Assurez-vous que la température de la pièce où vous appliquerez la pâte à joints est d'au moins 12°C (55 °F) pendant les 24 heures suivant l'application.

Préparation de la pose du ruban. *Un ruban bien posé devrait être invisible ; les joints devraient être poncés de façon qu'on ne voie aucune bosse sur le mur peint.*

Conseils d'expert

Avant d'utiliser de la pâte à joints, ameublissez-la à l'aide d'un pilon. Une pâte à joints bien mélangée s'étend bien et ne contient pas de grumeaux. Par ailleurs, une pâte à joints trop mélangée comportera des bulles d'air qui éclateront et créeront de petites indentations, une fois la pâte séchée. Dans les deux cas, le seul remède consiste à lisser la surface et à recommencer à l'aide d'un nouveau mélange de pâte à joints.

Pose de ruban sur un mur plat

Outils et matériaux

Niveau de difficulté :

- Couteau de 5 ou 6 po
- Couteau à manche droit de 10 ou 12 po
- Truelle biseautée de 10 ou 12 po
- Pâte à joints
- Ruban à joints
- Escabeau ou échafaudage, selon les besoins
- Papier de verre n° 120 ou bloc à poncer

1. APPLIQUEZ LA PREMIÈRE COUCHE.

À l'aide d'un couteau de 5 ou 6 po, appliquez uniformément une couche de pâte à joints d'une épaisseur d'environ ¼ po sur les joints. Couvrez toute la longueur du joint. Assurez-vous de remplir tous les interstices entre les panneaux. Remarque : Si vous utilisez du ruban à mailles de fibre de verre, appliquez-le avant la première couche. La pâte à joints s'infiltre entre les mailles et colle le ruban au mur.

2. POSEZ LE RUBAN SUR LA PREMIÈRE COUCHE.

Appliquez avec vos doigts une bande de ruban à joints, idéalement de la même longueur que le joint, sur la première couche, en veillant à ne pas créer de plis. Assurez-vous que le ruban est bien au centre du joint. À l'aide d'un couteau de 5 ou 6 po (du haut vers le bas, sur un joint vertical), exercez une légère pression sur le ruban, et passez le couteau sur toute sa longueur, en faisant ressortir la pâte à joints qui se trouve derrière le ruban pendant que vous lissez la couche. Si le ruban cloque, c'est que vous n'avez pas laissé suffisamment de pâte derrière le ruban. Retirez le ruban sur cette section, ajoutez de la pâte à joints et remettez le ruban en place. Vous devriez laisser une fine couche de pâte à joints derrière le ruban.

Différents joints de cloisons sèches

Il se crée des joints d'extrémité plats au point de jonction d'extrémités non amincies en usine de panneaux de gypse, au point de jonction d'extrémités coupées ou au point de jonction d'une extrémité non amincie et d'une extrémité amincie en usine. Contrairement aux joints formés par les panneaux amincis en usine, les joints d'extrémité ne présentent aucun retrait où appliquer la pâte à joints.

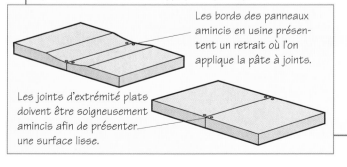

Les bords des panneaux amincis en usine présentent un retrait où l'on applique la pâte à joints.

Les joints d'extrémité plats doivent être soigneusement amincis afin de présenter une surface lisse.

1. *À l'aide d'un couteau à joints, appliquez une première couche de pâte à joints, d'environ la largeur du couteau.*

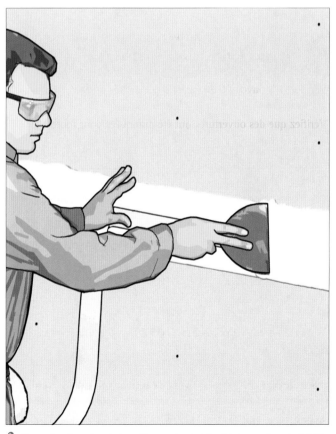

2. *Noyez le ruban dans la première couche de pâte à joints, et lissez-la à l'aide du couteau à joints.*

3. ENLEVEZ L'EXCÉDENT DE PÂTE À JOINTS.

À l'aide du même couteau à joints, passez une dernière fois sur le ruban et la première couche de pâte à joints pour enlever tout excédent de pâte à joints. Laissez sécher cette couche. Avant d'appliquer la deuxième couche (couche de remplissage), utilisez un couteau à joints pour racler ou aplanir les bavures et les saillies que vous n'auriez pas remarquées quand la première couche était encore humide. Veillez à ne pas créer d'enfoncements. Le cas échéant, appliquez une mince couche de pâte à joints dans cette zone.

4. APPLIQUEZ LA DEUXIÈME COUCHE ET ENLEVEZ-EN L'EXCÉDENT.

Déposez de la pâte à joints sur une taloche ou dans un bac à composé. À l'aide d'un couteau à manche droit de 10 po, appliquez une couche de pâte à joints de la largeur du couteau. Lissez-la autant que vous le pouvez, en repassant plusieurs fois, au besoin. Laissez la couche sécher complètement. Là encore, utilisez un grattoir pour aplanir toutes les bavures ou les saillies qui auraient échappé à l'inspection.

5. APPLIQUEZ LA COUCHE DE FINITION.

À l'aide d'une taloche ou d'un bac à composé et d'une truelle de finition de 10 ou 12 po, appliquez une large couche de finition sur le joint. Cette couche devrait être un léger enduit, et non une couche épaisse. Faites de longs mouvements réguliers dans la même direction et amincissez les bords pour créer la transition la plus douce possible avec la face du panneau. Poncez le joint, au besoin.

4. *La couche de remplissage de 10 po de largeur peut être appliquée à l'aide d'un couteau à manche droit ou d'une truelle de finition.*

3. *Enlevez l'excédent de pâte à joints sur les bords du ruban à l'aide du même couteau à joints que précédemment.*

5. *Pour la couche de finition, appliquez et lissez la pâte à joints humide à l'aide d'une truelle de finition.*

POSE DE RUBAN SUR LES JOINTS D'EXTRÉMITÉ

Un joint d'extrémité plat est plus difficile à finir qu'un joint aminci parce qu'il faut plus de travail pour biseauter les couches de pâte à joints. Étant donné qu'il n'y a pas d'enfoncement pour la recevoir, la pâte à joints sur les joints d'extrémité formera inévitablement un petit monticule. Il s'agit de rendre ce petit monticule le moins visible possible.

Vous devrez amincir les bords du joint sur une surface plus large que ce qui est nécessaire pour les bords amincis en usine. Une crête de ⅛ po de hauteur mais de 16 à 18 po de largeur semblera plate, à moins d'une inspection de près, mais une crête plus étroite se sentira lorsqu'on passera la main dessus.

Non seulement les joints d'extrémité exigent-ils davantage de travail, mais ils assurent aussi un peu moins de stabilité que les joints amincis en usine, ce qui augmente les risques de fissure. Pour éviter ce problème, utilisez du ruban à mailles de fibre de verre (qui ajoute de la solidité), plutôt que du ruban de papier.

Finition des têtes de fixation

Les petites dépressions créées par les têtes de vis et de clous n'exigent pas le même traitement que les joints. Lorsque les attaches sont bien fixées, trois couches de pâte à joints suffisent.

Finition des têtes de fixation. *Enfoncés adéquatement, les clous ou les vis créent de légères dépressions, ce qui facilite la finition.*

Outils et matériaux

Niveau de difficulté :

- ◼ Couteau de 5 ou 6 po
- ◼ Couteau à manche droit de 10 ou 12 po
- ◼ Pâte à joints
- ◼ Escabeau ou échafaudage, au besoin
- ◼ Papier de verre n° 120 ou bloc à poncer

1. APPLIQUEZ LA PREMIÈRE COUCHE ET APLANISSEZ-LA.

À l'aide d'un couteau de 5 ou 6 po, appliquez une mince couche de pâte à joints sur les têtes de fixation. Cette couche devrait tout juste recouvrir la petite dépression que vous avez créée en vissant ou en clouant l'attache. Plutôt que de les traiter une à la fois, vous pouvez recouvrir une rangée entière d'attaches en un seul passage. Cela rendra la pâte à joints moins visible. Laissez sécher la première couche, puis raclez les bavures ou les saillies qui restent.

1. *Plutôt que d'appliquer la pâte à joints sur les têtes de clou ou de vis un à un, vous pouvez les recouvrir en étalant la pâte à joints d'un grand mouvement.*

2. APPLIQUEZ UNE DEUXIÈME COUCHE ET APLANISSEZ-LA.

Appliquez une deuxième couche, légèrement plus large, de pâte à joints sur les têtes de fixation à l'aide d'un couteau à manche droit de 10 po. Laissez cette couche sécher complètement, puis lissez-la.

3. APPLIQUEZ LA DERNIÈRE COUCHE.

À l'aide d'un couteau à manche droit de 10 po, appliquez une troisième couche de pâte à joints sur la totalité de la deuxième couche. Biseautez soigneusement les bords, ce qui créera une transition graduelle avec la surface du panneau. Laissez cette couche sécher complètement, et poncez au besoin.

2. *Il est plus facile de biseauter une large bande de pâte à joints de façon qu'elle se fonde dans le reste du panneau.*

Conseils d'expert

Un petit diable artisanal (d'environ 20 à 24 po) muni de roulettes de 4 po est très utile pour transporter rapidement des seaux de pâte à joints. Si vous travaillez depuis un escabeau, ou que utilisez des échasses, vous pouvez y empiler deux ou trois seaux, de façon à ne pas avoir à vous pencher chaque fois que vous désirez remplir votre taloche. Votre diable doit être assez solide pour supporter tout ce poids : trois gros seaux pèsent environ 82 kg (180 lb) lorsqu'ils sont pleins.

3. *La couche de finition de pâte à joints devrait être amincie au point de paraître plate.*

Pose d'un ruban dans un angle rentrant

Outils et matériaux

Niveau de difficulté : 🦇🦇

- ◼ Couteau de 5 ou 6 po
- ◼ Couteau à manche droit de 10 ou 12 po
- ◼ Truelle d'angle
- ◼ Pâte à joints
- ◼ Ruban de papier pour cloisons sèches
- ◼ Plieuse à ruban
- ◼ Escabeau ou échafaudage, selon les besoins
- ◼ Papier de verre n° 120 ou bloc à poncer

1. PRÉPAREZ LE RUBAN À JOINTS.

Étendez du ruban le long de l'angle rentrant, et coupez-le de la longueur appropriée. Passez le ruban dans votre plieuse pour le plier en deux. (Ou pliez-le à la main.) Ayez ce ruban à portée de la main.

2. APPLIQUEZ LA PREMIÈRE COUCHE.

À l'aide d'un couteau de 5 ou 6 po, appliquez une couche de pâte à joints de 4 po de largeur sur les deux côtés de l'angle rentrant. Cette couche devrait avoir ¼ po d'épaisseur.

3. NOYEZ LE RUBAN ET ENLEVEZ-EN L'EXCÉDENT.

Tandis que la première couche est encore fraîche et humide, noyez le ruban plié dans la pâte à joints à l'aide de vos doigts. Utilisez une

Pose de ruban dans un angle rentrant. *Il est particulièrement important de bien remplir les joints dans les angles rentrants, qui sont susceptibles de se fissurer.*

truelle d'angle ou un couteau ordinaire de 5 ou 6 po pour bien coller le ruban, en l'étirant fermement du plafond au plancher et en enlevant toute pâte à joints excédentaire. Laissez sécher complètement la première couche et le ruban avant l'étape suivante. Raclez toute bavure ou saillie.

2. *Appliquez une première couche et noyez une section de ruban (comportant un pli en son centre) sur toute la longueur du joint.*

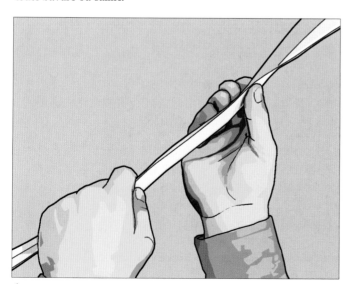

1. *Le ruban de papier pour cloisons sèches comporte un léger pli en son centre, ce qui le rend facile à plier en deux aux fins d'application dans un angle.*

3. *La truelle d'angle permet de noyer le ruban et de lisser la pâte à joints des deux côtés de l'angle simultanément.*

4. APPLIQUEZ UNE DEUXIÈME COUCHE.

À l'aide d'un couteau à manche droit de 10 ou 12 po, appliquez une couche de pâte à joints légèrement plus large, de chaque côté de l'angle rentrant. Veillez à ne pas couper le papier avec le coin du couteau. Amincissez les bords donnant sur la surface du gypse. Laissez sécher complètement cette couche de pâte à joints, puis raclez toute bavure ou saillie.

5. APPLIQUEZ LA COUCHE DE FINITION.

À l'aide d'un couteau à manche droit de 10 ou 12 po, appliquez une couche de finition sur chaque côté de l'angle rentrant. Amincissez-en les bords pour créer une transition graduelle vers la surface du panneau. À cette étape, vous pouvez utiliser une truelle d'angle pour former une ligne bien droite, au point de jonction des deux murs.

5. *Une fois que la couche de remplissage est sèche, étalez une couche de finition sur chaque côté des panneaux d'angle.*

4. *Appliquez une couche de remplissage sur le ruban. Cette couche doit être légèrement plus large que la première.*

Conseils d'expert

Lorsque vous posez du ruban dans un angle rentrant, assurez-vous qu'il n'existe aucun intervalle entre les trois longueurs de ruban (le joint du mur et les deux joints du plafond). Si le joint n'est pas complètement recouvert par le ruban, la pâte à joints pourrait se fissurer ou se détacher de l'angle.

Pose de ruban sur un angle saillant

Outils et matériaux

Niveau de difficulté : 🐾🐾

- ◼ Couteau de 5 ou 6 po
- ◼ Couteau à manche droit de 10 ou 12 po
- ◼ Truelle d'angle
- ◼ Pâte à joints
- ◼ Escabeau ou échafaudage, selon les besoins
- ◼ Papier de verre n° 120 ou bloc à poncer

Remarque : Pour suivre cette méthode, vous devriez avoir posé une baguette d'angle sur l'angle saillant. Sinon, veuillez consulter les instructions d'installation aux pages 89-90.

1. APPLIQUEZ UNE PREMIÈRE COUCHE ET ENLEVEZ-EN L'EXCÉDENT.

À l'aide d'un couteau à joints de 5 ou 6 po, étalez une couche de pâte à joints de 4 po de largeur sur chaque côté de l'angle saillant. La baguette d'angle comporte une saillie sur l'arête qui sert de guide pour le couteau, ce qui permet d'étendre une couche de pâte à joints uniformément entre la baguette et le panneau. Tandis que vous lissez et amincissez le joint, évitez d'enduire de pâte à joints l'arête de la baguette d'angle. Laissez cette couche sécher complètement, puis raclez toute bavure ou saillie.

Pose de ruban sur un angle saillant. *Les angles saillants, qui risquent d'être endommagés, sont renforcés à l'aide d'une baguette de métal ou de plastique avant la finition.*

2. APPLIQUEZ UNE DEUXIÈME COUCHE ET ENLEVEZ-EN L'EXCÉDENT.

Utilisez un couteau à manche droit de 10 ou 12 po pour appliquer une couche de pâte à joints un peu plus large des deux côtés d'un angle saillant. Lissez et amincissez la couche vers la surface du panneau de gypse. Laissez la couche sécher complètement, puis raclez-la pour la niveler.

3. APPLIQUEZ LA COUCHE DE FINITION.

À l'aide d'un couteau à manche droit de 10 ou 12 po, appliquez la couche de finition sur les deux côtés de l'angle. Biseautez les bords pour assurer une transition graduelle vers la surface du panneau de gypse, puis poncez les surfaces, au besoin.

2. *On n'utilise pas de ruban dans un angle saillant, mais on y applique une deuxième couche de pâte à joints comme pour tout autre joint. La baguette d'angle est pourvue d'une arête vive, qui guide le couteau et permet de bien lisser la pâte à joints.*

1. *Après avoir posé la baguette d'angle, recouvrez-la d'une couche de pâte à joints, des deux côtés de l'angle.*

3. *Utilisez un large couteau à manche droit pour appliquer la couche de finition et amincir ses bords ; ainsi, le joint se fond avec le reste du panneau.*

Conseils d'expert

Il est facile de vérifier si un panneau de gypse comporte trop de bosses ou de dépressions, une fois que la deuxième ou la troisième couche de pâte à joints est appliquée. Maintenez l'extrémité d'une truelle ou d'un large couteau à joints au sommet du joint, et voyez si vous décelez un intervalle entre la pâte à joints et la truelle. Passez la truelle d'un côté à l'autre. Si l'intervalle mesure plus de ⅟₁₆ po, vous devrez appliquer une bande plus large de pâte à joints et l'amincir plus graduellement.

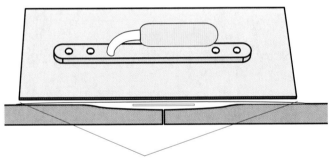

Cet intervalle ne devrait pas être de plus de ⅟₁₆ po.

Ponçage de finition. Le ponçage exige beaucoup de travail et produit beaucoup de poussière, mais un bon ponçage est le secret des murs lisses.

Ponçage de finition

Le ponçage des joints de cloisons sèches se fait en deux étapes. Passez une première fois à l'aide d'une ponceuse avec rallonge munie de papier de verre nº 120. Puis, poncez à la main à l'aide de papier de verre nº 150. À chaque étape, pliez le papier de verre en quatre, ou fixez-le à un bloc à poncer.

Comme solution de rechange à ce processus en deux étapes, vous pouvez poncer à l'aide d'une fine toile métallique montée sur un manche, ou faire un ponçage humide (sans poussière) à l'aide d'une éponge de polyuréthane à petites cellules conçue à cet effet. Le ponçage humide à l'aide de ces éponges ne fait pas un aussi beau fini que le ponçage à sec à l'aide d'un papier de verre nº 150, mais dans les situations où il faut éviter la poussière, cette méthode remplace bien le ponçage à l'aide d'une rallonge/à la main. Si vous êtes particulièrement sensible à la poussière (ou que vous disposez de cet appareil), vous pouvez utiliser une ponceuse commerciale munie d'un aspirateur pour déchets solides et humides, qui ne soulève pratiquement pas de poussière.

Un bon éclairage de la zone de travail est essentiel à une belle finition. Si vous dirigez la lumière directement sur le mur, vous ne verrez peut-être pas les imperfections. Déplacez la source de lumière en angle avec le panneau de gypse, ou placez-la plus haut ou plus bas ; vous serez alors plus susceptible de déceler les plis, les dépressions, les bosses et autres défauts. À cette fin, faites l'acquisition d'une lampe portative de grande puissance, comme une lampe halogène. Placez-la sur un support afin de libérer vos deux mains, ou tenez une lampe portative d'une main, et le papier de verre de l'autre, lorsque vous inspectez les joints en vue de déceler les imperfections.

Si c'est possible, scellez votre zone de travail pour empêcher la poussière de s'infiltrer dans les pièces habitables. Pour ce faire, créez un écran antipoussière fait de feuilles de polyéthylène, entre la zone de travail et les zones habitables, et scellez les quatre côtés à l'aide de ruban-cache. Souvenez-vous que la poussière de pâte à joints est très fine et peut s'infiltrer par les petits interstices entre les portes et les cadres ou autour des écrans antipoussière non scellés.

Outils et matériaux

Niveau de difficulté :

- Masque antipoussière
- Casque
- Ruban-cache
- Écran antipoussière (polyéthylène)
- Lampe de travail portative, de haute puissance
- Éponge pour ponçage à sec (au besoin)
- Ponceuse avec rallonge, munie d'un joint universel
- Bloc à poncer
- Toile métallique à poncer
- Lunettes de protection
- Aspirateur d'atelier pour déchets solides/humides
- Papier de verre nᵒˢ 120 et 150
- Balai et aspirateur

1. PONCEZ LES JOINTS JUSQU'À CE QU'ILS SOIENT LISSES.

À l'aide d'une ponceuse avec rallonge munie de papier de verre nᵒ 120, poncez chacun des joints, au besoin. Lissez les joints, tout en les amincissant pour qu'ils se fondent avec la surface de gypse. Pour éviter de poncer à travers les couches de pâte à joints jusqu'au ruban, appliquez une faible pression uniforme, et résistez à l'envie d'appuyer fermement. Si vous poncez la pâte à joints jusqu'au ruban, marquez cette zone au crayon et appliquez une nouvelle couche de pâte à joints.

2. RECHERCHEZ LES IMPERFECTIONS.

Avant de commencer le ponçage de finition (à l'aide de papier de verre nᵒ 150), positionnez votre lampe de façon qu'elle éclaire les joints que vous allez poncer. L'éclairage latéral fera ressortir les imperfections.

1. *Une ponceuse avec rallonge est l'outil idéal pour poncer les joints au plafond et sur les murs.*

3. FAITES LE PONÇAGE DE FINITION SUR LES JOINTS.

À l'aide de papier de verre nᵒ 150 plié en quatre, d'un bloc à poncer muni de papier de verre nᵒ 150, d'une toile métallique ou d'une éponge d'uréthane, en fonction de vos préférences et du travail à faire, poncez les joints ainsi que les bandes de pâte à joints qui recouvrent les têtes de fixation. Puis, passez votre main sur ces zones pour en vérifier la douceur. Dans les angles rentrants, où il est difficile de manipuler les blocs à poncer, utilisez simplement une feuille de papier de verre pour poncer à la main. Passez l'aspirateur pour recueillir la poussière maintenant, avant qu'elle ne s'infiltre dans les autres pièces et avant que vous n'enleviez l'écran antipoussière.

2. *Vérifiez si les joints sont lisses avec la paume de votre main, et poncez toute irrégularité.*

3. *Il peut être nécessaire de poncer à la main dans les angles. L'utilisation d'une ponceuse avec rallonge, ici, risque d'endommager le joint.*

6 Pose de ruban et finition

Finis spéciaux. *Cette pièce, où le ruban a été posé et la pâte à joints, appliquée et poncée, est prête à recevoir de la peinture ou un fini texturé.*

Nettoyage et entretien des outils

La pâte à joints se nettoie facilement avec de l'eau. Un tuyau d'arrosage ou le jet puissant d'un robinet peuvent nettoyer toute la pâte à joints, humide ou sèche, sur les outils. Utilisez un couteau pour en racler un autre. Remarque : Ne laissez pas la pâte à joints pénétrer dans le tuyau d'évacuation, car elle pourrait former des sédiments et boucher les tuyaux.

Une fois que vous avez nettoyé les couteaux à joints, asséchez-les afin que l'eau ne stagne pas sur la lame. Autrement, les lames rouilleront rapidement. Si elles rouillent, ou si vous y avez oublié un peu de pâte à joints, poncez-les simplement.

Il est essentiel de garder les lames des couteaux bien droites (à part les légères courbes que vous pouvez leur avoir imprimées pour faciliter la finition de plans cintrés). À cette fin, rangez vos couteaux de façon qu'ils ne plient pas sous le poids d'autres outils.

Finis spéciaux

Les murs et les plafonds texturés ajoutent un élément de décoration de faible technicité, à peu de frais, à tout intérieur. Ces textures peuvent sembler finement ciselées et difficiles à réaliser, mais avec un peu d'entraînement, vous pouvez facilement imiter le savoir-faire des artisans d'autrefois. (Et ce n'est même pas considéré comme de la tricherie !) Une fois que vous vous êtes exercé(e) sur du gypse de rebut, vous aurez toutes les compétences nécessaires pour texturer vos propres murs et plafonds, à l'aide d'outils et de matériaux de base.

Quel que soit le type de texture que vous ayez l'intention d'appliquer, vous devez d'abord recouvrir tous les joints et les têtes de fixation, comme nous l'avons vu plus tôt. Même si la texturation peut dissimuler des erreurs, il ne s'agit pas d'un substitut à un travail de finition bien fait. Avant de texturer, procédez à la finition et à la préparation des panneaux de gypse, comme vous le feriez si vous vouliez les peindre (même s'il n'est pas nécessaire d'être aussi pointilleux que si le mur allait être peint).

APPLICATION DE FINIS AU PISTOLET

Contrairement à la plupart des traitements de texturation, la pulvérisation des plafonds et des murs exige des compétences particulières, ainsi que de l'équipement que la plupart des gens devront louer. Un matériau ressemblant à du maïs soufflé (polystyrène ou vermiculite), versé dans une trémie, alimente un pistolet sans air, qui est relié à un compresseur d'air. Une fois le matériau pulvérisé sur la surface, on le laisse sécher sans y toucher. Il faut un peu d'entraînement pour réussir cette texturation, alors songez à faire appel à un entrepreneur spécialisé en peinture ou dans la pose de cloisons sèches pour effectuer ce travail si vous n'avez pas d'expérience en la matière.

Parmi les autres traitements courants, on compte le fini à effet peau d'orange. Cette texture se crée en pulvérisant de la pâte à joints diluée à l'aide d'un pistolet sans air. Si on la laisse sécher sans y toucher, cette texture ressemblera à une peau d'orange. Cependant, vous devez ajouter la quantité exacte d'eau nécessaire, et la maîtrise de la technique de pulvérisation exige beaucoup d'entraînement. (Le fini à effet peau d'orange se réalise aussi à la main.)

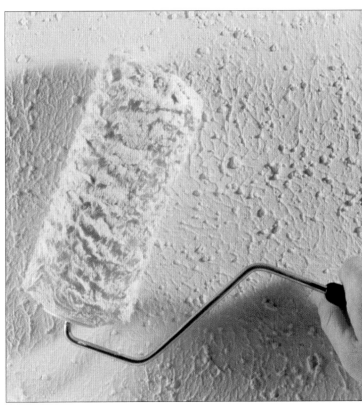

La texture à effet peau d'orange peut s'appliquer au rouleau (montrée ici avant d'être aplanie).

APPLICATION D'UNE TEXTURE PEAU D'ORANGE

Si vous n'avez pas d'expérience dans l'utilisation de pistolets sans air, certaines textures appliquées à la main vous permettront d'obtenir un fini d'aspect professionnel. Par exemple, pour obtenir un effet peau d'orange sans pistolet, vous n'avez qu'à utiliser un rouleau à peinture pour appliquer de la pâte à joints diluée.

Si le rouleau produit la texture que vous désirez, laissez-la sécher telle quelle. Cependant, vous aurez peut-être de la difficulté à obtenir un effet peau d'orange avec cette méthode, particulièrement dans les angles rentrants (bien que cela puisse se faire avec de l'entraînement et de la patience). Le cas échéant, essayez d'aplanir la surface à demi sèche. Cela améliore habituellement l'apparence de la texture, et la fait davantage ressembler à une peau d'orange.

Les matériaux pour finis pulvérisés sont versés dans une trémie qui alimente un pistolet. Le matériau de texturation (qui ressemble à du maïs soufflé) est pulvérisé sur la surface et doit sécher sans qu'on n'y retouche.

Outils et matériaux

Niveau de difficulté :

- Rouleau à grain de ½ po
- Bac à peinture
- Eau
- Seau de pâte à joints, à demi plein
- Mélangeur ou agitateur à peinture
- Gypse de rebut pour faire des essais, d'environ 2 x 2 pi
- Couteau à manche droit de 18 à 24 po ou couteau de finition
- Escabeau ou échafaudage, selon les besoins

1. DILUEZ LA PÂTE À JOINTS.

Choisissez un seau de pâte à joints à moitié plein, et non un seau neuf rempli à ras bord. Versez de l'eau dans le seau, suffisamment pour que la pâte à joints s'étale au rouleau sans couler. (Voir l'étape suivante.)

2. MÉLANGEZ LA PÂTE À JOINTS DILUÉE.

À l'aide d'un malaxeur à main ou d'une lame de mélange insérée dans une perceuse électrique, mélangez l'eau et la pâte à joints jusqu'à ce qu'elles aient la consistance de la peinture ou d'une crème très épaisse. (Si le mélange ne vous semble pas assez léger, ajoutez de l'eau et mélangez de nouveau. Si vous croyez avoir ajouté trop d'eau, ajoutez de la pâte à joints non diluée. Faites des essais avec de petites quantités afin d'obtenir les bonnes proportions.)

3. VÉRIFIEZ LA CONSISTANCE DU MÉLANGE.

Versez une partie du mélange dans un bac à peinture. À l'aide d'un rouleau, appliquez-en sur du gypse de rebut posé à la verticale. Le mélange ne devrait pas dégouliner. Le cas échéant, ajoutez de la pâte à joints ; si le mélange est trop épais pour être appliqué au rouleau, ajoutez de l'eau.

2. La façon la plus facile de mélanger de la pâte à joints est à l'aide d'une lame de mélange insérée dans une perceuse électrique.

1. La pâte à joints doit être diluée jusqu'à ce qu'elle puisse être appliquée au rouleau sur le mur, à l'aide d'un rouleau à peinture.

3. Avant d'appliquer le mélange sur le mur, vérifiez-en la consistance sur un morceau de gypse de rebut.

4. APPLIQUEZ UNE PREMIÈRE COUCHE SUR LE MUR.

À l'aide d'un rouleau à grain de ½ po, appliquez le mélange sur le mur. Appliquez-le de la même façon que vous le feriez pour de la peinture, en couvrant chaque pouce carré du mur. Rendez-vous aussi loin que possible sur les bords et dans les coins. Laissez cette couche sécher 10 minutes, ou jusqu'à ce qu'elle ait perdu son lustre.

5. APPLIQUEZ UNE DEUXIÈME COUCHE.

Une fois que la première couche est sèche, appliquez une deuxième couche. Passez le rouleau jusqu'à l'obtention de l'effet désiré. Assurez-vous d'être satisfait(e) du résultat, car vous ne devriez pas retoucher au mur, sauf pour le peindre. Lavez le rouleau à grande eau. Refermez le seau de pâte à joints et inscrivez dessus : « effet peau d'orange » afin de ne pas le confondre avec un seau de pâte à joints ordinaire, lors d'utilisations futures.

6. LISSEZ LE FINI.

Comme solution de rechange, vous pouvez lisser la texture « peau d'orange » pour lui donner un effet « aplati ». Passez une règle de 18 à 24 po ou un couteau de finition presque à plat sur le mur « peau d'orange » à demi sec, en exerçant une très légère pression. Vérifiez votre travail au fur et à mesure, car l'effet obtenu sera définitif. Vous pouvez modifier le fini en exerçant plus ou moins de pression.

5. *Une fois que la première couche a séché pendant au moins dix minutes, utilisez le rouleau à grain de ½ po pour appliquer une deuxième couche.*

4. *Pour obtenir un fini « peau d'orange » standard, appliquez d'abord de la pâte à joints diluée à l'aide d'un rouleau à grain de ½ po.*

6. *Pour lisser la texture, passez une règle de 18 à 24 po ou un couteau de finition sur la surface pendant qu'elle est encore humide.*

*Le **fini brocart** donne l'apparence de ce tissu en relief.*

APPLICATION D'UN FINI BROCART

Vous pouvez créer ce fini inhabituel en utilisant de la pâte à joints non diluée et une truelle plate de métal ou de bois. Le fini donne l'impression que quelqu'un a étendu de la pâte à joints sur la surface et l'a aplanie encore humide, sans l'essuyer pour la lisser. C'est exactement ce que vous ferez pour appliquer ce fini, en travaillant sur des sections de 4 pi² à la fois. Ce fini est habituellement utilisé pour des plafonds.

Outils et matériaux

Niveau de difficulté : 🐟

- ◼ Couteau de 5 ou 6 po
- ◼ Truelle (de métal ou de bois)
- ◼ Bac pour pâte à joints ou taloche
- ◼ Pâte à joints
- ◼ Escabeau ou échafaudage, selon les besoins

1. ÉTALEZ DE LA PÂTE À JOINTS SUR LE MUR.

À l'aide d'un couteau de 10 ou 12 po, appliquez une mince couche de pâte à joints sur une zone de 4 x 4 pi du plafond (ou du mur). N'essayez pas de lisser la pâte à joints ; laissez un motif irrégulier, d'une épaisseur relativement uniforme.

2. APLANISSEZ LE FINI À L'AIDE D'UNE TRUELLE.

À l'aide d'un couteau à joints ou d'une truelle, aplanissez les pics de la pâte à joints humide en appuyant la truelle sur la surface et en la retirant. Ne passez pas la truelle latéralement pour lisser le fini.

À ce point, travaillez la pâte à joints selon vos goûts : la texture que vous créerez à l'aide de la truelle constituera l'aspect définitif de la surface.

1. *Étalez une mince couche de pâte à joints sur une petite section de mur à l'aide d'un couteau à joints de 10 ou 12 po.*

2. *À l'aide d'un petit couteau à joints, aplanissez la surface par petites zones, ce qui laisse un motif texturé.*

Un fini de style espagnol ou fini stuc peut se réaliser à l'aide de différents outils, comme le peigne à texturer, ci-dessus.

APPLICATION D'UN FINI DE STYLE ESPAGNOL OU D'UN FINI STUC

Il est facile de réussir un fini de style espagnol, qui ressemble à un stuc de fantaisie, et cela dissimule très bien les imperfections d'un mur. Vous n'avez qu'à appliquer une couche de ⅛ po d'épaisseur de pâte à joints sur le mur et à pratiquer des mouvements circulaires au hasard dans la pâte à joints humide, à l'aide d'un couteau à joints de 5 po. Si vous désirez un motif plus large, utilisez plutôt une truelle crantée ; pour obtenir un motif plus petit, utilisez un peigne à texturer, ou même un peigne à cheveux en plastique. Étant donné que cet enduit relativement épais prend plus de temps à sécher, vous pouvez travailler sur des zones plus vastes que si vous utilisiez de la pâte à joints diluée.

Outils et matériaux

Niveau de difficulté :
- Bac pour pâte à joints ou taloche
- Pâte à joints
- Couteau de 5 po, truelle crantée, peigne à texturer
- Couteau de 10 ou 12 po (pour l'application)
- Escabeau ou échafaudage, selon les besoins

1. ÉTALEZ LA PÂTE À JOINTS SUR LE MUR.

À l'aide d'un couteau à joints de 10 ou 12 po, appliquez une mince couche de pâte à joints sur le plafond ou le mur.

2. IMPRIMEZ DES MOTIFS DE STUC DANS LA PÂTE À JOINTS HUMIDE.

Pendant que la pâte à joints est encore humide, utilisez un couteau à joints de 5 po (ou une truelle crantée, un peigne à texturer, ou un autre outil) pour imprimer des motifs circulaires ou autres, selon vos goûts. Empiétez légèrement sur les zones texturées, de façon à recouvrir entièrement la surface.

1. *Étant donné que vous pouvez travailler rapidement lorsque vous créez un fini stuc, vous pouvez appliquer de la pâte à joints sur une large zone.*

2. *Pour obtenir un effet de stuc, utilisez une truelle crantée afin d'imprimer des motifs circulaires dans la pâte à joints humide.*

Les techniques de tamponnage recourent à des brosses spéciales, mais même une éponge imprimera des motifs dans de la pâte à joints humide.

Le rouleau texturé conçu pour la peinture peut être utilisé pour appliquer de la pâte à joints.

CRÉATION DE TEXTURES À LA BROSSE ET AU ROULEAU

À peu près n'importe quel outil imprimera un motif dans de la pâte à joints humide. Les techniques de tamponnage recourent à des brosses à texturer pour créer des motifs particuliers, et vous pouvez obtenir des effets semblables à l'aide de rouleaux à texturer. Pour l'une ou l'autre de ces méthodes, appliquez une couche de pâte à joints diluée sur le mur ou le plafond, comme pour les finis à effet peau d'orange. Puis, pendant que l'enduit est encore humide, vous pouvez le tamponner à l'aide d'une éponge comme celle qui est illustrée (ou une brosse spéciale), ou pouvez passer un rouleau à texturer sur la surface.

Les rouleaux à texturer ressemblent à ceux qui sont utilisés pour la peinture traditionnelle, sauf qu'ils sont recouverts de fils métalliques ou de plastique. Lorsqu'on les passe sur de la pâte à joints humide, ces fils impriment un motif irrégulier.

On peut obtenir un autre aspect texturé à l'aide d'une brosse à texturer. Cet outil ressemble à deux vadrouilles côte à côte. Un manche réunit les deux brosses, ce qui permet de les presser facilement contre la pâte à joints humide, tout en imprimant des mouvements pour créer une texture. Appliquez la même pâte à joints diluée que pour obtenir un fini peau d'orange. À l'aide d'une brosse plus petite, ou même d'une éponge, vous pouvez imprimer des motifs plus petits, mais cela sera beaucoup plus laborieux et beaucoup plus long.

Crépissage

On constate parfois un phénomène connu dans la pose de cloisons sèches appelé « ombres » ou « transparences ». Ces termes désignent les joints et les réparations qui paraissent à travers les couches de peinture. Cela peut se produire lorsque la pâte à joints et la face du panneau de gypse ont des porosités différentes et absorbent donc la peinture différemment. On constate ce problème surtout avec les peintures brillantes, dans des pièces qui reçoivent beaucoup de lumière naturelle.

Il existe deux façons d'éliminer ou d'atténuer les transparences. Vous pouvez utiliser la méthode techno facile et recouvrir le mur d'un apprêt-scelleur. Ce genre de produit a une forte teneur en résine qui peut égaliser les différentes porosités et aider à dissimuler les joints. Si vous préférez une méthode plus traditionnelle, vous pouvez crépir la totalité du mur avec une mince couche de pâte à joints. Cela résoudra le problème

Conseils d'expert

Une grande quantité de pâte à joints est lourde et encombrante, comme vous le savez. Si vos solives de plafond sont espacées de plus 16 po, de centre à centre, ou si vous avez utilisé des panneaux plus minces, il y a de fortes possibilités que votre plafond commence à s'affaisser sous tout ce poids. Si c'est le cas mais que vous désirez obtenir un fini texturé, finissez-le avec une texture plus légère, comme de la vermiculite ou du polystyrène soufflés.

Crépissage. *Une mince couche de pâte à joints diluée peut être appliquée sur les murs afin d'assurer une surface uniforme qui recevra l'apprêt.*

en assurant que chaque pouce carré a à peu près la même porosité. Le crépissage permet en outre à un nouveau mur de gypse de se fondre avec du vieux plâtre, si vous rénovez une maison âgée. Voici comment appliquer un crépi à l'aide d'un rouleau à peluche traditionnel.

Outils et matériaux

Niveau de difficulté :

- ◼ Rouleau à peluche de ⅜ po
- ◼ Bac à peinture
- ◼ Eau
- ◼ Pâte à joints
- ◼ Mélangeur
- ◼ Couteau de finition, de 18 à 24 po

1. PRÉPAREZ LE MUR ET LA PÂTE À JOINTS.

Posez le ruban, enduisez et poncez les joints, tel qu'expliqué aux pages 106 à 115. (Le crépissage ne remplace pas un bon travail de finition.) Diluez la pâte à joints avec de l'eau, jusqu'à l'obtention de la consistance d'une peinture ou d'une crème épaisse.

1. *Aux fins de crépissage, la pâte à joints doit être diluée jusqu'à l'obtention d'une texture semblable à celle de la peinture.*

2. MÉLANGEZ LA PÂTE À JOINTS.

Mélangez la pâte à joints diluée à la main ou à l'aide d'une lame de mélange insérée dans une perceuse électrique. Puis, versez ce mélange dans un bac à peinture.

3. APPLIQUEZ LE CRÉPI.

Appliquez au rouleau sur le mur une mince couche du nouveau mélange, comme vous le feriez pour une couche de peinture ou d'apprêt. Ce mélange dilué séchera rapidement, alors ne faites qu'un mur à la fois. (Un rouleau pourvu d'un manchon épais produira une légère texture ; si vous désirez des murs parfaitement lisses, utilisez le rouleau le plus doux possible, et appliquez un mélange encore plus dilué.)

4. LISSEZ LE CRÉPI HUMIDE.

Dès que vous avez appliqué la pâte à joints diluée, lissez-la par grands mouvements continus à l'aide d'un couteau à finition de 18 à 24 po (ou le couteau le plus large que vous avez). Travaillez du haut vers le bas des murs. Vous pouvez poncer les petites saillies plus tard, mais essayez d'étendre un crépi le plus lisse et le plus uniforme possible, par de rapides passages du couteau.

3. *Pour éliminer la transparence (lorsque la pâte à joints et le panneau de gypse absorbent la peinture différemment), crépissez le mur en appliquant d'abord au rouleau une mince couche de pâte à joints diluée.*

2. *La pâte à joints diluée doit être bien mélangée, à la main ou à l'aide d'une lame de mélange insérée dans une perceuse électrique.*

4. *Avant que la pâte à joints appliquée au rouleau ne sèche, lissez-la à l'aide d'un large couteau de finition à manche droit.*

Chapitre 7

Réparation des cloisons sèches

Quelle que soit la qualité du travail, dans la pose de cloisons sèches, un tas de choses inévitables peuvent se produire et créer des imperfections. Une nouvelle maison peut se tasser pendant les deux premières années, ce qui entraîne l'apparition de fissures dans les coins ou le long des joints au plafond. Dans les vieilles maisons comme dans les maisons neuves, la teneur en humidité varie selon les saisons, ce qui fait rétrécir les cadres des fenêtres et des portes, qui ressortent alors des cloisons, et ce qui fait même remonter les têtes de clou des cloisons sèches.

On ne peut pas attribuer aux mouvements structuraux de la maison tous les dommages causés aux cloisons sèches. Un faux mouvement, lors du transport d'un meuble, peut laisser une entaille profonde dans le mur. Un ballon mal lancé peut laisser une dépression bien visible. Comment résoudre des problèmes comme ceux-là ? Eh bien, certains peuvent être réglés avec un peu de pâte à joints, un bout de ruban et un bloc à poncer. D'autres peuvent exiger un fond de clouage en bois, ou un treillis.

Dépannage

CLOISONS SÈCHES BOMBÉES OU ENFONCÉES

Habituellement, lorsqu'on constate que des cloisons sèches sont enfoncées ou bombées, c'est en raison de la charpente. Un poteau mal aligné se trouvera devant ou derrière les autres. Autrement dit, il est en retrait ou en saillie par rapport au plan formé par la rangée de poteaux qui constituent un mur.

Si le poteau fait saillie, il n'y a pas grand-chose à faire pour le corriger, une fois que la cloison sèche est installée. Ce problème aurait dû être résolu plus tôt, en réalignant le poteau (pages 48-50), ou en l'enlevant et en le remplaçant par un poteau bien aligné avec les autres. Pour dissimuler cette bosse à ce stade, appliquez une très large couche (20 po) de pâte à joints et amincissez-la soigneusement.

Si le poteau est en retrait de l'alignement, le problème est assez facile à régler, pourvu que le poteau ne soutienne pas l'une ou l'autre des extrémités du panneau et que le panneau ne soit pas fixé avec de l'adhésif. Avant d'appliquer de la pâte à joints, enlevez les attaches, ou enfoncez-les complètement dans le poteau, de façon qu'elles ne retiennent plus le panneau contre le poteau. N'enfoncez pas d'autres attaches ; appliquez plutôt de la pâte à joints pour dissimuler les trous laissés à l'emplacement des anciennes attaches.

Si le poteau coïncide avec l'extrémité d'un panneau, il faut alors y enfoncer des attaches pour soutenir le panneau. Dans ce cas (ou si le panneau est fixé avec de l'adhésif), remplissez le joint en retrait de couches multiples et toujours plus larges de pâte à joints, jusqu'à ce qu'il arrive à égalité avec le reste du mur.

Cloison sèche bombée ou enfoncée

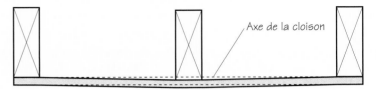

Lorsqu'une cloison sèche est bombée, c'est habituellement attribuable au fait qu'un poteau s'avance à l'extérieur de l'axe de la cloison.

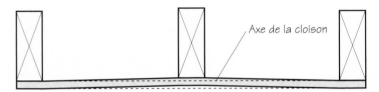

Lorsqu'une cloison sèche est enfoncée, c'est habituellement attribuable au fait que le poteau est en retrait par rapport à l'axe de la cloison.

Réparation d'un mur bombé

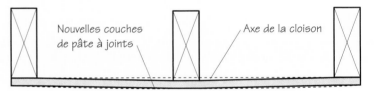

Pour dissimuler une bosse dans un mur, appliquez une très large couche de pâte à joints et amincissez-en soigneusement les bords.

Réparation d'un mur enfoncé

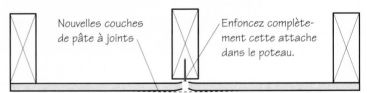

Si des poteaux en retrait font s'enfoncer la cloison, enlevez (ou vissez ou clouez complètement) les attaches et appliquez de la pâte à joints dans les trous laissés par les anciennes attaches.

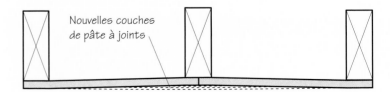

S'il faut fixer des attaches sur le poteau en retrait (s'il s'agit d'un poteau situé à l'une ou l'autre des extrémités du panneau de gypse), appliquez de multiples couches très larges de pâte à joints, jusqu'à ce que le retrait arrive à égalité avec le reste du panneau.

RÉPARATION DES JOINTS D'EXTRÉMITÉ

On parle de joints d'extrémité plats lorsque les bords non amincis ou les bords coupés à la main, dans un panneau de gypse, se rencontrent. Étant donné que les extrémités ne sont pas légèrement amincies en usine pour recevoir de la pâte à joints, ces joints tendent à bomber une fois que le ruban est posé et la finition, terminée. Une fois que vous avez créé ces courbes, il est difficile de les aplanir sans avoir à poncer la couche superficielle de pâte à joints jusqu'au ruban qui se trouve en dessous. Pour rendre un joint d'extrémité bombé moins visible, élargissez le joint jusqu'à 20 po, et amincissez-en les bords graduellement, jusqu'au niveau du panneau.

RÉPARATION D'UN PANNEAU DE GYPSE ENDOMMAGÉ

Si vous avez mal coupé un panneau qui doit s'ajuster autour d'une boîte électrique ou dans un angle rentrant et que vous le forcez pour le mettre en place au lieu de le rogner, le panneau risque d'éclater : le papier se déchirera et le gypse, à l'intérieur, se fissurera. Cela peut aussi se produire lorsqu'une porte ou une fenêtre n'est pas dans l'axe de la cloison, ou dans un angle qui s'écarte beaucoup de l'alignement.

Réparation d'un panneau de gypse endommagé. Si un panneau de gypse n'a pas été coupé de la bonne dimension autour des boîtes électriques et dans les angles rentrants, ou si des cadres de porte ou de fenêtre ressortent de l'axe de la cloison, le panneau qui a été forcé risque d'éclater. Cela signifie que la boîte électrique ou un panneau adjacent causera des dommages au panneau ; le papier se déchirera et le gypse se fissurera. Réglez ce problème en coupant les sections de gypse endommagées à l'aide d'un couteau tout usage et en appliquant de nouvelles couches de pâte à joints.

Pour réparer une section éclatée d'un panneau de gypse, coupez tout le papier déchiré à l'aide d'un couteau tout usage, et enlevez tout le gypse qui s'est détaché. Puis, à l'aide d'un couteau de 5 ou 6 po, appliquez une couche de pâte à joints. Lissez cette couche jusqu'à ce qu'elle arrive à égalité avec le reste du panneau ; laissez-la sécher complètement ; suivez ensuite la méthode de jointoyage en trois couches décrite au chapitre 6, pages 107-108.

REMONTÉE DES CLOUS OU DES VIS

La remontée des clous ou des vis désigne la saillie graduelle des têtes de clou ou de vis une fois que le ruban est posé, que les joints sont enduits et que la peinture est appliquée. Si des clous remontent vers la fin des travaux de pose de cloisons sèches mais avant la peinture, la simple pression d'un rouleau à peinture peut enfoncer la tête de clou (ou de vis) sous la surface. Mais, habituellement, les clous ne ressortent que des mois après que la pose des cloisons sèches est terminée.

La remontée des clous peut se produire toutes les fois où il y a du jeu entre le dos du panneau et la face de la pièce de charpente à laquelle il est fixé. Ce jeu est habituellement attribuable à deux causes : soit que l'installateur a omis de tenir le panneau fermement contre le poteau lorsqu'il le fixait, soit que le poteau était très humide lorsqu'il a été installé et, en séchant, il a gauchi ou rétréci en s'éloignant du mur, ce qui a laissé un jeu. Dans les deux cas, une légère pression sur la surface du panneau suffit. Mais parfois, cela n'est même pas nécessaire pour que les clous remontent : les têtes de clou (ou de vis) peuvent ressortir en raison du rétrécissement normal du bois de charpente, à mesure que la maison sèche, au cours de la première année, particulièrement pendant le premier hiver, lorsque la maison est chauffée.

Si vous le pouvez, prenez des mesures préventives : d'abord, si c'est possible, construisez la charpente avec du bois stable, qui a séché jusqu'à ce que sa teneur en humidité soit appropriée. Lorsque vous posez les panneaux, appliquez du mastic sur les poteaux, puis enfoncez deux clous à chaque endroit, en les espaçant d'environ 2 po. Assurez-vous de

Conseils d'expert

Comme la plupart des papiers, la face des cloisons sèches finira par jaunir si elle est exposée trop longtemps au soleil. Le jaunissement peut être léger, mais cela peut suffire, même lorsque la cloison est peinte, pour créer des contrastes entre les joints blancs et le papier jauni. On peut facilement éviter ce phénomène : n'attendez pas trop longtemps avant de peindre. Si le papier a jauni, assurez-vous d'y étendre un apprêt couvrant les taches.

tenir fermement le panneau contre le poteau, avant d'enfoncer les vis ou les clous.

Pour réparer un panneau dont les clous ou les vis sont remontés, enlevez d'abord les attaches ressorties (ou, encore plus facile, enfoncez-les jusqu'à ce que leur tête se trouve juste sous la surface du papier). Puis, enfoncez des vis ou des clous à 1 ½ po au-dessus et en dessous (ou de chaque côté) de l'attache remontée. Cela fixera le panneau contre la charpente. Enfin, étendez trois couches de pâte à joints dans cette zone, en ponçant chaque couche avant d'appliquer la suivante. Vous remarquerez que certains clous remontés disparaîtront d'eux-mêmes, à mesure que la maison prendra de l'expansion et se contractera, au fil des saisons. Cela arrive souvent dans les maisons neuves construites à l'aide de fermes de toit préusinées, dont la membrure inférieure s'étend et se contracte légèrement, selon que la maison gagne ou perd en humidité.

Réparation des cloisons sèches. L'un des avantages de poser des cloisons sèches est qu'il est très facile d'y effectuer des réparations mineures : la plupart des petites entailles et des trous peuvent être réparés uniformément, à l'aide de ruban et de pâte à joints.

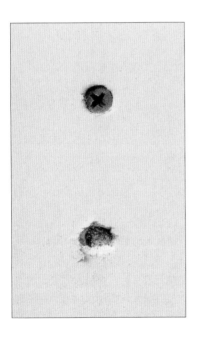

Remontée de clous et de vis. La remontée de clous peut se produire lorsque des pièces de charpente rétrécissent, derrière les cloisons sèches. Si on y applique de la pression, comme lorsqu'on étend de la peinture au rouleau sur les murs, les clous peuvent ressortir au travers de la pâte à joints ou du ruban. Enfoncez complètement l'attache ressortie, puis ajoutez d'autres attaches, à 1 ½ po de chaque côté, afin de plaquer le panneau contre la charpente.

Réparation des cloisons sèches

RÉPARATION DES FISSURES ET DES ENTAILLES

Vous pouvez facilement réparer des fissures de contrainte ou des entailles mineures dans des cloisons sèches en utilisant simplement de la pâte à joints et un treillis. Pour la plupart des fissures, il est inutile de couper des sections de la cloison ; vous n'avez pas besoin d'appui si l'entaille ne s'étend pas sur toute la profondeur du panneau. Traitez-la simplement comme un joint à finir. Appliquez le ruban sur la zone endommagée, puis les trois couches habituelles de pâte à joints, et poncez la dernière couche, au besoin.

Nettoyage de pâte à joints séchée

Habituellement, lors du jointoyage, on finit par trouver de la pâte à joints un peu partout. Des mottes de cette substance humide et molle tombent sur le sol ou giclent sur les murs. Vous découvrirez que la pâte à joints se nettoie beaucoup plus facilement lorsqu'elle est humide. Vous n'avez qu'à la ramasser avec un couteau à joints de 5 po, puis à essuyer la surface avec un torchon ou une éponge humide. Si la pâte à joints a séché, raclez-la avec le même outil. Dans la plupart des cas, elle se brisera. Là encore, essuyez ensuite la surface à l'aide d'un torchon ou d'une éponge humide.

Outils et matériaux

Niveau de difficulté :

- ◼ Couteau tout usage
- ◼ Ruban à mailles ou de papier
- ◼ Pâte à joints
- ◼ Couteaux à joints de 6 et 10 po
- ◼ Papier de verre n° 120

1. PRÉPAREZ LA FISSURE.

Nettoyez la fissure en la coupant en V sur toute sa longueur, à l'aide d'un couteau tout usage ou d'un petit couteau à mastic. Creusez-la légèrement pour donner prise à la pâte à joints. Enlevez tout morceau de gypse brisé, et le papier déchiré. Appuyez sur le panneau, près de la fissure. Si le panneau bouge, fixez des attaches de chaque côté de la fissure, dans les pièces de charpente les plus proches. Cela aidera à stabiliser le panneau et l'empêchera de bouger.

2. APPLIQUEZ LA PREMIÈRE COUCHE DE PÂTE À JOINTS.

Si vous utilisez du ruban à mailles, appliquez-le directement sur la fissure, et étendez la première couche de pâte à joints sur le ruban. (Si vous utilisez du ruban de papier, appliquez la première couche d'abord, puis noyez-y le ruban. Le ruban à mailles de fibre de verre est recommandé pour réparer les fissures, car les joints n'ont pas besoin d'autant de solidité que de flexibilité.) Lissez la pâte à joints, et amincissez-en les bords. Laissez cette couche sécher complètement.

3. APPLIQUEZ LES COUCHES SUBSÉQUENTES, PUIS PONCEZ.

Utilisez un couteau à joints comme grattoir et aplanissez toutes les saillies de la première couche. Puis, appliquez une deuxième couche de pâte à joints, et laissez-la sécher complètement. Raclez toute saillie. Appliquez une troisième couche de pâte à joints et laissez-la sécher ; enfin, poncez la dernière couche à l'aide de papier de verre ou d'un bloc à poncer pour obtenir un fini lisse.

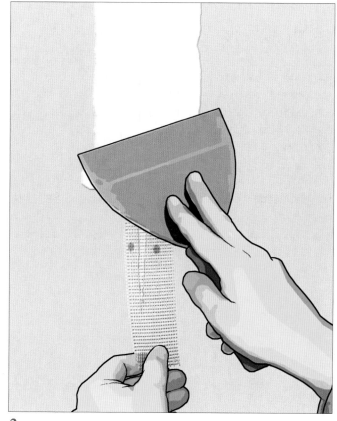

2. *Si vous utilisez du ruban à mailles, appliquez-le directement sur la fissure avant d'y étendre de la pâte à joints. Remarquez que des attaches ont été enfoncées de chaque côté de la fissure.*

1. *Utilisez un couteau tout usage pour nettoyer une fissure avant d'y appliquer de la pâte à joints.*

3. *Comme pour la finition de tout joint, plus large et plus mince sera la dernière couche, moins elle paraîtra sur un mur peint.*

7 Réparation des cloisons sèches

RÉPARATION D'UN PETIT TROU

Outils et matériaux

Niveau de difficulté :

- Ruban à mailles ou de papier
- Couteau tout usage
- Couteaux à joints de 6 et 10 po
- Pâte à joints
- Papier de verre n° 120

1. NETTOYEZ LE TROU ET APPLIQUEZ LA PREMIÈRE COUCHE ET LE RUBAN.

Nettoyez la cloison autour du trou, enlevez tout débris de gypse et coupez le papier déchiré. Appliquez deux ou trois morceaux de ruban à mailles sur le trou en formant un X, ou étalez une couche de pâte à joints et noyez-y le ruban de papier.

2. APPLIQUEZ UNE DEUXIÈME COUCHE.

Étalez de la pâte à joints sur le ruban, lissez-la de façon que les bords se fondent avec le reste du mur. Laissez cette couche sécher complètement.

3. APPLIQUEZ DEUX COUCHES DE FINITION.

À l'aide d'un couteau à joints de 6 po, aplanissez toute saillie. Étalez une autre couche de pâte à joints et lissez-la de façon que les bords se fondent avec la surface du mur. Une fois cette couche séchée, aplanissez toute saillie. Puis, étalez une dernière couche de pâte à joints ; laissez-la sécher et poncez-la pour obtenir un fini lisse.

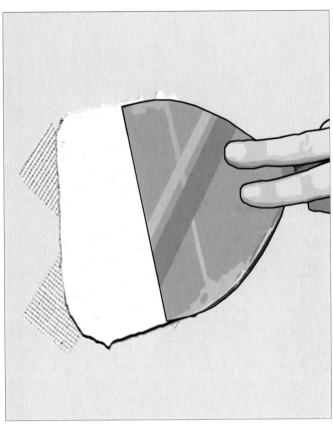

2. *Étalez et lissez la première couche de pâte à joints à l'aide d'un couteau à joints de 6 po.*

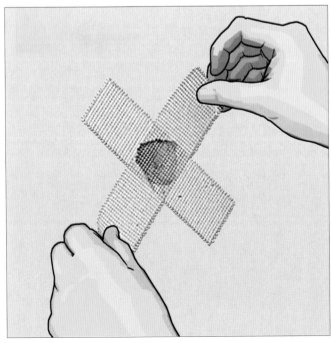

1. *Pour ajouter de la solidité par-dessus un petit trou, placez en X deux morceaux de ruban à mailles de fibre de verre ou de ruban de papier.*

3. *Étalez la couche de finition de pâte à joints à l'aide d'un couteau plus large, et amincissez-la le plus possible.*

Réparation des gros trous. *Plus le trou dans la cloison sèche est grand, plus il aura besoin d'appui pour atténuer les contraintes sur les joints et empêcher le raccord de tomber dans la cavité du mur.*

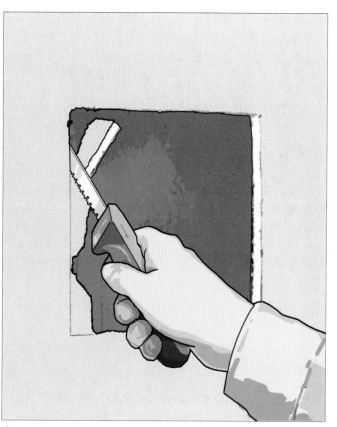

1. *Un trou rectangulaire aux côtés bien droits est plus facile à réparer qu'un trou irrégulier.*

RÉPARATION DES GROS TROUS

Outils et matériaux

Niveau de difficulté :

- Couteau tout usage ou scie polyvalente
- Fourrures ou blocs de bois, perceuse et vis
- Section de cloison sèche
- Ruban à mailles ou de papier
- Pâte à joints et couteaux à joints
- Papier de verre n° 120

1. PRÉPAREZ LE TROU ET INSTALLEZ L'APPUI.

Créez un raccord en coupant une section de panneau plus grande que la zone endommagée. Tracez les contours de la pièce sur le mur. Suivez ce tracé pour découper une ouverture carrée ou rectangulaire sur le mur. Coupez les fourrures ou les blocs de bois que vous insérerez derrière le panneau de gypse afin qu'ils servent de fond de clouage pour la pièce.

2. FIXEZ LES PIÈCES D'APPUI AU MUR.

Enfoncez des vis pour cloisons sèches dans le panneau autour du trou, afin de fixer les fourrures ou les blocs. Utilisez au moins deux vis par pièce de bois.

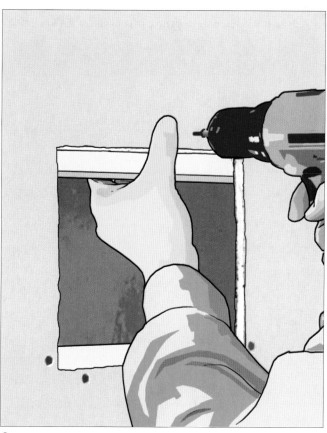

2. *Installez des pièces de 1 x 3 derrière le trou afin qu'elles en couvrent toute la largeur, avec un chevauchement de 1 ½ po de chaque côté.*

3. FIXEZ LE RACCORD À LA PIÈCE D'APPUI.

Rognez les bords de la pièce de raccord afin qu'elle soit un peu plus petite que le trou ; vous pourrez combler les interstices avec de la pâte à joints. Vissez la pièce dans les blocs ou les fourrures afin de bien la fixer. Selon l'étendue de la pièce de raccord, ajoutez une vis à tous les 5 ou 6 po, ou suffisamment pour que la pièce tienne bien en place.

4. APPLIQUEZ DE LA PÂTE À JOINTS ET DU RUBAN.

Étalez une couche de pâte à joints pour combler l'interstice entre la pièce de raccord et le panneau de gypse qui l'entoure. Noyez le ruban dans cette première couche humide, et étendez une couche de pâte à joints sur le ruban, comme vous le feriez pour recouvrir un joint entre deux panneaux de gypse. Lissez la première couche et laissez-la sécher complètement.

5. ÉTALEZ DEUX COUCHES DE FINITION.

Étalez une deuxième couche de pâte à joints sur le ruban à joints. Lissez-la de façon que ses bords se fondent avec le mur. Laissez cette couche sécher complètement. Aplanissez toute saillie à l'aide d'un couteau à joints. Étalez une troisième couche ; laissez-la sécher et poncez-la pour obtenir un fini lisse. Souvenez-vous de bien amincir les bords de la pâte à joints au-delà de la section endommagée afin de bien amalgamer la pièce avec le reste du mur.

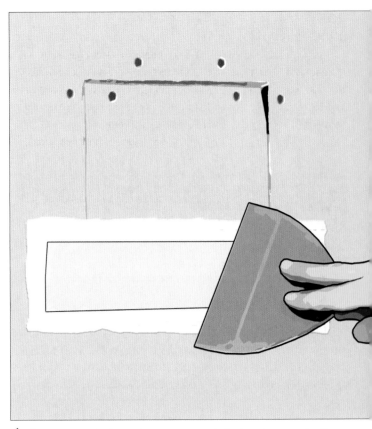

4. *Étalez une couche de pâte à joints pour remplir les interstices entre la pièce de raccord et le panneau, puis noyez-y le ruban à joints.*

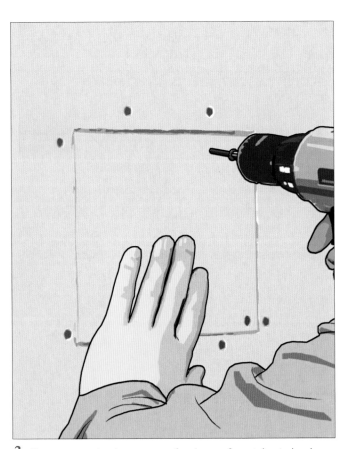

3. *Coupez une section de panneau et fixez-la en enfonçant des vis dans les fourrures situées à l'arrière du panneau.*

5. *Étalez la deuxième couche, une fois que la première est sèche. Une mince couche de finition permettra d'amalgamer la pièce de raccord avec le reste du mur, une fois qu'elle sera poncée.*

RÉPARATION À L'ANCIEN EMPLACEMENT D'UNE BOÎTE ÉLECTRIQUE.

Lorsque vous enlevez en permanence une boîte électrique ou un commutateur, il reste une ouverture rectangulaire dans le mur. Un trou aussi petit ne nécessite pas d'appui, car la pâte à joints tiendra la pièce de raccord en place. Pour empêcher cette petite pièce de raccord de tomber derrière le mur, biseautez les bords du trou et de la pièce de raccord pour qu'ils forment des angles complémentaires.

Outils et matériaux

Niveau de difficulté :

- ◤ Ruban à mesurer
- ◤ Couteau tout usage ou scie polyvalente et râpe de façonnage
- ◤ Section de cloison sèche
- ◤ Pâte à joints et couteaux à joints
- ◤ Ruban à joints
- ◤ Papier de verre n° 120

1. PRÉPAREZ LE TROU.

Biseautez les bords du trou de façon qu'ils soient plus larges d'environ ½ po vers l'extérieur que vers l'intérieur. Créez un biseau d'environ 45°, mais ne vous souciez pas de mesurer l'angle.

Conseils d'expert

Lorsque vous travaillez à proximité de fils électriques, quelques précautions de base s'imposent. Si vous enlevez une prise de courant, commencez par retirer le fusible ou fermer le coupe-circuit relié à la prise de courant avant d'y toucher et vérifiez encore la prise à l'aide d'un vérificateur de circuit avant d'utiliser un tournevis. N'enfermez jamais une prise de courant endommagée ou inutilisée derrière un mur ; replacez toujours la prise dans un autre endroit avant de boucher le trou. Ne touchez pas aux fils derrière le mur, même si ce n'est que pour les enlever du chemin, avant de les avoir testés avec votre vérificateur de circuit.

2. COUPEZ UNE PIÈCE AUX DIMENSIONS DU TROU.

Mesurez l'ouverture biseautée, puis coupez une pièce de gypse qui couvrira les bords les plus éloignés. Ensuite, biseautez la pièce sur ses quatre côtés, en faisant correspondre les angles à ceux du trou. Une râpe à façonner ou un bloc de ponçage permettront d'ébarber rapidement les bords biseautés. Essayez de mettre la pièce en place, et ébarbez-la encore, selon les besoins.

1. *Pour un petit trou qui ne nécessite pas d'appui, comme celui-ci, commencez par biseauter le périmètre du trou.*

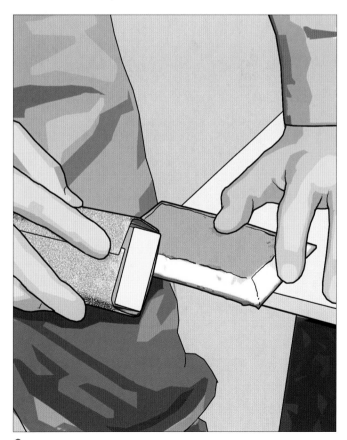

2. *Coupez la pièce de raccord et biseautez-en les bords de façon qu'elle s'ajuste parfaitement dans l'ouverture.*

3. RECOUVREZ DE PÂTE À JOINTS LES BORDS DE LA PIÈCE.

Avant d'insérer la pièce, enduisez-la d'une bonne couche de pâte à joints sur ses quatre côtés biseautés.

4. POSEZ LA PIÈCE DE RACCORD.

Pressez fermement la pièce en place, de façon que la pâte à joints ressorte par les côtés. À l'aide d'un couteau à joints de 5 ou 6 po, lissez cette pâte à joints et rajoutez-en, au besoin, pour former une première couche. Noyez le ruban à joints dans cette couche humide ; recouvrez-le de pâte à joints supplémentaire, et amincissez soigneusement cette couche pour qu'elle se fonde avec le mur. Laissez sécher complètement cette couche avant de passer à l'étape suivante.

5. FINISSEZ LES JOINTS.

D'abord, utilisez un couteau à joints de 6 po pour aplanir toute saillie de la couche précédente. Puis, étalez une deuxième couche de pâte à joints sur les joints. Lissez cette couche de façon que ses bords se fondent avec le mur. Laissez sécher complètement. Raclez la deuxième couche, puis appliquez une troisième couche de pâte à joints. Une fois cette dernière couche séchée, poncez-la pour obtenir un fini lisse.

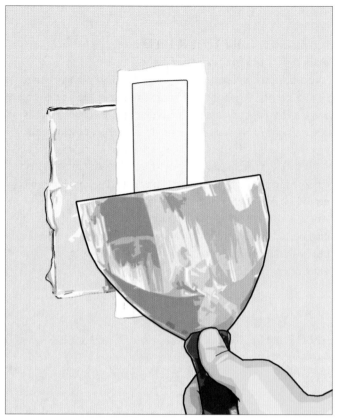

4. *Après avoir inséré la pièce dans l'ouverture, recouvrez-la, ainsi que ses joints, de pâte à joints.*

3. *Enduisez les bords de la pièce d'une bonne couche de pâte à joints.*

5. *Terminez par une mince couche de finition, que vous poncerez pour la rendre très lisse.*

RÉPARATION D'UN TROU À L'AIDE D'UN TREILLIS MÉTALLIQUE

Pour réparer les petits trous sans insérer de pièce d'appui, vous pouvez utiliser un vieux truc du métier. Enfilez une extrémité d'une ficelle de 2 pi au centre d'un morceau de treillis métallique robuste. Nouez cette extrémité de la ficelle à un clou ou à un petit morceau de bois pour l'empêcher de glisser à travers les mailles. Insérez cet ensemble treillis/ficelle dans l'ouverture, et tenez fermement la ficelle pour plaquer le treillis contre le panneau de gypse. Tout en maintenant la tension de la ficelle, étalez de la pâte à joints. Elle s'infiltrera dans le treillis et le maintiendra en place. Une fois la première couche séchée, coupez la ficelle et recouvrez la pièce comme vous le feriez pour toute petite pièce de raccord.

RÉPARATION D'UNE OUVERTURE TROP GRANDE POUR UNE BOÎTE ÉLECTRIQUE

Étant donné que les prises de courant sont si petites et si nombreuses, il est fort probable que vous pratiquiez des ouvertures un peu trop grandes, du moins pour quelques-unes d'entre elles, même si vous utilisez la méthode des coordonnées pour positionner les ouvertures. Pour réparer une ouverture trop grande, étalez une couche de pâte à joints, et pressez-la à l'intérieur du trou : une partie de cette pâte adhérera à la prise de courant, à l'intérieur du mur, et aidera à soutenir la pièce de raccord. Recouvrez cette pâte à joints de ruban de papier ou métallique, et étalez d'autre pâte à joints sur le ruban. Une fois cette couche séchée, faites-la suivre de deux autres couches de pâte à joints. Raclez toute saillie entre les couches, puis faites un ponçage de finition lorsque la troisième couche est sèche.

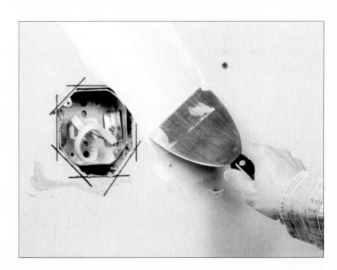

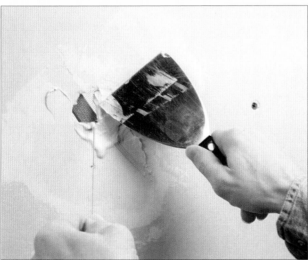

Réparation d'un trou à l'aide d'un treillis métallique. Vous pouvez assurer un appui à une petite pièce de raccord en attachant un morceau de bois à un treillis métallique. Insérez le treillis dans l'ouverture, et tirez sur la ficelle jusqu'à ce que le treillis soit plaqué contre le dos du panneau de gypse (en haut). Tenez fermement la ficelle pendant que vous étalez la pâte à joints (en bas).

Réparation d'une ouverture trop grande pour une boîte électrique. Il est facile de mal calculer l'ouverture nécessaire pour une boîte électrique, mais il est heureusement facile d'y remédier. (Remarquez tout l'espace au bas de la boîte électrique, dans la photo du haut.) Placez un morceau de ruban à joints contre le bord de la boîte électrique pour faire un raccord bien droit (en bas).

REBOUCHAGE DE PORTES OU DE FENÊTRES CONDAMNÉES

Les travaux que vous avez entrepris exigent peut-être que vous condamniez une fenêtre ou une porte et que vous bouchiez l'ouverture pour en faire un mur uniforme. Cela exige un important raccord. Dans des cas comme celui-là, vous devrez construire une charpente dans l'ouverture afin d'offrir un appui suffisant à la pièce de raccord et de l'empêcher de s'affaisser entre les pièces de charpente, comme dans toute pose de cloisons sèches. Espacez les pièces de charpente de 16 po, de centre à centre, étant donné que la pièce de raccord nécessite le plus d'appui possible. Assurez-vous que la pièce que vous posez est de même épaisseur que la cloison sèche en place. Après avoir fixé la pièce de raccord, faites-en la finition avec le ruban habituel (en papier ou à mailles de fibre de verre) et étalez trois couches de pâte à joints.

Outils et matériaux

Niveau de difficulté :

- ◼ Outils à main standard de menuisier
- ◼ Pièce de bois de 2 x 4 ou de 2 x 6
- ◼ Clous de 10d
- ◼ Couteau tout usage
- ◼ Cloison sèche
- ◼ Vis pour cloisons sèches de type W, de 1 ⅛ po, et visseuse
- ◼ Ruban à joints à mailles ou en papier
- ◼ Pâte à joints
- ◼ Couteau à joints de 6 po
- ◼ Couteau à joints de 10 ou 12 po
- ◼ Papier de verre n° 120

1. PRÉPAREZ L'OUVERTURE.

Enlevez la fenêtre ou la porte et toutes les boiseries, et encadrez l'ouverture avec des pièces de 2 x 4. Si les murs existants sont isolés, placez une quantité comparable d'isolant dans l'ouverture, entre les poteaux.

2. POSEZ LA NOUVELLE SECTION DE CLOISON SÈCHE.

Mesurez, coupez et fixez une section de cloison sèche couvrant l'ouverture.

3. ÉTALEZ UNE PREMIÈRE COUCHE DE PÂTE À JOINTS ET POSEZ LE RUBAN.

Étalez une première couche de pâte à joints sur les joints, puis posez le ruban dans le composé humide et lissez-le. Laissez cette couche sécher complètement.

4. FINISSEZ LES JOINTS.

Raclez la première couche et étalez une deuxième couche de pâte à joints sur le ruban. Lissez-la, en amincissant les bords afin qu'ils se fondent avec le reste du mur. Laissez cette couche sécher complètement et aplanissez les saillies à l'aide d'un couteau à joints. Étalez une troisième couche ; laissez-la sécher, puis poncez-la.

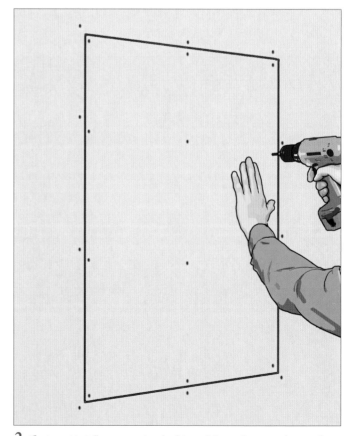

1. *Lorsque vous condamnez une fenêtre (ou une porte), construisez une charpente qui servira d'appui à la section de cloison sèche que vous installerez.*

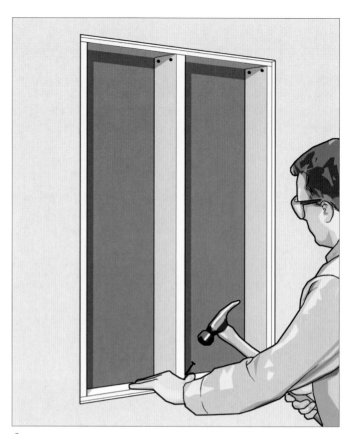

2. *Coupez et installez une section de cloison sèche et clouez ou vissez-en les extrémités sur les pièces de charpente que vous avez installées.*

3. *Étalez une couche de pâte à joints et appliquez-y le ruban à joints pendant qu'elle est encore humide.*

POSE D'UNE GRANDE SECTION DE CLOISON SÈCHE SANS CHARPENTE

Parfois, des trous de grandes dimensions ne nécessiteront pas la construction de charpente pour soutenir la pièce. Dans ce cas, fixez tout de même à l'arrière du panneau des fourrures qui serviront de fond de clouage. Si le trou présente une forme particulière ou que ses bords sont déchiquetés, commencez par en faire un carré ou un rectangle, ce qui permettra la pose d'une pièce de gypse symétrique. Assurez-vous que l'épaisseur de la pièce est la même que celle du panneau en place.

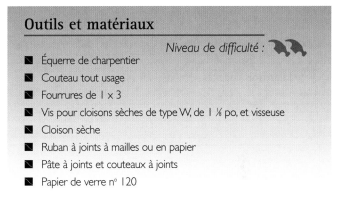

Outils et matériaux

Niveau de difficulté :

- ◼ Équerre de charpentier
- ◼ Couteau tout usage
- ◼ Fourrures de 1 x 3
- ◼ Vis pour cloisons sèches de type W, de 1 ⅛ po, et visseuse
- ◼ Cloison sèche
- ◼ Ruban à joints à mailles ou en papier
- ◼ Pâte à joints et couteaux à joints
- ◼ Papier de verre n° 120

1. PRÉPAREZ L'OUVERTURE.

En vous servant d'une équerre de charpentier et d'un couteau tout usage, faites une incision carrée ou rectangulaire autour du trou. Mesurez-en les dimensions.

4. *Finissez le joint comme vous le feriez dans toute installation de cloisons sèches, c'est-à-dire en appliquant du ruban et trois couches de pâte à joints.*

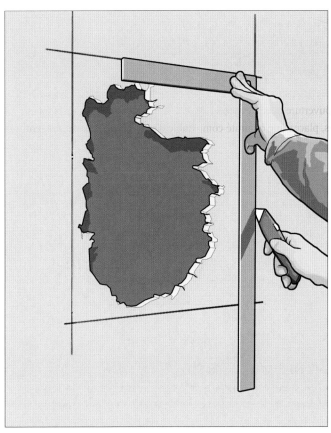

1. *Les trous déchiquetés ou asymétriques doivent être égalisés. Découpez un carré ou un rectangle autour de l'ouverture à l'aide d'un couteau tout usage.*

2. FIXEZ LES FOURRURES AU MUR.

Coupez des fourrures de 1 x 3 à une longueur supérieure de 3 ou 4 po à la hauteur de l'ouverture. Insérez-les dans l'ouverture et vissez-les (à l'aide de vis pour cloisons sèches de type W) dans les cloisons sèches et les fourrures adjacentes. Posez une fourrure de chaque côté de l'ouverture, et au moins une au centre. Espacez-les de 16 po, de centre à centre, au maximum.

3. INSTALLEZ LA SECTION DE CLOISON SÈCHE.

Mesurez le périmètre de l'ouverture, et coupez une section de cloison sèche selon ces mesures. Puis, ajustez cette section dans l'ouverture. Vissez-la aux fourrures, en enfonçant au moins deux vis (une à chaque extrémité), et d'autres à tous les 6 ou 7 po.

4. FINISSEZ LES JOINTS.

Étalez une première couche de pâte à joints sur les joints et noyez le ruban dans le composé humide. Lissez cette couche à l'aide d'un couteau à joints, puis laissez-la sécher complètement. Une fois que vous l'avez raclée, étalez une deuxième couche de pâte à joints sur le ruban. Lissez-la de façon que ses bords se fondent avec le mur. Laissez cette couche sécher, puis raclez-la pour éliminer les saillies. Étalez une troisième couche ; laissez-la sécher, puis poncez-la.

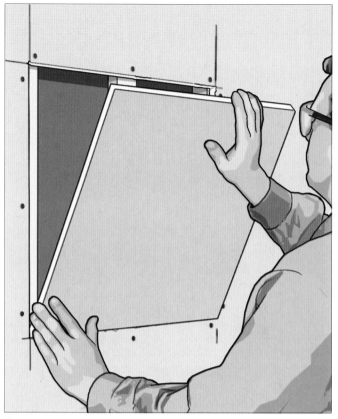

3. *Installez la section de cloison sèche et vissez-la dans les fourrures situées à l'arrière.*

2. *Installez des fourrures derrière le mur, une à chaque extrémité de l'ouverture et une au centre, écartées de 16 po, de centre à centre, au maximum. Enfoncez des vis à chaque extrémité de chaque fourrure.*

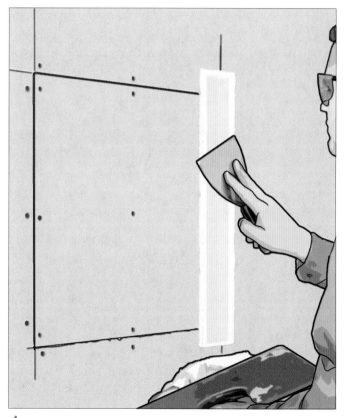

4. *Finissez les joints comme à l'habitude, à l'aide de ruban à joints en papier ou à mailles de fibre de verre, et en étalant trois couches de pâte à joints.*

Création d'un solide fond de clouage

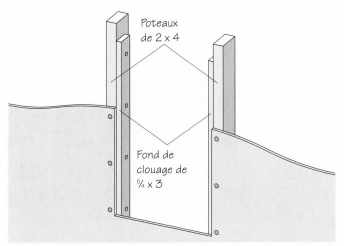

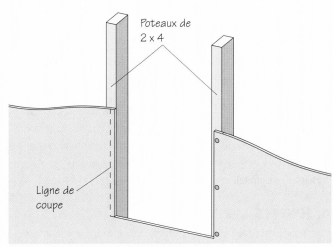

Les poteaux doivent être doublés d'un fond de clouage lorsqu'un raccord s'étend sur toute la largeur entre deux poteaux (à gauche). Ces morceaux de bois serviront de fond de clouage ou de vissage à la section de cloison sèche et l'empêcheront de s'affaisser. Si vous ne pouvez pas installer de fond de clouage, coupez la cloison sèche en place au milieu du poteau pour créer un fond de clouage à la nouvelle section de panneau (à droite). Assurez-vous de repérer et d'enlever toute attache du mur avant de commencer à le couper.

Réparation des fissures dans les coins. Souvent, les mouvements structuraux dans les maisons qui se tassent se manifestent par des fissures dans les angles rentrants.

Certaines fissures fines peuvent être simplement recouvertes ou remplies de scellant au silicone/latex qui peut être peint.

RÉPARATION DES FISSURES DANS LES COINS

Lorsqu'une cloison sèche se fissure dans un angle rentrant, cela signifie habituellement que la charpente a bougé ou que les fondations se sont tassées. Il faut souvent au moins un an avant qu'une maison se tasse complètement, mais les maisons plus âgées peuvent aussi se tasser, ce qui entraîne l'apparition de fissures, le plus souvent dans les coins. Vous pouvez résoudre ce problème de deux façons, selon l'importance de la fissure. S'il s'agit simplement d'une fine fissure, vous n'avez qu'à y étaler un peu de scellant au silicone/latex blanc. Si la fissure est plus importante, vous devrez y étaler de la pâte à joints à l'aide d'un grand couteau à joints et la lisser jusqu'à l'obtention d'un fini qui peut être poncé.

Conseils d'expert

Si vous décidez d'étaler du scellant sur la fissure, n'en appliquez qu'un pois, que vous lisserez avec votre doigt. Il est difficile de lisser du scellant avec un couteau à joints, alors n'utilisez cette méthode que pour les petites fissures sur lesquelles vous pourrez essuyer l'excédent de scellant avec votre doigt. Étalez juste assez de scellant pour remplir la fissure de façon à ne pas avoir trop d'excédent à essuyer.

Outils et matériaux

Niveau de difficulté :

- ◼ Couteau tout usage
- ◼ Pâte à joints (et ruban de papier, au besoin)
- ◼ Couteau à joints de 5 ou 6 po
- ◼ Couteau à joints de 10 ou 12 po
- ◼ Papier de verre n° 120

1. PRÉPAREZ LA FISSURE ET ÉTALEZ LA PREMIÈRE COUCHE.

À l'aide d'un couteau tout usage, nettoyez la fissure et retirez-en toute pâte à joints détachée. Puis, à l'aide d'un couteau à joints de 5 ou 6 po, étalez une couche de pâte à joints, en l'introduisant soigneusement dans la fissure. (Dans certains cas, particulièrement si la fissure est importante, utilisez également du ruban.) Laissez cette couche sécher complètement avant de passer à l'étape suivante.

2. ÉTALEZ LES COUCHES DE FINITION.

Après avoir aplani les saillies à l'aide d'un couteau à joints, étalez une deuxième couche de pâte à joints à l'aide d'un couteau plus large. Lissez-la, en amincissant soigneusement les bords vers la surface du mur. Laissez sécher cette couche. Deux couches peuvent remplir la fissure adéquatement, mais vous voudrez peut-être appliquer (et poncer) une troisième couche si le raccord a encore besoin d'être aminci pour être au même niveau que le reste du mur.

2. *Utilisez un couteau à joints large pour étaler la deuxième couche, en amincissant les bords de la pâte à joints vers la surface du mur. Une troisième couche peut être nécessaire pour terminer le travail.*

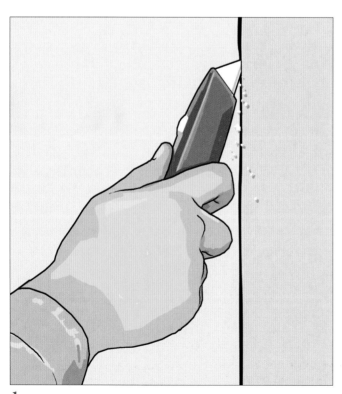

1. *Des fissures peuvent apparaître lorsque la charpente bouge et sèche ou que la structure s'affaisse. Nettoyez d'abord la zone à l'aide d'un couteau tout usage ou d'un couteau à mastic, puis étalez une couche de pâte à joints à l'aide d'un couteau à joints de 5 ou 6 po.*

Resurfaçage des cloisons sèches

Vous pourriez avoir à faire face au problème suivant : un mur est trop endommagé pour recevoir des raccords, mais pas assez pour être démoli et remplacé. Ce genre de situation peut être causé par le vieillissement de la maison, un dégât d'eau ou de nombreuses perforations dans le mur pour l'installation électrique ou l'isolation. Ce travail de rebouchage est long, mais il risque aussi d'être visible, même une fois que les murs sont peints. Dans ce cas, le resurfaçage des cloisons sèches est la meilleure option : il s'agit d'installer un autre panneau de gypse de ⅜ po par-dessus l'ancien, à l'aide d'adhésif et de vis pour cloisons sèches de type G.

Le resurfaçage comporte d'autres avantages par rapport au rebouchage, en plus du temps qu'il fait gagner : il offre l'aspect fini d'une toute nouvelle surface. Le resurfaçage fournit aussi l'occasion d'ouvrir de nouvelles cavités dans la charpente pour installer de nouveaux tuyaux, de souffler de l'isolant, d'installer de nouveaux circuits électriques, des haut-parleurs, ou les fils d'un système d'intercom, si ce n'est déjà fait. En outre, si les murs d'une maison âgée sont enduits de peinture au plomb, vous pouvez éviter de coûteux travaux de réparation et éliminer les risques pour la santé, car si vous poncez ou raclez le plomb, vous ne ferez que dissimuler le plomb sous la nouvelle surface. Repeindre pourrait restreindre les dangers causés par le plomb provisoirement, mais le risque referait surface, littéralement, lors de réparations ou de rénovations exigeant le ponçage ou le raclage des vieilles couches de peinture au plomb.

Le principal inconvénient du resurfaçage est l'augmentation de l'épaisseur du mur. Des murs plus épais peuvent causer un problème au point de jonction des panneaux et des boiseries. L'espace entre la surface du mur et la moulure peut créer un bord soulevé. Dans une maison âgée, l'épaisseur des bords autour des portes et des fenêtres sera probablement de ¾ po ou plus, mais dans une maison récente, elle sera de moins de ½ po. C'est pourquoi vous devriez opter pour des panneaux plus minces (⅜ po, ou même ¼ po d'épaisseur) lorsque vous effectuez des travaux de resurfaçage : les panneaux de ½ po pourraient bien affleurer les moulures de votre porte ou de votre fenêtre, ce qui leur donnerait un aspect vieillot, en retrait.

Bien que les panneaux de ¼ po puissent sembler le meilleur choix, de nombreux rénovateurs ne les utilisent pas parce qu'ils sont fragiles et se brisent facilement, non lorsqu'ils sont en place sur le mur, mais pendant la construction, lorsqu'on les déplace, qu'on les coupe et les installe. Les panneaux un peu plus épais de ⅜ po constituent souvent un meilleur choix, ou, du moins, un choix plus pratique. Étant donné que ces panneaux ont un peu plus de tenue, il y a moins de risques à les manipuler, particulièrement s'il s'agit de panneaux de grandes dimensions, comme des panneaux de 10 pi de longueur ou plus.

Ces derniers trucs peuvent vous faciliter la tâche du resurfaçage :

◣ Mesurez deux fois la surface totale à rénover avant de commander les matériaux. Planifiez à l'avance la livraison, l'entreposage et l'accès à la pièce où seront entreposés les panneaux de grandes dimensions.

◣ Si vous recouvrez un vieux mur de cloisons sèches, ne faites pas coïncider les joints des nouveaux panneaux avec les anciens.

◣ Gagnez du temps d'installation et de finition en étalant de l'adhésif de construction au dos des panneaux et en les fixant à l'aide de vis de type G plutôt que de clous. Bien enfoncées, ces attaches laisseront une petite dépression bien nette sur la surface des cloisons sèches, qu'il est facile de dissimuler.

7 Réparation des cloisons sèches

Resurfaçage des cloisons sèches. *Les murs très endommagés peuvent faire peau neuve grâce à l'ajout d'une cloison sèche mince, fixée à l'aide d'adhésif et de vis pour cloisons sèches de type G (en haut). Pour faciliter la pose des nouveaux panneaux si vous êtes seul(e), commencez à enfoncer quelques clous dans le panneau d'une main, pendant que vous tenez le panneau de l'autre main (en bas). Pour le reste, utilisez des clous ou des vis.*

RÉPARATION DES BAGUETTES D'ANGLE

Les angles saillants, particulièrement ceux qui sont situés dans des zones très passantes entre les pièces, risquent d'être endommagés. La baguette d'angle métallique qui est habituellement installée dans les coins (pages 89 et 113) offre une certaine résistance contre les chocs, mais parfois, un accident peut l'endommager suffisamment pour en justifier le remplacement.

Dans la plupart des cas, il vaut mieux enlever uniquement la section endommagée de la baguette, plutôt que la baguette entière. Utilisez un couteau tout usage pour faire une entaille autour de la zone endommagée. Cela vous empêchera de déchirer le papier du panneau lorsque vous enlèverez la section endommagée de la baguette. Coupez la baguette métallique à l'aide d'une scie à métaux ou d'une cisaille d'aviation. Vous aurez besoin d'un levier ou de l'arrache-clou

d'un marteau pour retirer la baguette du mur. Enlevez les clous et les vis, au besoin.

Mesurez et coupez une section de baguette d'angle pour remplacer la section que vous venez d'enlever. Fixez-la à l'aide de vis ou de clous pour cloisons sèches. Une fois la nouvelle section en place, finissez le coin à l'aide de pâte à joints. En vous servant de la baguette d'angle comme guide pour votre couteau à joints, étalez une mince couche de pâte à joints pour recouvrir la baguette. Étalez une deuxième couche lorsque la première est sèche. Le truc, dans ce genre de réparation, est d'amincir les bords de la pâte à joints pour qu'ils s'incorporent au reste du mur. Étalez la pâte à joints au-delà de la section réparée afin qu'elle se fonde mieux avec le mur.

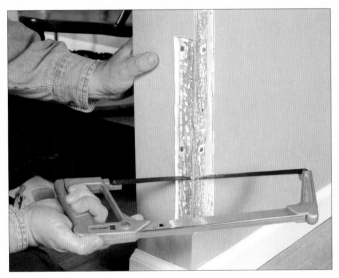

1. Enlevez la baguette endommagée. *Après avoir entaillé le contour de la zone endommagée, utilisez une scie à métaux pour enlever la section de baguette à remplacer.*

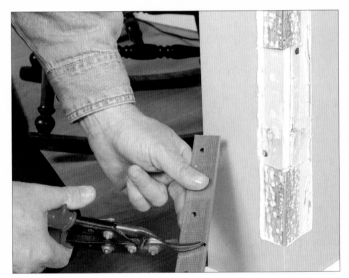

2. Coupez une section de baguette neuve. *À l'aide d'une cisaille d'aviation, coupez une section d'une baguette neuve pour remplacer celle qui est endommagée.*

3. Installez la baguette d'angle. *Utilisez des vis ou des clous pour cloisons sèches afin de fixer la nouvelle baguette d'angle.*

4. Étalez la pâte à joints. *Le bord soulevé de la baguette d'angle servira de guide à votre couteau à joints.*

7 Réparation des cloisons sèches

Panneaux résistant à la moisissure. *De nombreux fabricants offrent des cloisons sèches résistant à la moisissure. Ce produit est recouvert d'une toile de fibre de verre, plutôt que de papier, ce qui lui permet de résister à l'humidité et aux moisissures.*

Traitement de la moisissure

La moisissure se forme lorsque les spores de moisissures entrent en contact avec une surface mouillée. La surface mouillée peut résulter d'une fuite du toit, d'une inondation, d'un taux élevé d'humidité, comme dans les salles de bains non ventilées. Dans bien des cas, de petites quantités de moisissures sont inoffensives, mais certaines personnes sont extrêmement sensibles aux moisissures et peuvent souffrir de réactions allergiques graves, comme les éternuements, les écoulements nasaux, les rougeurs oculaires et les éruptions cutanées. Si vous êtes l'une de ces personnes, laissez un professionnel s'occuper de l'élimination des moisissures.

Les moisissures peuvent proliférer sur tous les matériaux de construction, et les cloisons sèches n'y font pas exception. Dans une zone particulièrement humide, comme autour d'une baignoire qui n'est pas bien calfeutrée, les moisissures peuvent se multiplier dans les cavités des murs. Il y a même eu des cas où des moisissures se sont développées derrière du papier peint. Dans certains cas, la seule façon de savoir qu'il existe un problème de moisissure est l'odeur qui se dégage de la pièce.

La première étape, pour résoudre un problème de moisissure, est de remédier à ce qui cause l'humidité dans la zone affectée. Si vous éliminez la moisissure mais que vous n'en corrigez pas la cause, la moisissure se développera de nouveau.

Pour les petites zones de moisissure, essayez un détergent ménager. Portez des gants et évitez de respirer les spores de moisissures en travaillant, en portant un respirateur N-95. Il vaut mieux sceller la pièce où se trouve la moisissure afin que les spores ne soient pas transportées dans d'autres zones de la maison pendant les travaux. Évitez de faire fonctionner les systèmes de chauffage, de ventilation et de climatisation à air pulsé.

Les sections de cloisons sèches envahies par les moisissures devraient être enlevées selon l'une des méthodes abordées plus tôt dans ce chapitre. Placez les sections de cloisons sèches moisies dans des sacs de plastique épais, et débarrassez-vous-en conformément aux règlements de votre localité concernant la gestion des déchets. Confiez les problèmes de moisissure à grande échelle à un professionnel.

Classement de résistance au feu

Le classement de résistance au feu est exprimé en heures ; chaque nombre représente une heure pendant laquelle la construction en question circonscrira le feu et assurera une protection contre celui-ci, dans des conditions de laboratoire. L'indice de transmission du son (ITS) est fourni par l'ASTM relativement à la capacité d'atténuer les bruits de conversation (l'indice n'est pas aussi précis en ce qui concerne les bruits d'origine mécanique, la musique ou d'autres sons de basse fréquence). Les chiffres fournis ici constituent les indices ITS minimums.

DEGRÉ DE RÉSISTANCE AU FEU	ITS	DESCRIPTION	SECTION DE MUR
1 heure	30	Plâtre de finition (d'environ 3/32 po) sur une latte de gypse (1/2 po) des deux côtés d'un mur de poteaux de 2 x 4 espacés de 16 po, de centre à centre.	
1 heure	35	Une couche de 5/8 po de cloisons sèches de type X, des deux côtés d'un mur de poteaux de 2 x 4 espacés de 16 po, de centre à centre.	
1 heure	35	Une couche de 5/8 po de cloisons sèches de type X, des deux côtés d'un mur de poteaux métalliques de 1 5/8 po espacés de 24 po, de centre à centre.	
1 heure	40	Une couche de 5/8 po de cloisons sèches de type X, des deux côtés d'un mur de poteaux métalliques de 3 5/8 po espacés de 24 po, de centre à centre.	
1 heure	45	Une couche de 5/8 po de cloisons sèches de type X fixées à une couche de panneaux de fibres de 1/2 po, des deux côtés d'un mur de poteaux de 2 x 4 espacés de 24 po, de centre à centre.	
1 heure	45	Deux couches de cloisons sèches de 5/8 po de type X d'un côté et, de l'autre côté, un mur de poteaux métalliques de 3 5/8 po espacés de 24 po de centre à centre, avec un isolant en fibre de verre de 3 1/2 po dans la cavité.	

DEGRÉ DE RÉSISTANCE AU FEU	ITS	DESCRIPTION	SECTION DE MUR
1 heure	50	Une couche de ⅝ po de cloisons sèches de type X, des deux côtés d'un mur de poteaux de 2 x 4 espacés de 16 po, de centre à centre, un côté installé sur un profilé métallique souple en oméga, avec 1 ½ po d'isolant de fibre minérale dans la cavité du mur.	
2 heures	50	Deux couches de ⅝ po de cloisons sèches de type X, des deux côtés d'un mur de poteaux de 2 x 4 espacés de 16 po, de centre à centre.	
2 heures	50	Deux couches de ⅝ po de cloisons sèches de type X, des deux côtés d'un mur de poteaux de 2 x 4 décalés espacés de 8 po, de centre à centre, sur des sablières de 2 x 6.	
2 heures	55	Deux couches de ⅝ po de cloisons sèches de type X, des deux côtés d'un mur pourvu d'une double rangée de poteaux 2 x 4 espacés de 16 po, de centre à centre, avec un isolant de fibre de verre de 3 ½ po dans la cavité du mur et des dispositifs coupe-feu pour les plaques de plâtre dans l'espace entre les sablières.	
2 heures	55	Deux couches de ⅝ po de cloisons sèches de type X, des deux côtés de poteaux métalliques de 3 ⅝ po espacés de 24 po, de centre à centre ; un côté est pourvu de panneaux préfinis ou lamellés de ¼ po ou de ⅜ po ; 3 ½ po d'isolant de fibre de verre dans la cavité.	
3 heures	45	Cloison sèche préfinie de type X de ¾ x 24 po, entre des poteaux métalliques en I de 2 ¼ po ; l'autre côté est pourvu d'une couche de base de ⅝ po. La cloison sèche de type X est perpendiculaire aux poteaux, une 2ᵉ couche de ⅝ po de cloisons sèches est parallèle aux poteaux, une 3ᵉ couche de cloisons sèches de ⅝ po est parallèle aux poteaux et les profilés en oméga, espacés de 24 po, de centre à centre, sont perpendiculaires aux poteaux ; une 4ᵉ couche de cloisons sèches de ⅝ po est perpendiculaire aux profilés, et un isolant de fibre de verre de 1 po est inséré derrière les profilés.	

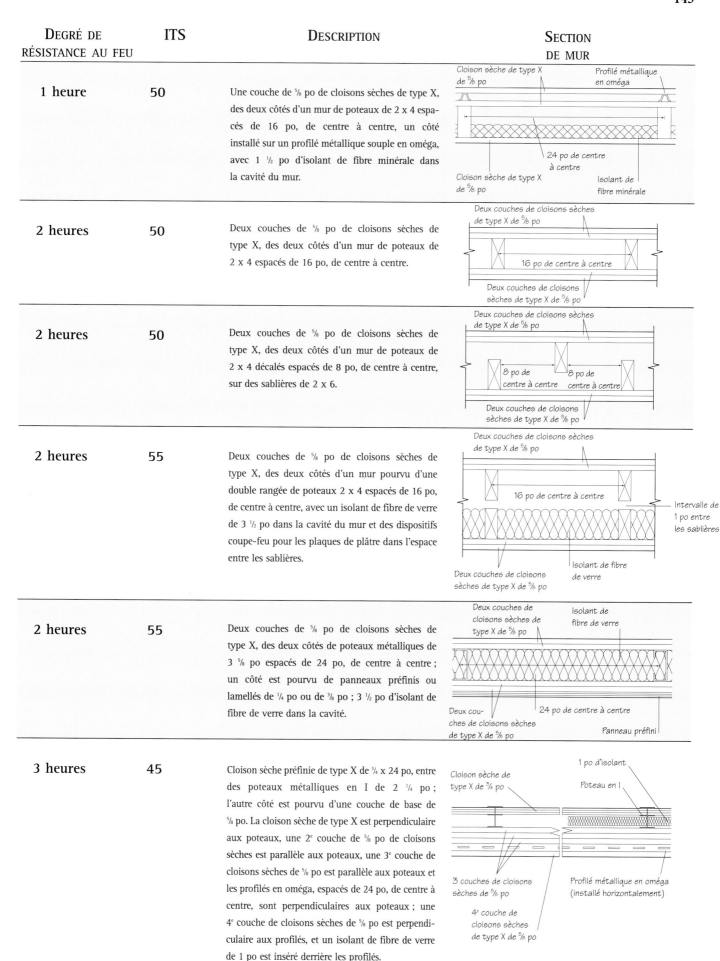

Niveaux recommandés pour la finition des cloisons sèches

Quatre associations industrielles, l'Association of the Wall and Ceiling Industries International, la Gypsum Association, la Ceiling and Interior Systems Construction Association et les Painting and Decorating Contractors of America, ont élaboré un guide de la finition des cloisons sèches, en fonction de la décoration finale du mur ou du plafond. Voici les exigences minimales pour chaque type de décoration.

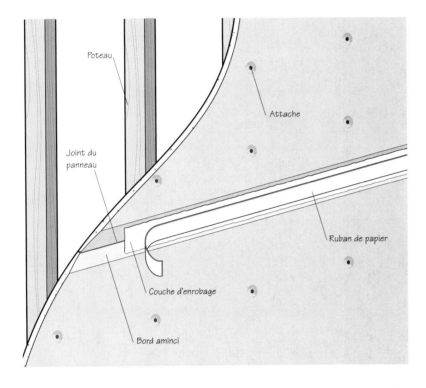

Poteau

Attache

Joint du panneau

Ruban de papier

Couche d'enrobage

Bord aminci

■ Niveau 1

Pour tous les joints et les angles rentrants, le ruban à joints doit être appliqué sur de la pâte à joints. La surface doit être exempte de pâte à joints excédentaire. Les marques d'outils et les saillies sont acceptables.

Fréquemment spécifié pour les chambres de répartition d'air au-dessus des plafonds, dans les greniers et dans les zones où les éléments de construction sont généralement dissimulés. Un certain degré de contrôle acoustique et de la fumée est assuré ; dans certains secteurs géographiques, ce niveau est considéré comme la « pose de ruban résistant au feu ». Lorsqu'un degré de résistance au feu est exigé pour un assemblage de panneaux de gypse, les détails de la construction doivent être conformes à ceux d'assemblages répondant aux exigences de résistance au feu, d'après des rapports sur les essais thermiques. Le ruban et les têtes de fixation n'ont pas besoin d'être enduits de pâte à joints.

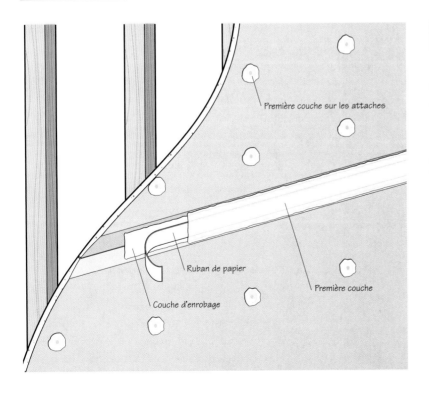

Première couche sur les attaches

Ruban de papier

Première couche

Couche d'enrobage

■ Niveau 2

Pour tous les joints et les angles rentrants, le ruban à joints doit être appliqué sur de la pâte à joints, essuyée à l'aide d'un couteau à joints, ce qui laisse une mince couche de pâte à joints sur tous les joints et les angles rentrants. Les têtes de fixation et autres accessoires doivent être recouverts d'une couche de pâte à joints. La surface doit être exempte de pâte à joints excédentaire. Les marques d'outils et les saillies sont acceptables. La pâte à joints appliquée sur le ruban au moment de l'enrobage du ruban doit être considérée comme une couche distincte de pâte à joints et doit satisfaire aux exigences de ce niveau.

Spécifié lorsqu'un panneau de gypse résistant à l'eau (ASTM C 630) est utilisé comme appui pour des carreaux ; peut être désigné dans des garages ou des zones semblables, où l'aspect de la surface n'est pas de première importance.

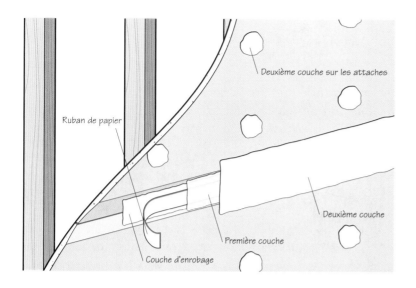

■ Niveau 3

Mêmes exigences que pour le niveau 2, mais ajout d'une couche de pâte à joints sur tous les joints, les angles rentrants et les têtes de fixation. Toute la pâte à joints doit être lissée et exempte de marques d'outils et de saillies. Remarque : il est recommandé que la surface préparée soit enduite d'un apprêt pour cloisons sèches avant l'application des couches de finition.

Spécifié habituellement pour les zones apparentes qui recevront un fini texturé épais ou moyen (pulvérisé ou appliqué à la main) avant la peinture de finition, ou pour les zones où un épais papier peint sera posé comme décoration. Ce niveau de fini n'est pas recommandé pour les zones aux surfaces peintes lisses ou qui recevront un papier peint mince ou moyen.

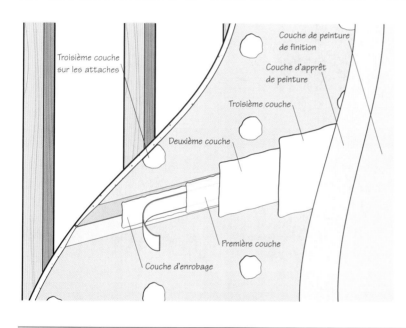

■ Niveau 4

Mêmes exigences que pour le niveau 3, mais ajout d'une couche de pâte à joints sur tous les joints plats et les têtes de fixation. Une couche supplémentaire de pâte à joints dans les angles rentrants n'est pas requise. Toute la pâte à joints doit être lissée et exempte de marques d'outils et de saillies. Remarque : il est recommandé que la surface préparée soit enduite d'un apprêt pour cloisons sèches avant l'application des couches de finition.

Ce niveau devrait être spécifié pour les zones où de la peinture mate, des textures légères ou du papier peint seront appliqués. Dans les zones très éclairées, les peintures mates appliquées sur des textures légères tendent à réduire les ombres sur les joints. Les peintures brillantes, semi-brillantes et émail ne sont pas recommandées pour ce niveau de finition. Les papiers peints de vinyle non préencollés ne sont pas recommandés pour ce niveau de finition.

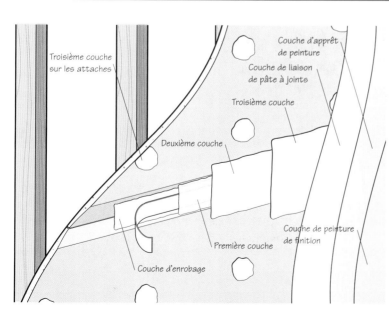

■ Niveau 5

Tous les joints, angles rentrants et têtes de fixation doivent répondre aux exigences du niveau 4. De plus, une mince couche de liaison de pâte à joints, ou d'une matière fabriquée à cette fin, doit être appliquée sur la totalité de la surface. La surface doit être lisse et exempte de marques d'outils et de saillies. Remarque : il est recommandé que la surface préparée soit enduite d'un apprêt pour cloisons sèches avant l'application des couches de peinture de finition.

Ce niveau de finition est fortement recommandé en cas d'utilisation de peintures brillantes, semi-brillantes, émail ou mates non texturées, ou lorsque la zone est très éclairée. Cette finition de la plus haute qualité est la méthode la plus efficace pour obtenir une surface uniforme, pour atténuer les risques d'ombres sur les joints et pour éviter que les attaches ne paraissent, une fois la décoration terminée.

Guide des ressources

La liste suivante de fabricants et d'associations constitue un guide général des ressources liées au secteur d'activité et aux produits. Il ne s'agit pas d'une liste des produits et fabricants illustrés sur les photos de ce livre.

Apla-Tech
W2024 Industrial Drive # 3
Kaukauna WI 54130
800 827-3721
www.apla-tech.com
Fabrique des outils pneumatiques et à débit continu pour la finition des cloisons sèches. Visitez le site Web de l'entreprise pour consulter la liste complète des produits, ainsi qu'une explication détaillée du fonctionnement des outils.

Columbia Tools
1-5508 Production Blvd.
Surrey, B.C. V3S8P5
Canada
800 663-8121
www.columbiatools.com
Fabrique des outils et des accessoires liés à la pose de ruban. Visitez son site Web pour obtenir une liste complète des outils liés à la pose de ruban et vous renseigner sur les nouveaux produits.

Dura-Stilts
800 225-2440
www.durastilt.com
Offre un éventail d'échasses professionnelles. Visitez le site Web de l'entreprise pour voir les produits et les guides.

EZRip
P.O. Box 1566
Vallejo, CA 94590
707 552-5510
www.buyezrip.com
Fabrique l'outil de coupe des cloisons sèches EZRip. Le site Web de l'entreprise présente des témoignages, des renseignements sur les garanties et de l'information détaillée sur les produits.

FibaTape, a div. of Saint-Gobain Technical Fabrics
345 Third St., Ste. 615
Niagara Falls, NY 14303
www.fibatape.com
Fabrique des produits de ponçage et de pose de cloisons sèches. Visitez le site Web de l'entreprise pour obtenir une liste complète des produits offerts.

Flannery, Inc.
300 Parkside Dr.
San Fernando, CA 91340
818 837-7585
www.flannerytrim.com
Fabrique des moulures spéciales pour cloisons sèches et plâtre. Visitez le site Web de l'entreprise pour obtenir le catalogue complet de ses produits.

Georgia-Pacific
133 Peachtree St., NE
Atlanta, GA 30303
404 652-4000
www.gp.com
Fabrique des matériaux de construction et des produits chimiques connexes. Visitez le site Web de l'entreprise pour en apprendre davantage sur ses produits liés aux cloisons sèches et pour voir son centre éducatif.

National Gypsum
2001 Rexford Rd.
Charlotte, NC 28211
704 365-7300
www.nationalgypsum.com
Fabrique et distribue des matériaux de construction. Le site Web de l'entreprise présente une liste complète des produits de National Gypsum, ainsi que des ressources pour les bricoleurs et les professionnels.

Phillips Manufacturing Co.
4949 S. 30th St.
Omaha, NE 68107
800 822-5055
www.phillipsmfg.com
Conçoit et fabrique des cloisons sèches sur mesure, ainsi que des moulures et des baguettes de métal et de vinyle. Visitez le site Web de l'entreprise pour obtenir plus de renseignements sur ses produits.

Pittcon Industries
6409 Rhode Island Ave.
Riverdale, MD 20737
www.pittconindustries.com
Fabrique des cloisons sèches décoratives. Visitez le site Web de l'entreprise pour obtenir davantage d'information sur ses produits et voir des photos de travaux réalisés.

Trim-Tex
3700 W. Pratt Ave.
Lincolnwood, IL 60712
800 874-2333
www.trim-tex.com
Fabrique et distribue des baguettes de vinyle pour cloisons sèches et des accessoires de finition. Le site Web de l'entreprise présente un catalogue complet et une galerie de travaux réalisés à l'aide de produits Trim-Tex.

USG
www.usg.com
Fabrique et distribue des matériaux de construction. Le site Web de l'entreprise présente son histoire, de l'information sur ses produits et un guide de ressources.

Vinyl Corp.
8000 NW 79th Place
Miami, FL 33166
800 648-4695
www.vinylcorp.com
Fabrique des baguettes, moulures et joints de dilatation en vinyle. Visitez le site Web de l'entreprise pour obtenir un catalogue de produits et de l'information sur les devis.

West-Tech
203 - 20628 Mufford Crescent
Langley, BC V2Y 1N8
Canada
604 534-0044
www.westtechtools.com
Fabrique des outils, des pièces et des accessoires pour la pose de ruban. Vous pouvez acheter les produits de cette entreprise directement de son site Web.

Associations

Association of the Wall and Ceilings Industries (AWCI)
803 W. Broad St., Ste. 600
Falls Church, VA 22046
703 534-8300
www.awci.org
Offre des services et de l'information aux particuliers et aux entreprises des secteurs liés aux cloisons sèches et aux plafonds. Le site Web de l'association présente une liste d'événements et de programmes, un guide d'achat en ligne et une page de liens utiles aux bricoleurs et aux professionnels.

The Ceilings & Interior Systems Construction Association (CISCA)
1500 Lincoln Hwy., Ste. 202
St. Charles, IL 60174
630 584-1919
www.cisca.org
Promouvoit les intérêts du secteur de la construction commercial d'intérieur. Le site Web de l'association offre du matériel et des ressources éducatifs.

Gypsum Association
810 First St. NE, Ste. 510
Washington, DC 20002
202 289-5440
www.gypsum.org
Promouvoit les intérêts du secteur du gypse aux États-Unis et au Canada. Son site Web présente des articles, des publications, de l'information éducative et des statistiques sur le secteur d'activité.

Glossaire

La pose de cloisons sèches a beaucoup évolué depuis 60 ans. Nous avons essayé d'éviter de citer des marques de commerce dans ce livre ; comme les outils et fournitures sont souvent liés à des marques, nous utilisons des termes génériques, d'usage courant. Les définitions présentées ci-dessous s'appliquent uniquement au contexte de ce livre.

Adhésif de lamellation Produit utilisé pour coller les couches de cloisons sèches à double parement, et pour fixer un panneau de gypse à du béton ou à un panneau d'isolant-mousse (polystyrène ou uréthane).

Adhésif pour cloison sèche Produit utilisé pour fixer les panneaux de gypse à des poteaux de bois ou de métal, ou directement à du béton, de la maçonnerie ou à un vieux panneau de gypse.

Agrafes pour cloison sèche Crampons métalliques en L d'environ 2 po de largeur, utilisés pour fixer des murs à une charpente qui n'offre pas assez d'appui.

Amincissement Processus d'étalement d'une large couche mince de pâte à joints sur un joint et de ponçage graduel vers les bords de la cloison sèche de façon à rendre la pâte à joints invisible.

Arc Toute portion d'un cercle, comme les arcs d'une arcade ou d'un mur incurvé.

ASTM Auparavant connue sous le nom d'American Society for Testing and Materials ; organisme sans but lucratif qui publie des normes pour divers matériaux.

Attaches posées à l'aide de fixateurs à cartouches Attaches à maçonnerie enfoncées à l'aide d'une charge explosive.

Bac à composé Bac dans lequel on verse de la pâte à joints, pendant la pose du ruban et la finition.

Baguette d'angle Mince languette d'acier galvanisé dont les brides sont percées de trous pour recevoir des attaches, et qui renforce et protège les angles saillants d'un mur de gypse.

Baguette d'angle flexible Baguette de vinyle en L utilisée pour la finition d'un bord de cloison sèche courbe, comme dans les arcades et les fenêtres courbes.

Baguette d'angle métallique en J Bande de métal placée sur le bord d'un panneau de gypse pour le protéger contre les dommages ; on l'utilise au point de jonction d'un panneau de gypse avec un mur de brique, un montant de fenêtre ou une cabine de douche. La baguette d'angle métallique en J à finir comporte une bride qui doit être recouverte de pâte à joints ; la baguette d'angle métallique en J apparente, finie en usine, n'a pas besoin d'être recouverte.

Baguette d'arc Bande de plastique ou de métal destinée à la finition des joints de panneaux de gypse incurvés, dans les arcades ou les fenêtres.

Baguette en L Bande que l'on place sur les bords d'un panneau adjacent à un montant de porte ou de fenêtre qui n'est pas conçu pour recouvrir le bord du panneau.

Bloc à poncer Éponge de polyuréthane à petites cellules (n° 120 ou plus fin), utilisée pour poncer les cloisons sèches.

Bloc de clouage Pièce de charpente de bois insérée verticalement ou horizontalement entre les poteaux ou les solives afin de servir d'appui aux panneaux de gypse dont les bords ne reposent pas sur des poteaux, des solives ou des fourrures.

Blueboard Voir *Panneau de gypse résistant à l'humidité.*

Bord aminci Léger biseau créé en usine sur les bords de la face des panneaux de gypse. Lorsqu'on les joint ensemble, ces bords forment un faible creux en V où l'on applique le ruban et la pâte à joints pour uniformiser le panneau.

Bord biseauté Voir *Bord aminci.*

Bord fait en usine Voir *Bord aminci.*

Brocart Fini texturé obtenu en appuyant une truelle plate de bois ou de métal sur de la pâte à joints humide, et en la retirant rapidement.

Cale Morceau de bois ajouté entre les poteaux, les solives, les chevrons ou d'autres pièces de charpente afin d'offrir un fond de clouage au panneau de revêtement ou à la cloison sèche.

Camion-grue Camion comportant une grue articulée qui peut soulever les panneaux de gypse jusqu'à une fenêtre du deuxième étage.

Chevron Poutrelle inclinée utilisée pour supporter un toit.

Clou annelé Clou fileté pour résister à l'arrachement.

Clouage en biais Clouage par enfoncement de clous en biais dans un panneau afin qu'il pénètre dans un autre panneau placé derrière ou au-dessus de lui.

Clous enduits de ciment Clous à tige lisse enrobés de ciment pour en accroître la résistance à l'arrachement.

Clous pour cloison sèche Il existe trois types de ces clous : les clous annelés, les clous enduits de ciment et les pointes, chacun étant pourvu d'une tête d'un diamètre d'au moins ¼ po.

Colle contact Adhésif utilisé pour fixer des panneaux à surface de vinyle à des cloisons sèches.

Composé Voir *Pâte à joints*.

Composé à prise chimique Offert uniquement en poudre, il durcit plus rapidement que les composés de séchage.

Composé à rubanage Composé de séchage utilisé pour la première couche ou couche d'enrobage.

Composé de finition Composé de séchage utilisé pour la couche intermédiaire (ou couche de remplissage) ou pour la couche de finition.

Cordeau traceur Outil muni d'une cordelette imprégnée de craie que l'on utilise sur un panneau de gypse ou sur une autre surface pour y marquer une ligne droite.

Corniche Zone verticale entre le joint du mur-plafond et le soffite.

Couche de finition Dernière couche de pâte à joints.

Couche de remplissage Couche intermédiaire ou deuxième couche de pâte à joints, dans le cas de l'application de trois couches.

Coupe-cercle Outil utilisé pour découper des cercles. Le coupe-cercle à main comporte une tige centrale qui glisse le long d'un bras en L et est munie d'une pointe coupante qui s'ajuste au rayon désiré.

Couteau à joints Couteau de 5 ou 6 po s'apparentant à un grattoir, utilisé pour appliquer de la pâte à joints.

Couteau à manche droit Couteau rigide de 10 ou 12 po, muni d'un manche droit en bois ou en plastique et utilisé pour amincir graduellement les bords des joints larges.

Couteau tout usage Couteau à lames rétractables jetables utilisé pour couper des cloisons sèches.

Crépissage Technique consistant à enduire un mur de pâte à joints diluée que l'on lisse à l'aide d'un couteau de 20 po pour créer une couche très mince ressemblant à de la peinture.

Détecteur de montant Dispositif électronique utilisé pour déterminer l'emplacement des poteaux derrière un mur.

Dévidoir de ruban Outil ressemblant à un cylindre que l'on fixe à la ceinture pour dérouler le ruban à joints, au besoin.

Échasses Habituellement de 2 pi de hauteur, les échasses se nouent aux chaussures et aux jambes et permettent de travailler depuis le sol, plutôt que d'un escabeau.

Écran antipoussière Feuille de polyéthylène brochée ou scellée à l'aide de ruban adhésif sur une entrée pour empêcher la fuite de poussière pendant les travaux.

Effet peau d'orange Fini texturé créé en pulvérisant de la pâte à joints diluée à l'aide d'un pistolet sans air.

Équerre en T Équerre d'aluminium de 4 pi comportant un bras avec encoche que l'on place au bord du panneau.

Faîtage Sommet d'un toit.

Faux-plancher Contreplaqué ou autre panneau installé sur les lisses et constituant la base du plancher.

Fil à plomb Instrument formé d'un fil ou d'une corde ayant à une extrémité une pesée, et qui est utilisé pour déterminer l'alignement vertical.

Fond Tout matériau qui sert de support à un autre qui est collé dessus, comme le panneau d'appui pour les carreaux de salle de bains.

Fond de clouage Surface stable sur laquelle on peut clouer un panneau de gypse ; il peut s'agir de pièces de charpente de la maison, de pièces qui ont été ajoutées, de bandes de clouage ou d'agrafes pour cloisons sèches.

Fourrures Bandes de bois mou ou d'acier inoxydable, d'habituellement 2 ½ po de largeur et de ⅝ ou 1 po d'épaisseur (selon l'écart désiré), que l'on fixe aux poteaux ou aux murs existants afin de créer un appui pour les panneaux de gypse.

Gaine passe-fil Plaque de métal de 1 x 2 po, clouée dans le poteau pour protéger les fils électriques ou les tuyaux qui y sont passés des clous ou des vis qui retiennent la cloison sèche au poteau.

Gypse Minéral (sulfate de calcium) qui, après traitement, forme l'âme des cloisons sèches.

Isolation phonique Processus d'atténuation de la transmission du son entre les pièces, comme l'application en double de panneaux de gypse spéciaux, l'utilisation d'un mastic d'isolation acoustique, de profilés de métal et une configuration des poteaux qui diminue le bruit.

ITS (indice de transmission du son) Mesure de la capacité d'une construction à atténuer le son ; plus l'indice est élevé, plus le système est efficace.

Joint d'extrémité Point de jonction des extrémités ou des bords non amincis des cloisons sèches.

Lame de mélange Outil pour mélanger la pâte à joints.

Latte Bande de bois mou de 1 ½ x ⅜ po clouée aux poteaux afin de servir d'appui pour le plâtre.

Lève-panneau Cet appareil sur roulettes permet de soulever un panneau de gypse, de le positionner, de le lever à la hauteur désirée et de le maintenir fermement en place pendant la fixation des attaches.

Levier se manœuvrant au pied Dispositif qui ressemble à une balançoire à bascule miniature, utilisé pour soulever un panneau de 1 ou 2 po du sol et le maintenir en place pendant qu'on le fixe.

Lisse Aussi appelée « lisse d'assise » ; pièce de charpente qui repose sur les fondations et forme la base des murs.

Marteau pour cloison sèche Marteau comportant une tête convexe d'un côté, et une panne effilée de l'autre côté. La tête ronde imprime un creux dans la cloison sèche, ce qui facilite l'application de pâte à joints. La panne effilée peut être utilisée pour forcer les panneaux en place.

Masque respiratoire Masque recouvrant le nez et la bouche, qui filtre la poussière grâce à une cartouche filtrante remplaçable.

Mur coupe-feu Mur constitué d'un panneau de gypse de ⅝ po qui contient un produit ignifuge.

Mur de séparation Mur intérieur qui n'est pas porteur.

NIOSH Le National Institute for Occupational Safety and Health, institut américain (qui fait partie des Centers for Disease Control and Prevention) responsable d'effectuer de la recherche et d'émettre des recommandations relativement à la prévention des maladies et des blessures professionnelles.

Ombres Voir *Transparence.*

OSHA L'Occupational Safety and Health Administration des États-Unis, association fédérale (faisant partie du Department of Labor) responsable de la création et de la mise en vigueur de règlements sur la santé et la sécurité au travail.

Panneau à base de ciment Aussi appelé panneau d'appui et panneau cimentaire, ce matériau est fait d'une âme de ciment Portland, renforcée d'un treillis de fibre de verre revêtu de polymère, des deux côtés. Utilisé comme appui aux carreaux dans les endroits humides.

Panneau à endos d'aluminium Panneau de gypse recouvert d'une feuille d'aluminium (doublée de papier kraft) pour en accroître les propriétés isolantes et son efficacité comme pare-vapeur.

Panneau à face de vinyle Panneau offert dans une grande variété de couleurs et de revêtements, retenu par des adhésifs et des attaches spéciales et ne nécessitant aucun traitement des bords ou des joints.

Panneau d'appui Voir *Panneau à base de ciment.*

Panneau de gypse de type X Cloison sèche qui résiste au feu.

Panneau de gypse flexible Panneau de gypse, de ¼ po d'épaisseur, conçu pour supporter le cintrage.

Panneau de gypse résistant à l'eau Voir *Panneau de gypse résistant à l'humidité.*

Panneau de gypse résistant à l'humidité Aussi appelé « Blueboard » (panneau bleu) ou panneau vert ; type de cloison sèche résistant à l'humidité (non hydrofuge) qui peut supporter un haut degré d'humidité, souvent utilisé dans les salles de bains, les cuisines et les salles de lavage.

Panneau de gypse résistant au feu Type de cloison sèche pourvu d'une âme renforcée de fibre de verre, qui respecte ou dépasse la norme C36 de l'ASTM pour les panneaux de gypse de type X résistant au feu.

Panneau de gypse ultrarésistant Cloison sèche très résistante offerte en épaisseurs de $\frac{1}{2}$ po et de $\frac{5}{8}$ po, dont le papier est plus épais que celui des panneaux courants et dont l'âme est renforcée.

Panneau mural Autre terme générique pour les panneaux de gypse et les cloisons sèches.

Panneau vert Voir *Panneau de gypse résistant à l'humidité*.

Panneaux à rainure et languette Panneaux de gypse présentant des bords à emboîtement en V.

Pâte à joints Substance ressemblant au plâtre utilisée pour remplir les joints et les irrégularités dans la pose de cloisons sèches ; elle peut être à base de vinyle, qui durcit à mesure que l'eau sèche, ou à prise chimique, qui durcit par une réaction chimique provoquée par l'eau.

Pièces de charpente Éléments structuraux de la charpente de la maison, comprenant les poteaux, les solives, les lisses, les chevrons, etc.

Pince à sertir Outil utilisé pour fixer une baguette d'angle sans clous. En la frappant à l'aide d'un maillet, on déforme les bords de la baguette d'angle, qui s'enfoncent dans les panneaux de gypse et la tiennent ainsi en place.

Placoplâtre Matériau support constituant un panneau de sous-finition résistant au feu pour l'application de plâtre à la truelle et comportant une face de papier qui absorbe l'eau du plâtre fraîchement appliqué pour l'empêcher de s'affaisser.

Plieuse à ruban Outil conçu pour imprimer un pli au centre du ruban à joints.

Pointe à tracer Outil en V, ressemblant à un compas, dont l'une des branches est munie d'un crayon, utilisé pour transposer le contour d'un mur irrégulier ou mal aligné sur un panneau de gypse, que l'on coupe ensuite aux bonnes dimensions.

Pointes Clous à tige lisse utilisés pour la pose de cloisons sèches.

Ponceuse avec rallonge Plaque pivotante sur laquelle on fixe du papier de verre, au bout d'un manche de 4 pi, afin de poncer le haut des murs et les plafonds.

Porteur Se dit d'une pièce de charpente qui supporte le poids de la structure se trouvant au-dessus. Les murs porteurs sont perpendiculaires aux chevrons et aux solives.

Poteau Pièce de bois de 2 po d'épaisseur qui s'étend verticalement entre la lisse et la sablière.

Poteaux en chicane (ou décalés) Méthode de construction de charpente selon laquelle les poteaux sont installés à une distance de 8 po, de centre à centre, sur une lisse de 2 x 6, les poteaux affleurant en alternance de chaque côté de la lisse.

Pulvérisation de plafond Pulvérisation au plafond d'un matériau de texturation ressemblant à du maïs soufflé, versé dans une trémie qui alimente un pistolet sans air, et qu'on laisse sécher sans y toucher.

Râpe de façonnage Outil à main permettant de limer légèrement ($\frac{1}{8}$ po ou moins) les bords des panneaux de gypse.

Rayon Ligne droite qui joint le centre d'un cercle à un point de la circonférence ; la moitié du diamètre.

Remontée des clous Saillie progressive des têtes de clou ou de vis, après la pose du ruban, le jointoyage et la peinture, habituellement en raison d'un rétrécissement de la charpente.

Rouleau pour texture Rouleau dont le manchon est fait de fil de fer ou de brins de plastique qui laissent un motif caractéristique dans la pâte à joints humide.

Ruban à cloison sèche Fait de papier ou de fibre de verre, on l'applique sur les joints ou les fissures comme base pour la pâte à joints.

Ruban d'angle Ruban de papier flexible renforcé de métal galvanisé de 1 po de largeur, utilisé dans les angles rentrants et saillants de plus de 90˚.

Ruban de fibre de verre Aussi appelé treillis, ce matériau ressemblant à un filet se fixe sur un joint sec (à l'aide d'agrafes ou de son propre adhésif) ; on le recouvre ensuite d'une couche de pâte à joints.

Ruban de papier perforé Ruban pour cloison sèche comportant des trous d'évacuation pour permettre à la pâte à joints de bien le saturer.

Sablière Pièce de charpente au sommet d'un colombage, sur laquelle reposent les solives.

Scie à cloison sèche Scie courte et robuste utilisée pour faire de longues coupes droites dans les panneaux de gypse.

Scie à lame coulissante Voir *Scie polyvalente*.

Scie polyvalente Aussi appelée « scie à cloison sèche », elle comporte une poignée arrondie et une lame crantée. Utilisée pour percer des ouvertures qui recevront les prises électriques, les tuyaux et canalisations. On enfonce sa pointe effilée dans le panneau de gypse pour amorcer la coupe.

Sheetrock Marque de commerce de U.S. Gypsum Co. pour les panneaux de gypse.

Soffite Dessous d'une saillie ou d'un débord de plafond.

Solive Pièce de charpente placée horizontalement sur la tranche, à laquelle sont fixés les faux-planchers ou les plafonds.

Spackle Marque de commerce d'une pâte à joints.

Support en T Voir *Support temporaire*.

Support temporaire Aussi appelé cale en T ou soutènement en T, cet assemblage de bois est constitué d'une jambe de force au bout d'un support un peu plus long que la hauteur du plafond. Sert à soutenir un panneau de gypse au plafond pendant qu'on le fixe.
Taloche Plateau large et plat en aluminium, muni d'une courte poignée, utilisé comme support pour la pâte à joints.

Transparence Se dit du phénomène selon lequel les joints sont visibles à travers la peinture ; peut se corriger par le crépissage.

Truelle biseautée Utilisé pour les larges applications de pâte à joints, cet outil ressemble à une truelle de finition de maçon, et comporte une légère courbe, de façon à laisser une saillie à peine perceptible au centre d'une couche de pâte à joints.

Truelle d'angle Couteau à deux lames épousant la forme d'un angle rentrant, utilisé pour finir les joints dans les coins.

Vis autotaraudeuse Vis pour cloison sèche de type S, à extrémité tronquée, ce qui permet de la visser rapidement dans une charpente d'acier de calibre 20. Les vis ordinaires peuvent créer des trous plus grands dans le panneau, ce qui rend la finition plus difficile.

Vis de type G Vis pour cloison sèche utilisée pour fixer un panneau de gypse à un autre dans les applications en double couche.

Vis de type S Vis pour acier utilisée pour fixer des panneaux de gypse à des poteaux ou des fourrures de métal.

Vis de type W Vis à bois utilisée pour fixer des panneaux de gypse à une charpente de bois.

Vis pour cloison sèche Il en existe trois grands types : le type W (pour le bois), le type G (pour le gypse) et le type S (pour l'acier).

Références photographiques

Toutes les photos sont de David Baer, des studios Smith-Baer, à l'exception de celles qui sont mentionnées ci-dessous.

Page 1 : John Parsekian **page 6** : en haut John Parsekian ; en bas avec l'aimable autorisation de U.S. Gypsum **page 7** : deuxième, troisième et quatrième photos depuis le haut avec l'aimable autorisation de U.S. Gypsum ; en bas John Parsekian **pages 10-11** : avec l'aimable autorisation de National Gypsum Corp. **pages 12-14** : John Parsekian **page 18** : avec l'aimable autorisation de USG Drywall **page 23** : en haut avec l'aimable autorisation de U.S. Gypsum Co. ; en bas John Parsekian **page 24** : avec l'aimable autorisation de Stanley Tools **page 25** : avec l'aimable autorisation de USG Drywall **page 26** : les deux photos avec l'aimable autorisation de USG Drywall **pages 30-31** : avec l'aimable autorisation de Celotex Corp. **page 34** : avec l'aimable autorisation de Celotex Corp. **page 37** : John Parsekian **page 38** : avec l'aimable autorisation d'Alpha Tech **page 57** : avec l'aimable autorisation de U.S. Gypsum Co. **page 60** : avec l'aimable autorisation de U.S. Gypsum Co. **page 79** : John Parsekian **page 83** : les deux photos du centre John Parsekian **page 117** : avec l'aimable autorisation de Bondex International, Inc. **page 120** : avec l'aimable autorisation de Bondex International, Inc. **page 121** : avec l'aimable autorisation de Bondex International, Inc. **page 122** : les deux photos du haut avec l'aimable autorisation de Bondex International, Inc. **page 123** : avec l'aimable autorisation de U.S. Gypsum Co. **page 127** : John Parsekian **page 128** : à gauche John Parsekian **page 131** : John Parsekian **page 135** : toutes de John Parsekian **page 139** : John Parsekian **pages 141-142** : toutes de John Parsekian **page 143** : avec l'aimable autorisation de Georgia-Pacific.

Index

Équivalents métriques

Longueur

1 pouce	25,4 mm
1 pied	0,3048 m
1 verge	0,9144 m
1 mille	1,61 km

Superficie

1 pouce carré	645 mm^2
1 pied carré	0,0929 m^2
1 verge carré	0,8361 m^2
1 acre	4046,86 m^2
1 mille carré	2,59 km^2

Volume

1 pouce cube	16,3870 cm^3
1 pied cube	0,03 m^3
1 verge cube	0,77 m^3

Équivalents courants relatifs au bois d'oeuvre

Mesures : les mesures métriques sont tellement près des mesures américaines, comme vous le verrez plus bas, qu'à toutes fins pratiques, on peut les considérer comme équivalentes.

Bois de construction de dimensions courantes	1 × 2	19 × 38 mm
	1 × 4	19 × 89 mm
	2 × 2	38 × 38 mm
	2 × 4	38 × 89 mm
	2 × 6	38 × 140 mm
	2 × 8	38 × 184 mm
	2 × 10	38 × 235 mm
	2 × 12	38 × 286 mm
Dimensions des feuilles	4 × 8 pi	1200 × 2400 mm
	4 × 10 pi	1200 × 3000 mm
Épaisseur des feuilles	¼ po	6 mm
	⅜ po	9 mm
	½ po	12 mm
	¾ po	19 mm
Écartement des poteaux et solives	16 po, de centre à centre	400 mm o.c.
	24 po, de centre à centre	600 mm o.c.

Capacité

1 once liquide	29,57 mL
1 chopine	473,18 mL
1 pinte	1,14 L
1 gallon	3,79 L

Poids

1 once	28,35g
1 livre	0,45kg

Température

Fahrenheit = Celsius x 1,8 + 32
Celsius = Fahrenheit – 32 x 5/9

Taille et longueur des clous

Penny	Longueur des clous
2d	1 po
3d	1¼ po
4d	1½ po
5d	1¾ po
6d	2 po
7d	2¼ po
8d	2½ po
9d	2¾ po
10d	3 po
12d	3¼ po
16d	3½ po

Achevé d'imprimer au Canada
sur les presses de Quebecor World Saint-Jean